걷기에 얼마나 행복한가

걷기에 얼마나 행복한가

발행일	2025년 11월 27일

지은이	강물처럼
펴낸이	손형국
펴낸곳	(주)북랩

출판등록	2004. 12. 1(제2012-000051호)
주소	서울특별시 금천구 가산디지털 1로 168, 우림라이온스밸리 B동 B111호, B113~115호
홈페이지	www.book.co.kr
전화번호	(02)2026-5777 팩스 (02)3159-9637
ISBN	979-11-7224-903-8 03810 (종이책) 979-11-7224-904-5 05810 (전자책)

잘못된 책은 구입한 곳에서 교환해드립니다.
이 책은 저작권법에 따라 보호받는 저작물이므로 무단 전재와 복제를 금합니다.
본 도서는 (주)북랩이 보유한 리코 인쇄 장비 등 자체 생산 인프라를 통해 제작되었습니다.

작가 연락처 문의 ▶ ask.book.co.kr
전용 게시판에 문의를 남기시면 저자에게 직접 전달됩니다.

(주)북랩 성공출판의 파트너
북랩 홈페이지와 SNS에서 다양한 출판 솔루션을 만나 보세요!
홈페이지 book.co.kr • 블로그 blog.naver.com/essaybook • 출판문의 text@book.co.kr
카톡채널 북랩

걷기에 얼마나 행복한가

강물처럼 지음

북랩

목차

서문을 대신해서 _ 06

둘레길

가만있어도 발이 저절로 떨려 _ 10
어버이날 선물이야 _ 17
거꾸로 쓰는 일기 _ 27
Stay with me till the morning _ 37
공부가 나타났다! _ 42
지금은 몰라도 _ 49
그림자가 길어지는 길 위에서 _ 58
6코스는 심심하지 않다 _ 65
떡이 맛있는 늦가을 _ 73
내일이면 중학생, 고등학생이 된다 _ 80
정자나무 아래서 낮잠 _ 85
어느 것 하나 죽어 없어진 것이 없다 _ 92
우리는 새로운 곳으로 _ 98
평화를 빕니다 _ 107
길은 종교 같고 종교는 길 같아서 _ 113
길이 키웠네, 길에서 자랐네 _ 118

멀리 배를 타고 나가면 어디에 닿을까 _ 124
달콤한 고통 _ 131
그 말 한마디 _ 145
아팠던 것을 생각한다 _ 155
걸으면서 비 맞은 적 없잖아? _ 166
행여 견딜 만하면 _ 177
여기서부터 시작 _ 189

마실길

진짜는 안과 밖이 편안한 것 _ 206
겸손이 자격이다 _ 212
바다 맛이 나는 소금빵 _ 218
참회가 되는 길이다 _ 224
해찰하기 좋다 _ 229
누가 바람 없이 항해할 수 있는가 _ 232

서문을 대신해서

　살짝 설레는 온도와 바람이다. 깊어 간다는 것은 흔하지 않은 것이 속에서 자라기 시작했다는 말이다. 늦가을, 아침, 호흡 그리고 냄새. 계절 냄새가 묻어나기 시작했다. 낙엽송 옆을 걸을 때도, 호숫가를 지날 때도, 아내가 물을 건네줄 때도 가을 냄새가 났다.

　앞에 달리던 자동차가 안갯속으로 사라지는 것을 바라보면서 우리도 하얗게 뭉쳐졌다. 모처럼 안개 덩이, 안개 송이가 되어 청암산에 도착했다. 사방으로 너른 들판이 -사시사철을 오가며 그때마다 계절을 감탄사처럼 연발했던- 멀리까지 가지런했다. 예순쯤 된 신사가 방금 머리를 손질하고 나와서 등 뒤를 의식하며 길을 걷는 모습처럼 다정하다. 오늘은 머리가 마음에 든다. 가을날이 깨끗하게 세수를 하고 나온다. 안개도 걷히고 촉촉한 숲길에 들어선다. 여기서부터 음악회야.

　〈Let it be〉는 언제 들어도 아름답지. 〈Yesterday〉는 또 어떻고! 글쎄, 산이가 이문세 노래를 따라 부르던데? 〈옛사랑〉, 〈소녀〉……. 저도 알 것 같은 것이 있나 봐. 그런가 봐. 〈Perhaps love〉도 좋다.

Perhaps love is like a resting place, A shelter from the storm······.

쉼터, 안식처, 어떤 말은 담요나 베개같이 편안한 것이 신기해.

물을 마시고 숨을 나눠서 이야기했다. 숨은 호(呼)와 흡(吸)이잖아. 옛날 선사들은 호기(呼氣), 흡기(吸氣)라고, 숨을 잘 들여다보라고 가르치고 당부했다고 그래. 나는 그것이 꼭 사람 같다는 생각이 들어. 밖으로 부르는 호(呼)는 남자, 속으로 받아들이는 흡(吸)은 여자, 호와 흡이 부드럽게 이어졌을 때 그 한 모양이 숨, 그런 생각이 들면 천천히 숨을 쉬는 거야. 그러면 'It exists to give you comfort, It is there to keep you warm'이라는 노랫말처럼 편안해지고, 따뜻해지잖아.

귤이 맛있다. 쉬면서 먹는 귤은 향기가 오래간다. 오르막을 오르면서 그 귤 향이 난다. 이것도 가을이니까, 내가 덕을 보는구나.

성모 병원으로 가셨던 수녀님 이야기를 아내가 꺼냈다. 벌써 5년이나 지났다고. 그때 여기 걸으면서 수녀님 자주 마주쳤는데. 성당을 떠나시고는 한 번도 못 봤다고. 잘 계시는지 모르겠다고.

재미있다고 그랬다. 같은 방향으로 걸었으면 영 마주치지 못했을 텐데······. 우리 인연도 그대로 닮았다며 천천히 이야기를 꺼냈다. 서로 다른 방향에서 살다가 이쯤에서 만나서 그 힘으로 제3의 방향을 걸어가는 것 같다고. 그 방향이 꼭대기는 아니더라도 재미있는 일들을 경험할 수 있는 길인 것 같아서 좋다고.

두 시간이 훌쩍 지나간다. 그러면 우리는 출발점에 도착하고, 아까 이쪽으로 걸었던 두 사람을 옛사랑처럼 희미하게 쳐다본다. 먼 것이 잘 안 보이는 나와 가까운 것이 잘 안 보이는 아내가 서로 짝짝이 눈으로 오래 바라본다. 좋은 날이라고 그러면서 웃는다.

2025년 11월 9일

둘레길

가만있어도
발이 저절로 떨려

2020년 5월 1일,
지리산 둘레길 3코스 첫째 날

한 달 전 4월 1일, 우리는 부안 마실길 1, 2코스에서 낄낄거리며 많이 웃었다. 무엇이 그렇게 재미있었던지 다 잊었지만 웃음이 남긴 힘이었을까, 아니면 여운 같은 것이었을까. 그 힘으로 우리는 4월 마지막 날에도 길을 걷고 있었다. 눈부시게 환했던 부처님 오신 날, 4월을 바닷가에서 시작하고 산길에서 마무리하게 되었다. 자외선 지수가 높은 날이라 각자 모자를 챙기고 햇볕 차단제를 바르고 걸었다. 언제나 연휴가 다가오면 어떻게 시간을 보낼까 궁리한다. 처음에는 제주도에 가고 싶어서 비행기며 배편을 알아봤다. 깍쟁이 같은 현실, 하늘은 막혔고, 배편도 거의 만석이어서 다음으로 미뤘다. 제주도는 늘 그렇게 우리에게 '다음에'라는 시간이면서 공간이 된다. 아쉬움을 달래듯 찾아온 곳이 여기, 지리산 둘레길이다.

무연히 막연할 때 숲길은 하나의 선택이 되고, 그 선택에는 나름 믿는 구석이 있다. 식탁에 있는 비타민을 매일 챙겨 먹는 일은 사소하지만 그 사소함이 나를 돕는 것처럼, 작은 것을 잊지 않는 동작이 사람을 평화롭게 한다. 입에 넣고 물을 마시는 비타민 한 알이 또 하루를 선물한다. 오늘은 여기가 비타민이다. 이 숲길에 기대어 흘러가기로 한다. 장난기도 발동하고, 생각이며 말, 행동도 고르게 편다. 평준화,

그것도 아이가 되는, 더 어려지는 평준화를 지향한다. 물처럼 낮게 흐르면서 가는 데까지 가 보기로 마음먹는다. 아내와 나는 아이들 쪽에 가까이 서고, 산이와 강이는 우리 곁으로 다가온다. 한 뼘 더 옆에 머무는 것이다. 마음이 즐거워지니까 해 뜨는 것도, 해 지는 것도 한번 보자고 욕심을 낸다. 집에서 하지 않던 것들이, 밖에 나오면 해 보고 싶어진다. 길에서 우리는 친근해지고, 서로를 챙긴다. 앞을 향해서 걷고 뒤를 돌아본다. 지나간 것과 지나갈 것을 부지런히 떠먹고, 그때마다 뿌리와 줄기로, 가지로, 잎으로 물을 빨아올린다. 나도 자라고, 우리도 자란다. 여린 이파리들이 연두색으로 흔들리는 둘레길 3코스는 실개천을 따라 길게 구부러져 있었다.

3코스, 인월에서 금계 가는 길에 나선 것이 오후 1시 반. 아이스크림을 하나씩 손에 쥐었다. 아이스크림을 좋아하는 나이는 따로 없을 것이다. 그렇더라도 지금은 아이스크림이 제일 맛있는 시절, 천국을 맛본 아이들은 어려운 거, 힘든 거, 하기 싫은 것을 한꺼번에 해치울 기세다. 그러지 마라, 얘들아. 우리는 오늘 이 길을 다 가지 않을 것이다. 내일도 쉬는 날이니까. 내일도 여기 있을 거니까.

가끔 생각나는 그때가 있다. 아이스크림 먹는 재미로 제주 올레길을 부지런히 걷던 7살짜리. 3박 4일을 지내는 동안 울지도 않고 씩씩하게 버티는 아이가 대견했었다. '아이가 자랐구나' 싶어서 같이 걷는 내내 즐거웠다. 어쩌면 그 좋았던 느낌이 이렇게 내 어깨에 날개를 달아 주는 것인지도 모른다. 같이 걸으면 좋잖아, 속삭인다. 심심한 길에서는 목마도 태우고, 우리가 이렇게 걸을 수만 있어도 좋겠다며 찍었던 사진이 장식장 위에서 웃고 있다. 8년 전에 찍은 사진을 보며 웃는다. 다시 8년 후에는 오늘 찍은 사진을 보며 또 어떤 웃음을 짓게 될까.

어제는 저녁을 먹으면서 아이들에게 기댔던 것 같다. 내가 했던 말은 칭찬이었고 부탁이었으며, 미안하고 고맙다는 인사였다. 알아듣지도 못할 말을 한 것도 같아서 조금 부끄럽지만……
 우리는 너희하고 마흔 살의 나이 차이를 갖고 사는데, 오늘처럼 이렇게 걸으니까 좋다. 엄마도, 아빠도 지금 걷지 않으면 금방 예순 살이 되고, 그러면 그때는 걷고 싶어도 엄두가 나지 않을 거라고 했다. 힘껏 우리와 동행해 준 아이들을 치켜세우며 한 단계 높여서 인정해 주고 싶었다.

아빠랑 엄마는 건강을 위해 걸어야겠는데, 너희들이 우리와 같이 이렇게 밖에 나오니까 기분도 좋고 다 좋다. 오늘 어땠냐며 두 아이의 마음에 대고 똑똑, 노크를 했다.
 부쩍 먹는 양이 커진 산이가 상추에 고기를 싸서 입에 넣고 오물거린다. 남자아이가 예쁘다. 오늘처럼 2박 3일은 힘드니까 하루만 자고 집에 가는 것이 괜찮을 것 같다면서, 저 까만 눈동자가 말을 한다.

"산이야, 아빠하고 엄마는 연휴가 귀한 사람들이야. 그 시간을 그냥 보내면 아깝잖아. 그래서 여기 온 거야."

산이가 좋아하는 엄마가 대신 나섰다. 아이들은 상황보다 사람을 믿는다. 그게 아이들의 좋은 점이다. 나는 그 말을 기억한다. 내 안에서 산이는 언제나 그 말과 함께 자랄 것이다. 세상의 아이들은 마법 같은 말을 꺼내는 순간이 있다. 그날은 2012년 9월, 곧 6살이 되는 산이가 내 앞에서 테이블을 손으로 짚고 어깨까지 앞으로 내밀면서 했던 말이다.

"그래? 그래서 중요하니까 안 보이는 데 있는 거네?"

자동차 엔진은 사람 심장 같은 거라는 내 말에 아이가 되묻던 말은 사람을 행복하게 만들기에 충분했다. 얼마나 고마웠던 말이었는지 알지 못할 것이다. 나는 그 말을 그렇게 적었다. 수첩에도 적어 놓고, 마음 같은 곳에도 또박또박 그날을 적었다.

자주 오고 싶어도 그건 어디까지나 희망 사항일 뿐, 어디 생활이 그렇게 호락호락하겠는가.
여유를, 그것도 자연 속에서 누리려면 비싼 돈을 주고 준비해도 늘 부족하다. 그것도 여기에서는 가격표에 없는 가격을 부른다. 그야말로 '시가'다. 하지만 돈을 내면 받지 않을 것이다. 숲이며 길이 무슨 소용이 있다고 돈을 받겠는가. 그것은 오로지 나를 원한다. 살아온 만큼 걷겠지, 알아서 가겠지 그러고 만다. '더 챙겨 주는 것도 없고 딱 그만큼 가져가고, 그만큼 웃어라' 그런다. 여기서 행복한 사람은 정말 행복한 사람이고, 여기서 외로운 사람은 정말 외로운 사람이다. 오로지 고동치는 심장과 두 발로 땅을 밟는 감각, 물소리, 바람 소리같이 굽은 것들로 노래를 부를 줄 아는 마음, 그것이 길을 가는 사람이 내야 하는 비용이며, 배낭 속에 넣어 가야 할 것들이다. 그래서 누구나 걸을 수 있지만, 아무나 걷지 못하는 것 같다. 평생을 붙어 다녔어도 자기 자신 하나 다 알지 못하고 마는 것도 어쩌면 길을 걷는 것과 같은 이치인지도 모른다. 무엇을 여비로 지불할 것인가, 길이 묻는다.

어디였을까. 우리가 힘들었던 데를 내년에는 기억할까?
길가에 조촐하게 차린 막걸리 파는 곳을 지날 때 정말 어중간했다. 코로나19로 한 달을 쉬고 태권도 연습에 나가던 산이는 무릎이 아프다고 했었다. 기운이 넘치는 아이니까 신나게 뛰어다니느라 그런 거라고 미루어 짐작했을 뿐이다. 딱 거기에서 무릎 아픈 것이 도졌다. 한참 걷던 도중이라 난감했다. 거기에서는 택시를 부를 수도 없고, 그야말로 산골짜기였으니까.

뒤로 가는 것보다 앞으로 가는 것이 그나마 낫겠다 싶어 장항 마을을 목표로 삼았다. 10km를 걸어 보자고 나름 계산해 놓았는데, 두 가지 조건이 맞지 않았다. 아이들은 힘들어하고 또 시간이 벌써 5시가 넘어가고 있었다.

"아빠, 가만있어도 발이 저절로 떨려."

누구나 알다시피 평지와 산길은 차이가 크다. 10km, 많이 걸었다. 고생할 만큼 했다. 돌아가서 쉬자, 아이들아.
버스 정류장에 쉬고 있던 누나들도 더는 못 걷겠다고 멋쩍어하며 손사래를 치더라. 그러면서 너희들 보고 대단하다며 엄지를 들어 보이더라. 정류장 뒤편으로 언덕을 한참 올라야 하는 참이었는데, 아빠는 거기서 멈추기로 했다.
다시 생각해 봐도 정말 잘 멈춘 것 같다. 우리는 절대로 욕심부리면서 걷지 말자. 힘든 일도 많은데 걸으러 와서 찡그리지 말자. 즐겁게 걷기로 하자.

엄마는 길이 고즈넉해서 좋다고 그런다. 나도 알지, 사람은 누구나 비슷하니까.

매력 있었어, 길이 차분하니까 사람도 그래지더라. 늦게까지 남았다가 떨어지는 산벚나무 꽃잎도 볼 수 있어서 좋았잖아. 영화에서 봤던 것처럼 꽃이 떨어지더라.

강이는 여전히 산에서도 질문이 많았다. 미주알고주알 뭐가 그렇게 알고 싶은 것이 많을까.

이름 모를 꽃들에도 휴대폰 카메라를 가져다 대는 강이다. 사진을 찍기 위해서 발을 멈출 줄 아는 마음이 강이에게서 자라고 있다. 아빠는 너 때문에라도 책을 보면서 공부해야겠다. 네가 물어보는 꽃들은 다 예쁘니까. 나도 알아야겠다. 점점 우리는 서로 묻고 답하며 날마다 자라겠구나.

더 신비롭게, 더 단순하게, 더 재미있게 말해 주고 싶은 유혹이 나를 짜릿하게 한다. 우리는 서로에게 배우고 함께 자라기로 하자.

저녁 먹으면서 산이가 물었다.

"아빠, 맥주 맛이 달아?"

그게 드라마 〈이태원 클라쓰〉에 나온 대사라면서 둘이 합창한다.

"술이 달면 그날은 인상적이었다는 거래!"

아빠가 그랬지? 오늘은 산이 덕분에 우리가 좋은 구경을 했다고. 산이가 동생한테도 잘하고 건강하게 지내니까 엄마나 아빠가 힘들지 않아서 좋다고.

　너는 지금 윗도리는 다 벗고 잠을 잔다. 덥다며 아무것도 깔지 않은 곳까지 굴러가서 자고 있다. 이렇게 보니까 꽤 컸다. 산이야, 금방 키가 클 거야. 키가 많이 크지 않더라도 심각할 것 없다. 네 마음이 잘 자라고 있거든. 너도 언젠가 알게 될 거야. 마음은 바다도 담을 수 있고, 하늘까지 닿을 수 있는 거라서 쉽게 자라지 않는다는 거. 끄덕이며 알게 되겠지. 그런 날에는 오늘이 많이 생각날지도 모른다. 우리가 걸었던 오늘이 아빠한테는 항상 '오늘'일 것만 같다.

어버이날
선물이야

**2020년 5월 2일,
지리산 둘레길 3코스 둘째 날**

　지리산 둘레길 인월에서 금계, 3코스를 20.5km를 걷고 돌아온 지 열흘이 지났다. 첫날 걷기 시작해서 배너미재를 넘어 장항 마을에 도착했다. 거기까지가 7km. 나는 욕심이 났다. 우리 이렇게 잘 걸어? 기회가 기회를 만난다는 말이 떠올랐다. 나, 내일도 걷고 싶은데……. 대신 그쯤에서 멈추기로 했다. 3코스는 예전에 걸어 본 적이 있어서 이다음부터 오르막이 한참 이어지는 것을 알았다. 장항 마을을 내려다보는 큰 소나무 곁에서 맞았던 솔바람이 잔향처럼 내 의식을 스쳤다. 내일도 걸어 보자. 마침 길가에 옥수수를 파는 아주머니가 반갑게 맞아 주셨다. 정류장에서 버스를 기다리며 사 먹었던 옥수수는 따뜻하고 달았다. 우리는 인월로 다시 돌아왔다.

　시골 버스에 앉아 차창을 크게 열고 바람을 맞았다. 늦은 오후 햇살을 받으며 반짝이는 모든 것이 자유롭게 흔들렸다. 풍경 전체가 짙어지기 시작한 잎사귀처럼 믿음이 갔다. 어쩐지 토실토실 익은 밤송이가 등장한다. 봄에 가을, 오후 6시 무렵은 언제 어디서든 가을 같아서 좋다. 어디에서 어떻게 지냈는지 묻지 않고 밥부터 먹으라고 재촉하는 푸근한 모성이 거기 있다. 차창으로 불어오는 나무와 풀들의 연두 내음이 사람을 맑게 내리는 듯하다. 바람에 날리는 빨래가 되고 싶었다. 손을 내밀어 아쉬운 대로 손바닥으로 바람을 받았다. 손가락을 펼치면 바람이 손가락 사이를 지났다. 지면을 떠서 날아가는 느낌이 좋았다. 계곡을 따라 공중 촬영을 하는 드론이 내려보는 장면 같았다. 잠시 날았던 것 같다. 버스를 타고서 비행기를 탄 듯하다니, 과장이 이 정도면 신선급이다.

버스도 탈 수 있어서 좋았던 첫날, 4시간 걸려 7km 걸었던 우리가 어쩐지 대단한 일을 하나 해낸 것만 같아서 뿌듯했다. 잠들기 전에 긴 일기를 썼다. 지리산 둘레길 3코스 첫째 날, 늦은 밤까지 상쾌했다. 그 상쾌함을 적어 두고 싶었다. 잊고 싶지 않았다.

나는 사뿐한 것도 무심한 것도 따라 해 본다. 그리고 걸음으로 옮긴다. 자유로운 걸음, 가벼운 걸음, 무거운 걸음, 우중충한 걸음을 걸어 본다. 빨리도 걷다가 한눈팔고, 해찰도 하면서 천천히 걷기도 한다. 밖에서 보는 내 걸음은 한 모양으로 보이겠지만 그 걸음 안에서 이런저런 모양을 시도했다. 낮에도 걷고, 밤에도 걸었다. 혼자서 문을 열고 들어가는 빈집처럼 세상을 걸었던 날들이 있었다. 혼자서 걷고 혼자 불을 켜고 자리에 누웠던 날들이 있었다. 그때는 이렇게 걷는 날을 상상하지 못했다. 아이들과 함께 걷는 날, 아들과 딸이 떠드는 소리가 뒤에서 들려오는 길이 세상에 있는 줄 몰랐다.

나는 물속으로 가라앉지 않고 허공으로 사라지지 않고 자유를 비행한다. 흰 종이가 된다. 그 위에 찾아올 시를 기다리며 혹은 소설의 첫 문장을 기다리며 오래 날아가고 있다. 첫사랑을 하고 있다.

고개를 한자로 쓰면 상(峠)이라고도 쓰고, 령(嶺), 치(峙), 재(岾) 등 부르는 이름도 많다. 아래와 위가 맞댄 곳, 저 글자가 마음에 와닿았다.

고개를 넘을 때마다 아이들에게 한 글자씩 땅에 적어 줬다.

배너미재를 넘어가면서 우리가 힘껏 들이마셨던 그 시간은 이제 어디에서 무엇을 키워 낼까. 산그늘이 펼쳐지는 장항 마을 키 큰 소나무 옆에 서면 한 생각이 찾아든다.

'눈 내리는 풍경은 여기에서.'

언젠가 눈을 기다렸다가 꼭 거기 서서 바라보리라. 나는 또 헛된 약속을 하고 말았다. 소나무는 아무 말이 없었다.

그렇게 첫날은 장항 마을에서 돌아왔고, 둘째 날은 장항 마을에서 출발했다.

오르막 너머는 보이지 않았다. 오르막에 오른다. 삶이 그렇지 않을까. 어떤 이는 평지에서 시작하고, 어떤 이는 오르막부터 시작하는 인생, 둘 다 무엇인가는 얻을 것이다. 무엇을 얻느냐, 그것이 중요한 줄 알았었는데, 그보다 의미 있는 것이 있다는 것을 어렴풋이 알겠다. 먼저 챙겨야 할 것은 바탕이다. 바탕에 따라 같은 것을 얻더라도 그것은 얼마든지 달라지는 것을 나는 목격하며 지낸다. 암(癌)에 걸렸어도-물론 똑같은 암은 없다- 반응과 처치, 치료, 회복은 각자 다르다. 비슷한 꿈을 꾸고도 사람들은 저마다 다른 해석을 하지 않던가. 프로이트가 위대한 것은 세상에 없던 정신을 들여다본 사람이었기 때문일 것이다. '우리 이렇게 한번 생각해 봅시다', 그러면서 대화를 시도했던 사람이었기 때문이다. 오르막에서는 실컷 원망할 수도 있지만, 원망하지 않는 법을 배울 수도 있다. 힘들더라도 그 너머에 있을 것들을 상상해 내는 힘이 여기 묻혀 있다. 곧 나타난 빨간 화살표는 우리가 어제 목표했던 10km가 적혀 있었다. 온 만큼 가면 된다는 말, 좋은 말이다. 남원 143, 긴급 구조 위치 번호, 금계 10.5km.

참나무 그루터기 위에 돌이 쌓였다. 세어 보니 열세 개. 완만한 비탈 옆에 서 있다. 하나씩 주워다 세워 놓았을 작은 돌탑은 오늘도 그 자리에 있을까. 금방 허물어질 것 같은 모습으로 얼마나 거기 있었을까. 노란 꽃, 보라 꽃, 초록 풀이 주위를 둘러싸고 탑돌이 하는 양 조용하다.

청바지를 입고 빨간 가방을 멘 강이가 왼손에는 밀키스, 오른손에는 어디에서 주웠는지 죽은 소나무 가지를 짚고 오른다. 양 볼이 상기됐다. 저 신발은 편할까. 가방에 매달아 놓은 파란색 모자는 뒤에서 출렁거리고 있다. 강이는 엄마 앞에서, 엄마는 강이 뒤에서 힘내고 있다. 숲이 연두 일색이다. 강이는 오른손에 힘을 주고, 엄마는 그런 강이를 보며 미소를 짓는다. 둘이 무슨 이야기를 나누고 있을까. 사진에는 말소리가 담기지 않는다. 표정이 다 말해 주고 있으니까.

산이는 오렌지색 가방을 메고, 양손에 등산 스틱을 쥐고 혼자서 흰 반팔 티셔츠를 입고 걷는다. 우리는 모두 긴 팔인데 제일 씩씩하다. 어제 무릎이 아팠던 사람이 맞는지, 길도 모르면서 쭉쭉 앞에 가고 있다. 파릇파릇한 봄기운이 뒤따라가고 있는 것이 나는 보이는데, 산이는 알까.

서로의 인생이 안는 듯, 안기는 듯 포개져 살아가고, 살아지는 것이 우리네 삶이라면 길도 꼭 그와 닮았다. 저 길은 이 길을 위하고, 이 길은 저 길을 따른다. 길에는 사람이 있어야 하고, 사람에게는 길이 있어야 산다. 아이들이 내 길이 되며, 내가 아이들의 길이 되는 곳이 바로 세상이다. 삶이라는 말은 누구에게나 따뜻하고 거룩해야 한다.

아이들의 알량한 눈빛에도 엷고 얕은 숨소리에도 연두에서 초록으로 깊어 가는 계단을 놔 주는 것이 하늘의 섭리를 따르는 일이 아닐까. 길에서는 공동체 정신이 나도 모르게 솟아난다. 같이 잘 지내고 싶은 마음이 솔솔 불어온다.

연못에서 뛰노는 오리가 반가웠나 보다. 산속에서 그럴 줄 몰랐는데 '어라, 여기 오리들이 있네!' 사소한 것들에 감탄한다. 왼쪽으로 가면 실상사, 오른쪽은 창원 신촌 생태 마을. 우리는 어느 쪽으로 왔는지 너희는 기억하냐. 넷이 거기 갈림길에 모여 사진을 찍었다. 30년 지나서 이 대목을 꺼내 놓고 한바탕 웃을 생각을 하니 벌써 지난 5월 1일이 그리워진다. 그럼 20년 지나서 보기로 할까. 그래 봤자 강이가 서른 살이네…….

하나의 생명으로 만난 적 없고, 다시 만날 일도 없을 것을 깨달으며 우리는 서로에게 참한 사람이 되기로 하자. 어린 너희에게 내가 하고 싶은 말은 무엇일까. 무엇을 그렇게 오래 속삭이고 싶은 걸까. 나는 내 일기를 쓰듯 산이와 강이 일기를 쓴다.
빛이 있는 동안에 걷자, 우리는 걷자. 오늘 나는 내 전성기를 걷는다. 너희가 있어서 비로소 완성되는 지금은 나의 전성기.

최고 높은 곳은 650m. 우리는 줄곧 350m 높이에서 오르고 내리기를 반복했다. 이틀 동안 20km를 걸으면서 500m가 넘는 봉우리를 6개 지나왔다.
등구재를 넘어오면서 강이가 최고로 힘들어했다. 몇 걸음 걷다가 멈추고, 멈추면 한참 앉아 있고……. 아빠는 그때 두 가지 마음이 들었다. 돌아갈 거면 여기에서 돌아가야 한다는 것! 여기부터는 중간에 포기하는 일도 만만찮아서 그렇지 않으면 끝까지 걸어야 한다는 것!

그 순간 정말 영화의 한 장면이었다.

아빠가 다가가서 "강이야, 우리 여기까지 온 것도 대단하니까 그만 내려가자." 그랬을 때 네가 뭐라고 그런 줄 알아?

어떻게 너는 그 순간 그런 말을 생각해 냈을까?

"아냐, 이건 어버이날 선물이야."

지리산 골짜기마다 사람들의 사연이 바람에 실려 다닌다. 그러다가 꽃이 되기도 한다. 나는 비록 이방인이지만, 지나가는 길손이지만, 살갑게 걸었고 정겹게 산을 만지작거렸다. 내 발이 그를 귀찮게 하지 않으려고 사뿐히 걸으려고 애썼다. 하늘길은 그 순간에 열렸다. 그래, 어떤 길은 나오고, 어떤 길은 마주치고, 어떤 길은 열린다. 그 길 뒤로 하늘이 병풍처럼 은은했다. 5월 이파리들이 아치처럼 둥글게 머리 위를 감싸고, 길 끝에 다른 세상으로 가는 통로처럼 하늘이 있었다. 2020년 5월 1일 오후 5시 54분, 우리는 환해졌다. 마음속에 등불 하나 새로 얻어 줬다. 그것으로 길이 다 보답해 줬다. 수고했다며 일찌감치 등을 토닥여 주는 것이었다.

　그때 내가 들었던 말은 열흘이 지났어도 빛을 잃지 않고 피어있구나. 나는 거기에 물을 주고 응원할 생각이다. 네 선물을 앞으로 잊지 않고 오래 간직할 생각이다.
　4학년 딸아이의 표정은 의연했고, 덕분에 나도 마음을 다잡을 수 있었다. 강이의 손을 잡고 등구재를 오르면서 아빠는 알았다. 곧 허리도 아파질 테지만 우리는 결국 이 길을 다 걸어갈 것을, 재미있게 알았다.

　네가 있어서 좋다, 그 말을 아빠는 구호처럼 외치면서 살아야겠다.
　지금은 고사리가 맛있는 계절이다. 사람들은 고사리를 뜨거운 물에 데쳤다가 그늘에 말려 놓고 1년 내내 먹는다.

막 빠져나온 산길이 우리 등 뒤로 시커멓게 어두워지는 것을 보면서 우리가 그때 얼마나 대견했었는지 아무도 모를 것이다.

밥상에 올라온 고사리를 보고 감동하는 데에도 사람마다 다르다. 종소리가 그렇다. 종소리에는 도에서 술이 들어 있다고 한다. 누구는 도를 듣고, 누구는 미 같은 소리에서 누군가는 술을 듣는 것이다. 그런데 가장 멀리 흩어지는 종소리는 그 모든 음이 하나로 들리는 순간이라고 그랬다. 타음은 종을 치자마자 사라지는 소리, 원음은 소리가 퍼져 나가면서 멀리 닿는 소리, 여운은 누구나 아는 그 소리, 마음에 남는 소리. 무엇이든 그와 같다. 고사리도 김치도 계란말이도, 사람도 그와 같다.

노을이 공으로 저녁 하늘을 물들이던가.
감동은 결코 시시하게 부는 바람이 아닌 것을 길을 걷는 사람은 끄덕일 것이다. 낮과 밤이 열 번을 지나는 동안에도 우리가 함께 걸었던 그날에 어울릴 이름을 찾지 못하고 있었다. 나는 감동이라고 적는다.
고사리 같은 손은 무엇을 하든 감동이지. 우리는 고사리 같은 마음으로 그 길을 다 걸었던 것이 아니었을까.

서로의 짐을 나눠 들면 투정 대신 기운이 난다는 사실을 실천했다. 해가 다 지도록 걸으면서도 마음 한편에서는 길이 끝나가는 아쉬움이 영 없지는 않았다. 나는 부자 같았다.
아빠는 더 아프지 않고 너희들 곁을 지킬 수 있도록, 엄마는 훨씬 빨라진 세월에 지지 않고 건강하기를 빌었다.

중학생이 된 산이는 꿈을 찾아 나설 수 있는 사람이 되는 자신감을 갖기로 했고, 11살 강이는 자기를 사랑하고 다른 사람들을 사랑하는 명랑함을 간직하기로 했다. 우리 모두 길에게 소원을 빌었다. 진짜 소원은 말없이 전하고 바라는 마음이니까. 좋았으면 좋겠어요, 그렇게 씨 뿌리는 마음이니까.

길은 그런 고요한 바람을 기억해 주는 어깨 같은 것이다. 거기 기대어 우리의 바람이 날개를 펴고 하늘을 날아오르는 모습을 늘 그릴 것이다.

찰칵!

해거름에 바라다본 어느 마을에서 찍은 사진이 보기 좋다. 편안한 음성으로 노래라도 불러 보고 싶은 곳이었다. 거기 이름이 뭐였는지, 오래된 느티나무 두 그루는 마구 근사했다.

마지막 3km는 정말 사람을 잡아먹을 것 같았다고 고백한다. 넓게 펼쳐진 다랭이논도, 이제껏 그림처럼 보면서 걸어왔던 산촌 마을도, 그때만큼은 귀찮고 싫었다.

슬쩍 다음 날이 걱정되기도 했다. 몸에 열은 나지 않을까, 아침에 깨어 방바닥을 기어다니는 것은 아니겠지?

목적지가 다가올수록 눈에 띄게 걸음걸이가 둔해졌다.

하늘도 자꾸 눈치를 준다. '서둘러야겠어.'

발바닥이 아픈 엄마가 뒤로 처지면 앞서가던 산이가 기다렸다. 그러면서 엄마한테 힘을 내라고 격려하는 것이 제법이었다.

막차가 8시 20분이었지?

완주한 사람들끼리 느끼는 평온함이 우리 사이에 앉았다. 버스를 기다리면서 주변이 아무리 어두워져도 이제 걱정되지 않았다. 배가 고픈데 아무것도 먹고 싶지 않은 것이 이상했지만, 만족감이란 것의

본모습이 그럴 것 같았다.

다리는 아프고 몸은 지쳤어도 어딘가 싱싱한 것. 그것이 무엇인지는 모르겠지만 지금 이대로 편안한 것, 그저 좋은 것. 무엇보다 우리가 멋져 보이는 것이 '만족감'이란 말 이외에 없었다.

4년, 그동안 많이 놀랐고, 걱정으로 보낸 날들도 많았다. 아빠도 아팠고, 엄마도 아팠고, 너희는 어렸고.

어떻게 지나올 수 있었는지 지금 돌이켜 보면 아슬아슬했던 순간들이다. 그 긴박했던 고비마다 숨표와 쉼표를 간절하게 부르며 지나왔다. 그리고 언젠가 연주해 보고 싶은 우리들의 악보 위에 새로운 음표가 떠오르기 시작했다.

우리가 둘레길에 찍어 놓은 발자국들 하나하나가 밤하늘로 피어오르는 꿈을 꾼다. 지상에서 반짝이는 것을 무엇이라 부르면 좋을까. 하늘에는 별이 반짝이고, 우리는 아늑했다. 좋은 날이었다.

거꾸로
쓰는 일기

**2021년 5월 5일,
지리산 둘레길 4코스**

1학기 중간고사가 끝나면 출발해야겠다고 마음먹고 날짜를 꼽아 가며 지내던 참이다. 코로나19라는 말이 참 뜬금없었는데, 지금은 코로나19 소식을 제일 먼저 듣고 가장 많이 경계한다. 좀처럼 익숙해지지 않는 코로나19 시국에 다들 고생이 많다. 정말이지, 우리의 일상을 하나씩 무너뜨리는 속도가 역대급이었다. 유럽을 뒤흔든 몽골 제국의 기마병들도 코로나19의 기세는 따라가지 못할 것이다. 외출도 삼가는 분위기라 우리도 무엇인가를 무릅쓰고 둘레길에 나섰다. 아이들은 집에 돌아오면 외출하지 않는 일상에 점점 길이 들고 있다. 학교도 가지 않는데 무엇을 할 수 있겠냐며 어른이나 아이, 둘 다 무기력하게 대꾸하던 때가 엊그제 같다.

식구를 끌고 산에 왔다. 산에 간다는 말도 일부러 하지 않고 나섰다. 시험을 끝낸 산이는 몸과 마음이 5월 하늘에 떠 있는 구름처럼 가벼워 보였다. 더구나 어린이날, 그야말로 산은 푸르고 푸른 산 너머에는 흰 구름도 많았다. 지브리의 음악이라도 틀어 놓고 있으면 어울릴 것 같은 날이었다.

2020년 5월, 부처님 오신 날에 우리는 둘레길 3코스를 이틀 동안 걸었다. 그리고 1년 만이다. 산이는 중학교 2학년, 강이는 초등학교 5학년, 중학생이 된 산이는 어린이날을 벗어서 옆에 챙겨 놓고 중학교 교복을 입은 모습이다. 따로 선물을 바라지도 않는다. 그래도 그렇지, 어린이날에 둘레길이라. 나는 꽤 무모한 모험을 감행했는지도 모르겠다. 어디든 밖으로 나가고 싶었는데, 유원지나 사람들이 모일 만한 장소는 모두 제한하는 터라 마땅한 곳이 없었다. 아이들도 이런 사회적 분위기에 익숙해져서 따로 설명도 필요 없다. 우리는 지난 1년 동안 서해안을 걸었다. 숨죽이며 걸었다. 식구끼리만 다녀야 하고, 마스크를 착용해야 하고, 어디서든 조심하면서 걸었다. 때로는 눈치도 보면서, 때로는 서로 감격해하면서 그리고 늘 다행이라고 여기면서 고맙다고 걸었다. 작지만 보람 있었던 길, 부안 마실길은 우리에게 몸과 마음을 챙기면서 시간을 즐겁게 보내는 방법을 가르쳐 줬다.

그 길을 걸으면서 아이들이 표정이며 생각이 한결 자연스러워진 것을 알 수 있었다. 대화가 중요하구나. 콘크리트 벽에서 벗어나니까 다른 반찬도 잘 먹는다. 길 위에서 우리는 실컷 자기 스타일을 뽐냈던 것은 아닐까. '나는 이런 이야기를 좋아해. 나는 이 반찬이 좋아. 나는 이런 풍경을 좋아해.' 좋아하는 것들만 말해도 하루가 짧았다. 실컷 듣는다. 마음껏 말한다. 길이 널따랗게 동글동글하게 평평했다. 말도 마음도 다 그랬다.

장소와 시간을 가리지 않고 떠들면서 웃었던 것이 작년 1년 동안 우리에게 있었던 가장 큰 축복이었다. 웅연조대, 마실길 끝에서 모처럼 들뜬 가슴을 느낄 수 있었다. 소박했지만 알찬 매듭 하나가 정성스레 매어진 것 같았다. 그 힘으로 우리는 오늘 지리산 둘레길 4코스, 금계에서 동강까지 걸었다.

금계. 여기 휴게소, 기억나?

나는 저기를 내려오면서 맡았던 장미, 철쭉 향이 떠올랐다. 어두워질 무렵 어디선가 풍기는 꽃향기에 지쳤던 몸이 활짝 깨던 순간이 시간을 거슬러 맡아졌다. 아직도 나는 것 같아. 거꾸로 가는 벤자민 버튼의 시간이 나한테서도 흘렀다.

지난 시간을 기억하고 거기에서 시작하는 일. 길에서 경험하는 만남 그리고 이별 이야기는 기억과 추억을 동시에 촬영하는 성장 스토리를 담는다. 하나를 마치고 잠시 잊었다가 다시 찾아와 거기를 다른 길과 잇는 작업, 그렇게 맞춰 가는 그림을 우리는 좋아하기 시작했다. 반갑네, 그러네. 그 기분으로 의탄교를 지났다. 다리 아래에 임천이 흘렀다. 이 물은 흘러서 저쪽 산청에 경호강이 된다. 물과 땅이 산을 두르며 지나는 곳이 지리산이다. 그래서 어머니, 지리산, 그랬던가. 줄 것이 많은 산, 기댈 곳이 많은 산. 지리산 그 웅숭깊은 기슭에 깃들어 사는 사람들이 있다.

만두, 고추, 국수, 생강.

지금 우리는 문제를 내면서 걷는다. 제시된 낱말이 갖는 공통점을 찾는 것이다.

우리, 국민, 하나, 기업. 그러면 '은행!'이다.

길에서 다섯 고개 문제나 퀴즈 올림픽을 하다 보면 어느새 10리 정도는 다 와 간다. 더 이상 낼 문제가 없는데 더 하자고 아이들이 입맛을 다시면 기다란 싸리 이파리를 하나씩 손에 쥐어 주고 가위바위보를 한다. 둘씩 짝지어서 앞뒤로 가며 열심히 가위, 바위, 보를 외친다. 먼저 잎을 다 떨구는 사람이 이기는 고전 중에서도 고전 게임을 하는 것이다. 아이들은 그것도 재미있다고 그런다. 옛날에 데이트할 때 사람들이 이러고 놀았다면 정말 그랬냐며 반신반의한다.

그건 그렇고, 공통점을 찾았는지?

맞다. 나무다. 고추나무-밭에 심는 그 고추가 아니라 산 아래나 물가에서 자라는 고추나무가 따로 있다.-도 생강나무처럼 봄에 꽃을 피운다. 5월에는 그 꽃향기를 심심찮게 맡을 수 있다. 어디 그뿐인가, 누구나 좋아하는 라일락이 간혹 보이면 횡재다. 향기 나는 곳에서 눈 감고 있으면 갈 길도 잊고 세월도 다 잊을 것같이 아련해진다. 찔레꽃도 있고 별 모양으로 노란 점이 가운데 콕 찍힌 봄맞이꽃들도 길 따라 졸졸졸 피었다.

4코스에는 두 갈래 길이 있다. 강을 따라 걷는 길은 11km, 산을 따라서 고개를 넘어오는 길은 13km 정도 된다. 산으로 가면 서암정사도 볼 수 있어서 사람들은 그 코스를 선호한다. 의중 마을에서 갈라진 길이 용유담을 지난 지점에서 서로 만난다. 산길에 볼 게 많아서 더 돌아오는 셈이다. 당연히 우리는 가깝고 쉬운 길로 들어선다! 시원하게 흐르는 물소리를 들으면서 도로를 따라 걸었다. 나중에 저 강이 진주에 가서 그 유명한 남강이 된다. 우리 아이들은 진주도, 남강도, 촉석루도, 논개도 관심이 없다. 아직 어린 탓이다. 어린아이들이 우리와 같이 걸어 준다는 사실이 감격스러울 뿐이다. 길에서는 늘 이렇게 낮아지는 나를 마주한다. 길을 가다가 마주친 둘레길 이용 수칙마저 정이 솟는다. 나를 점검하며 순해지는 것이 가장 좋은 충고, 조언, 격려다. 나는 얼마쯤 저 말들을 새기면서 이 길을 걷는가. 묻고, 답하고, 묻고 또 물었다.

- 스스로 준비하고 책임지는 여행
- 동절기 5시, 하절기 6시 이후에는 안전을 위해 걷지 않습니다.
- 뭇 생명과 마을 주민, 서로에게 감사하는 마음으로 길을 걷습니다.

감나무들이 자주 보였다. 함양, 지나서 산청은 곶감으로 유명한 곳이다. 여기서부터 한동안 감나무가 길게 펼쳐질 것이다. 다음에 언제 또 여기에 올 수 있을까. 사실 오늘 아침에 일어나서 한동안 꼼짝할 수 없었다. 5년을 빌려 쓰는 마음으로 일기를 쓰고 있다. 5년, 1,825일을 한마디로 내가 연주하는 나날을 기록하고 있다. 끝에서부터 거꾸로 쓰는 까닭은 내가 '정상'은 아니기 때문이다. 언제든 재발이나 전이 그런 말들이 나에게 선고될 수 있다고 믿기 때문이다. 그때는 조금, 아주 조금이라도 덜 흔들리면서 끄덕이고 싶어서다. 침착한 척, 태연한 척 괜찮다며 웃어 보이고 싶어서다. 그동안 이만큼 해 온 것들이 있어서 다행이라고 말하고 싶은 까닭이다.

2021년 5월 5일 새벽, 출발 전에 쓴 일기에는 많은 내용이 적혀 있었다. 잠을 자면서 자세도 좋지 않았던지 허리 상태가 평소보다 별로다. 걱정이 되어 거실 바닥에 반듯하게 누워서 허리가 퍼질 때까지 기다렸다. 오늘은 비도 그치고 어린이날이라서 둘레길 4코스를 걷기로 했는데, 이런 상태라면 곤란하다. 산이하고 강이도 콧바람을 쐬고 싶은 눈치다. 실내에서 지내는 일상에 물릴 때가 됐다. 작년 일기를 들춰 보니 4월 중순부터 우리가 움직였는데, 올해는 아이들 중간고사로 인해 얼마간 일정이 늦춰졌다. 나도 엊그제 20km 이상을 걷고 온 터라 발이 편한 것은 아니지만, 이런 기회는 일부러라도 찾아가서 챙겨야 한다. 산티아고를 다녀올 사람인데 각오를 하고 준비하는 것이 바람직하지 않겠나.

 출발했다. 출발하면 사람 마음이 단정해진다. 한 점을 응시하고자 한다. 그래서 출발은 좋다. 어디서든지, 언제든지 우리는 출발한다.
 아이들과 모처럼 길을 걸었다. '길'이란 말이 순해졌는지 묻고 싶다. 10대, 청소년이라고 하는 너희는 길에서 무엇을 보았기에 우리와 함께 길을 나서는 것이냐. 그것은 더운 햇살이지 않았더냐. 지루한 계속은 아니었는가.

 산이는 왼쪽 발이 땅에 딛기 전에 오른쪽 뒷굽이 기울어진다. 그것은 오래 걷기에 좋아 보이지 않는 걸음이었다. 그동안에도 아이의 걸음을 수없이 많이 봤을 텐데……. 아무래도 4코스는 성찰(省察)이란 바람이 골짜기로 불어오는 지형인 듯싶다. 그게 아니면 저 회색 돌들을 품고 흐르는 강물이 오랜 세월 쌓아 놓은 내공 탓이었을까. 안 보이던 것들이 보이고, 느끼지 못했던 수고로움이 저며 온다. 모든 걸음이 수고롭구나. 우리는 될수록 순하게 찔레꽃 향기를 맡았다. 그 밑에는 뱀이 지나간단다, 애들아.

 저 안내 표지를 벅수라고 하는 사람들이 있더라. 벅수. 예전에 박경리의 소설에서 봤던 말이다. 장승을 달리 부르는 말이라고 한다. 처음부터 장승 닮았다는 생각을 하지 않아서인지 벅수라는 말이 입에 잘 안 붙는다. 이쪽으로는 용유담, 저쪽으로는 벽송사, 또 여기 이쪽은 세동마을을 가리키느라 벅수 하나가 바쁘게 서 있다. 곧 세동마을이다. 산이와 강이도 걸음이 느려졌다. 심심한 것을 즐기는 것이 어디 쉽겠냐. 그래, 거기에서 좀 쉬었다 가자. 마을 정자에서 챙겨 온 것들을 먹고 일어서는 것까지는 좋았는데, 그동안 우리와 동행하느라 고생했던 스틱 하나를 그만 깜박 잊고 챙기지 못했다. 산이는 어쩔 줄 몰라 하는데, 엄마가 돌아가서 가져오겠다는 것을 말렸다. 오르막을 오르던 참이라 서로들 힘든데 거기까지 갔다가 돌아오는 것도 그렇고, 그때까지 기다려야 하는 것도 보통은 아닐 것 같았다. 인도의 간디가 그랬다지, 기차를 타다가 그만 신던 신발 한 짝이 벗겨진 것을 보고 나머지 한 짝도 그 옆에 던져 놨다는 이야기. 신발 한 짝은 누구에게도 쓸모 없지만 저렇게 두 짝이 다 있으면 누군가에게 도움이 되지 않겠느냐던 그 이야기가 떠올랐다. 반응, 그런 마음은 생각하고 일어나는 현상이 아닐 것이다. 즉각 반응, 어떤 일들은 사람에게 그와 같은 자세를 요구하기도 한다. 나는 반응 속도가 좋은 편인가, 아닌가.

오르막이 끝나자마자 오빠한테 몽정(夢精)이 뭔지 아냐고 무턱대고 물어오는 딸내미다. 요즘은 학교에서 자세히 가르치는가 본데, 나도 어쩐지 들어 보고 싶었다. 산이가 제대로 답을 못 하는 것이 재미있다. 5학년이라서 대담했을 것이다. 너도 좀 크면 그게 그렇게 쉬운 질문이 아니라는 것을 알게 될 것이다. 대답을 곤란해하는 산이 대신에 알고 싶은 게 뭐냐며 서둘러 내가 나섰다.

그러니까 이 산 같은 거다. 사람이 커다란 동그라미를 그리면서 어른이 되어 가는 것 같아. 둘레를 재는 것이지. 나무마다 둘레가 다르고 마을도 그렇고 여기 지리산도 그렇잖아. 사람도 그럴 거야. 누군가의 둘레를 구경하고, 걸어 보고, 손으로, 발로 재 보는 것도 즐거운 일이다. 오늘 우리는 어느 지점을 걷고 있는 걸까. 바로 우리가 걷고 있는 이쯤은 우리가 삶이라고 하는 무대에서 어떤 장면을 보여 줄까. 길에서는 길이 보이지 않더라고, 그것을 알면 사람들 사는 모습이 잘 보일 것이다. 재미있는 것도, 슬픈 것도 잘 보일 것이다. 다 걷고 나서야 돌아봐지는 것이 사람이고, 길이고, 시간이더라. 몽정으로 바로 이야기를 시작하고 싶지 않았다. 혼자서 넋두리처럼 중얼거렸다. 지금 듣는 이야기가 줄곧 어떤 영향을 미치겠지만 그것이 전부는 아니라고. 들을 때마다 이야기는 모습을 바꾼다고 그래서 나중에는 영 다른 이야기가 되기도 한다고. 그러니까 이야기든 길이든 거기가 전부는 아니니까 재미있게 지내야 한다고. 사랑 이야기를 할 때는 조바심이 난다. 이 아이들이 스무 살이 되면 그때는 더 해 주고 싶은 이야기가 많아질 것이다. 커다란 바위도 지나고, 건너편 산 중턱에 있는 마을도 구경하면서 잘 걷는다.

여자애들은 7년을 주기로 몸꼴이 변한다. 칠에 이. 그래서 열넷에 생리가 들고 그러면 아이를 가질 수 있다. 어머니 대지(大地)라고 그러는 거 들어 봤지? 여기 땅처럼 고운 상태가 되는 거야. 그래야 씨를 품고 그 씨앗이 잘 자랄 수 있거든. 칠에 일곱, 마흔아홉 그쯤에서 땅이 푸석거리는 거야. 그것 보고 오춘기가 되었다고도 하는데, 아기는 이제 더 낳을 수 없다는 것이다. 그걸 폐경이라고 한다. 엄마는 칠에 여덟, 그때가 되면 여자들은 마음도 몸도 힘들어서 갱년기를 겪는 것이지. 사람마다 그리고 지내 온 환경에 따라 서너 해는 서로 차이가 나기도 하지만 대체로 그렇다고 그래. 여기서 앞으로 1시간 더 걸어가면 길은 더 깊어지고, 너는 힘들어서 쉬어 가자는 말이 아무렇게나 나올 것인데, 그것이 그거야. 열심히 걷고 나면 누구나 피곤해지잖아. 몸이란 것도 그래.

남자의 몽정을 알기 전에 여자에 대해서 먼저 이해하는 것이 좋겠다는 생각이 들었다. 길에서 좋은 질문 하나를 다루는 기분이었다. 나는 어쭙잖게 아는 것들을 엮기도 하고, 꾸며 대면서 모양을 만들어 갔다. 산 때문이다. 지리산 때문이었다.

여자와 남자는 서로를 알아야 하니 더 짚어 간다. 남자는, 그러니까 오빠 같은 사람들은 여덟을 주기로 몸이 좋아진다. 16살이면 몸에 양이라는 따뜻한 기운이 차올라 그것으로 정(精)을 만든다. 여자가 만든 방에 저 정이란 것이 초대받으면서 아기는 만들어지게 되는데, 그것을 잉태라고 하고, 몸 안에 두고 마음으로 먼저 그 아기를 키우는 것이 임신이다. 그래서 임신하면 배도 불러 오고, 조심하고 그러는 것, 너도 그렇게 세상에 나왔다니까 웃는다. 저도 여자인 것이다. 입덧이란 말이 떠올랐던가 보다. '그거 토하는 것, 밥도 못 먹잖아' 그러면서 묻는다. 그것은 왜 그러냐고 엄마한테 물으라니 엄마는 딴 데를 쳐다본다. 여자의 선생은 여자가 아니다. 구경꾼처럼 나만 떠들고 다들 듣기만 한다. 골짜기가 점점 깊어 가는데도 힐끗힐끗 물줄기가 보이는 지점이다. 길이 아름답다는 말을 주섬주섬 주우면서 걸었다. 우리보다 앞에 간 사람들이 남겨 놓은 감탄사들이 반짝이는 오후, 신록 그 푸르름이여, 길이 멀어도 매일 오늘만 같기를 바란다.

그것은 하나의 신비야. 뱃속의 아기는 엄마가 주는 대로 받고, 먹는 대로 먹는데, 가끔씩 아기가 먹지 못하는 것, 먹으면 안 되는 것들이 있어서 말 못 하는 아기가 적극적으로 못 먹겠다고 받아치는 것이 입덧이래. 입덧은 경건한 신호며, 거룩한 암시니까 꼭꼭 잘 받아 내야 하지. 12살 딸한테 아주 먼 훗날의 이야기까지 주절댄 것도 이 길 탓이다. 지리산 탓이다.

산으로 둘러싸인 마을을 지나면서 머리에 수건을 쓰고 일하는 아주머니 한 분을 본 것이 전부다. 이 산골짜기에서 '마스크'를 쓰고 있다니. 뻐꾸기도 울지 않는 고요 속에서 혼자 밭을 매다가 훌쩍 우리를 돌아보셨다. 시집올 때 해 왔던 양단 이불은 아까워서 꺼내 놓지도 못하고 오래 장롱 속에 모셔진 채로 남았을 것 같은 산골, 아주머니가 떠올랐다. 미안한 생각에 서둘러 밭을 지났다. 정말이지, 이제 그만 코로나19에서 벗어났으면 좋겠다.

자, 오른쪽이다. 저기 가서 쉬면서 마지막 남은 것들로 목을 축이자. 여기까지 오느라 고생했다. 마지막 오르막이 오후 4시 반의 햇살을 받으며 하얗게 눈부셨다. 아이들 걸음을 고쳐 주고, 우리 몸에 대해 생각하면서 길을 걸었다. 내가 얻은 일용할 양식은 평화다. 그야말로 융숭한 대접이었다. 그 평화를 길마다, 길에 다시 건넨다. 고수레!

동강이다. 금계에서 동강까지 잘 걸었다. 바람처럼 사뿐했고, 구름처럼 천천히 걸었다. 날씨는 하늘이 낳는 씨, 그 씨앗들이 공중으로 높다랗고 커다랗게 자라고 있었다. 미루나무 한 그루가 손가락 끝에 서 있던 길을 우리는 걸었다. 꽃을 보듯이 너희를 구경했던 날이었다.

다만 좋았다는 말만 복바위에 남겼다. 아빠가 써 놓은 인사가 그 바위에서 꽃으로 피거든 씨가 꽃이 됐다고 그때 우리 한번 또 놀러 가자.

겨우 5월 초, 연한 감잎들이 인상 깊었던 지리산 둘레길 4코스에는 봄볕에 빛나던 감나무가 있더라는.

Stay with me till the morning

**2021년 10월 10일,
지리산 5코스 첫째 날**

어떤 일을 시작하면서 비가 내리면 당황스럽다. 하지만 일이 끝나고 내리는 비는 얼마나 너그러운가. 월요일 저녁부터 내리던 가을비가 화요일 내내 거리를 적셨다. 곧 단풍이 들 것이다. 비가 내리는 풍경을 바라보면서 그 생각만 했다. 시시각각 공기가 차가운 표정을 지어 가며 빗속에서 맴돌았다. 절대 밖에 나가지 말아야지. 여기 꼭 숨어서 지난 일요일과 월요일에 걸었던 길들을 다시 걸어 보고 싶어졌다. 비가 내리기 전으로, 간다.

이번에는 구례로 길을 잡았다. 이틀이나 여유가 생긴 탓에 사람이 느슨했다. 가을 속으로 무작정 들어가 보고 싶었다. 네비게이션 없는 그곳에서 오로지 감각으로만 길을 찾고, 시간도 헤아리며 가을 냄새도 맡고, 소리도 듣고 싶었다. 그 생각 하나로 운전석에 앉아서 차가 가는 대로 따라왔다. 오늘은 이대로 따라다니자. 구례에 들어서면 늘 눈이 내리는 장면이다. 겨울 왕국의 엘사처럼 내 발길이 닿으면 눈이 내리는 세상을 상상하곤 한다. 여기 눈이 내리면 그림 같을 거야. 언젠가 눈이 내리면 구례에서 '타인능해(他人能解)'라고 손바닥에 써 가면서 걸을 것이다. 그날은 신발에 묻은 흙을 톡톡 털어 가면서 운조루 앞을 서성거릴지도 모른다. 송정에서 오미마을까지를 떼어 놓고 아껴 둔다. 호호 불어 가며 군고구마도 까먹을 것이다. 그 길 어딘가에서 섬진강을 내려다볼 것이다. 아이들 모르게 구례와 나, 둘이서만 언젠가 오는 겨울을 약속하는 가을날은 볕이 되게 따가웠다. 성삼재를 넘자. 앞으로 구례는 자주 와야 한다며 산이와 강이에게 지리산이 얼마나 넓은지 이야기했다. 지금은 산청 쪽으로 다니지만, 둘레길이 하동을 넘어가면 이쪽으로 접근하는 편이 더 낫다고 일러 줬다. 오늘은 서비스 같은 하루를 보내자며 성삼재 꼭대기를 가리키며 산을 넘어간다고, 지리산 계곡으로 찾아가 보자고 급하게 아이디어를 냈다.

너희는 무엇을 봤냐. 하늘을 봤냐? 성삼재 오르는 길은 높다. 지난번 언제였던가, 여기 다녀갔었지? 그러면서 기억을 더듬었다. 아내는 커피 마신 것을 기억하고, 산이는 데크 길에서 불던 바람을, 강이는 아무것도 기억 못 하는 노고단이었다. 그때도 잘 걸었다며, 알고 보면 너희는 '부자'라고 그랬다. 진짜 부자는 자기가 얼마나 부자인지 모른다며, 다 잊어도 좋아! 그래도 이 안에 다 남아서 자꾸 맷돌처럼 돌아갈 거야. 그게 부자야. 그러면서 가슴을 손바닥으로 두드렸다.

뱀사골 주차장에 멈췄다. 예감이-그새 볕에 열기가 가라앉았다. 나뭇잎 사이로 빛이 내리고 있었다.- 좋다. 너희는 여길 처음 걷는구나. 처음은 늘 신비하잖아. 아빠는 그것으로 오늘 허탕은 면했다. 뱀사골 계곡은 꽤 값이 나가는 길이다. 거기는 붐빈다. 그 길에서는 단풍이지. 단풍 맛을 아는 나는 날짜를 세어 가며 우리가 조금 빨랐던 것도 인연 주머니에 넣어 둔다. 뱀사골의 단풍은 살면서 꼭 찾아보거라. 몇 번을 봐도 설레고 말 것이니까. 걸음을 아껴 옮긴다. 사진을 찍으면서 내가 바라는 것은 무엇일까. 여기를 추억하는 것이 힘에 부칠 때 그때는 사진을 들고서 아직 단풍이 들지 않았던 철이었다며 지금보다 더 아까워하리라. 물소리가 두통을 씻어 냈다. 뭘 보느냐고 문제 삼지 않아도 마음이 놓이는 푸르름 속에서 앞서거니 뒤서거니 우리가 걸었다.

와운(臥雲) 마을로 들어서는 다리를 건넜다. 저 다리는 차원을 가르는 경계 같았다. 어쩌면 그럴 수 있을까. 사실 고속도로 나들목을 놓치고 구례로 흘러들 때는 몰랐다. 지리산 둘레길 5코스를 걷자고 했을 때도 와운 마을은 전혀 계획에 없었다. 하지만 우리는 여기에 있다. 선을 긋는 손길이 있다. 선(線) 자체는 아무 의지가 없지만, 선을 그리는 입김에는 의지가 담겨 있다. 나는 재미난 선이기를 소망한다. 그 소망이란 것도 바람 같은 것일 테지만, 이렇게 긋고 난 그것이 '나'인 것을 잘 바라보고 싶은 것이다. 그래서 그림에는 내가 보이지 않더라도 내가 거기 있다는 것을 알아보는 눈을 간직하는 것이다. 마치 음표나 쉼표, 숨표를 아끼듯이 연주하는 그를 위해서 침묵하며 여기에 있다. 세상은 그렇게 그리는 그림이구나.

비싼 길을 걷고 났더니 걸음 자체가 고상해졌다. 윤기가 나고 품이 있어졌다. 그 걸음으로 천년 소나무를 보러 간다. 드디어 만남이다. 더 늦기 전에 사진을 좀 배워야지. 길에서 인연을 마주치면 탄성 대신에 아쉬움을 토로한다. 살아 있는 사진을 보면, 세월이 지났어도 그 모습을 간직하고 있는 것들은 무한히 고맙더라는 것도 오래 생각했다. 세상에 없는 곳에 머물다 일어서는 일, 사진을 찍을 때는 동작 하나가 장소가 되어 저장되고, 그 장소가 나를 초대하는 날을 꿈꾼다. 그런 사진을 찍는다. 찰칵, 내 시신경으로 저 물빛을, 이 가을을 담는다.

천년송을 지켜봤다. 밥 짓는 냄새가 자작하게 졸아드는 산골 마을이었을 것이다. 어느 길손은 천년송 곁에서 꼬박 하룻밤을 묵었을 것이다. 밤새 풀벌레 소리를 듣고 달을 향해서 노래했을지도 모른다. 천년이 어떤 세월인지 알지 못하는 내가 감히 그의 옷자락에 손을 대보는 용기를 내어 본다. 솔이 푸르고, 주위에 감도는 산 기운도 푸르다. 언제 다시 천년송을 또 보러 올까. 아내도 나도 묵묵히 말이 없는

데, 아이들만 대수롭지 않게 떠든다. 조선 시대, 아니지! 고려지, 삼국 시대인가? 우리 넷 다 합쳐도 백오십 살이 안 된다면서도 대충이다. 내소사 꽃살문을 봤을 때처럼 오래 세상에 머문 것들을 보면 절로 경외감이 드는 것이 좋다. 별 감흥이 없는 아이들을 데리고 식당에 들렀다. 도토리묵은 참말로 맛이 좋았다. 산이도 그 맛이 좋았던지 날름 먹어 치운다. 나도 모르게 '진짜' 도토리묵이라고 그랬더니, 가짜 도토리묵은 어떻게 생겼냐고 묻는다. 글쎄, 내 말이 적절하지 못했다. 지리산 도토리묵이라고 하는 것이 더 낫겠다고 고쳤다. 이렇듯 무심코 던졌던 말이며 행동이 얼마나 많았을까……

아이들이 물을 보면 발을 담그려 한다. 자기 마음에 드는 돌 위에서 짐을 풀어 놓는다. 물에 가까이 다가간다. 저 거침없는 동작이 보기 좋다. 계곡은 소리로 가득했다. 살아 있는 물은 소리가 난다. 소리가 나는 사진을 그사이에 찍는다.

강이는 물을 좋아한다. 물을 만지고, 건들고, 떠보기도 하고, 거기에 손이며 발을 담근다. 물보라를 일으키며 좋아하는 아이를 보는 것이 오랜만이다. 물이 흘러간다. 발이 시원하다.

〈Stay with me till the morning〉. 귀에 익숙한 음악이 들렸다. 어? 앞에 가는 할아버지가 켜 놓은 음악이다. 그 뒤에 할머니가 시원하게 차려입고 걸음도 흥겹다. 반가워서 끝부분을 따라 불렀다. 할아버지와 할머니가 동시에 뒤를 돌아보며 웃었다.

"노래가 멋져서요!"

"이 사람이 좋아해."

손으로 할머니를 가리키고 할머니는 수줍고 곱게 웃는다. 자연스럽고 편안한 하루가 지났다. 이거 내가 받아도 되는지 모르겠다며 사양했어야 할 차림상 같은 하루였다. 매일 이런 식이라면 사람도 단풍이 들 것 같다. 피곤해야 맞는데, 전혀 그렇지 않았다. 낮잠을 잔 것도 아닌데 졸리지도 않았고, 기운이 떨어지는 것도 없었다. 나, 좋아졌나 봐! 신선이 살았던 곳에 다녀온 덕분인지 모른다. 어쩌면 천 년 전에 불었던 바람이 내 이마를 만졌는지도 모를 일이다.

별이 있는 데로 달렸다. 내일도 날이 좋다. 내일은 지리산 둘레길 5코스 동강마을에서 수철까지 걷는다. 우리 좀 달라진 것 같다.

공부가 나타났다!

**2021년 10월 11일,
지리산 둘레길 5코스 둘째 날**

'인간은 서두르지만 신은 그렇지 않다.'

오늘 아침은 니코스 카잔차키스의 말이 손에 잡힌다. 하루 사이에 날이 서늘해졌다. 하늘이 더없이 푸른 10월 마지막 날이다.

콧노래 부르면서 뱀사골 계곡을 내려왔던 날부터 보름이 지났다. 첫날 우리가 다녀온 그 웅숭깊던 계곡이 붉게 고울 것이다. 단풍이 짙은 거기를 거실에 앉아서 상상한다. 뱀사골에 다녀온 다음 날은 인월에서 시작했다. 갈 때마다 착해지는 곳에서 잠을 자고, 아침을 먹고 일어나면 부쩍 힘이 난다. 허술하고 너그러운 자세로 오늘도 잘 걸어 보자고 의기투합한다. 힘을 빼고 말하는 것이 더 믿음직스럽다. 아침이 이렇게 맛있어도 돼? 우리가 웃으니까 식당 아주머니께서도 식구가 이렇게 다니니까 보기 좋다며, 잠시 일손을 멈추고 옆에 서서 이런저런 말씀을 해 주셨다. 여기는 어딜 가도 맛있다며, 시장통에 가서 보리밥도 먹어 보라고 일러 주신다.

천천히 가자. 서두르지 않아도 된다. 시간은 많고 길은 하나. '여기에서 저기' 가는 길에 우리는 숨길 수 없는 감동으로 가슴이 차오를지도 몰라. 나는 그랬던 적이 있거든.

 강이는 오래 걸으면 발 안쪽 주상골이라는 부분이 아프다. 정형외과에서 '부주상골 중후군'이라고 했다. 상태가 심하면 수술도 하지만, 커 가면서 좋아지는 경우가 많다고 한다. 그 발로 섬진강을 따라서도 걷고, 부안 마실길도 걸었다. 나는 종종 강이가 '걸어 줘서' 우리가 걸었다고 말한다. 이렇듯 다른 이들을 위해 기꺼이 걸어 주는 사람이 우리 곁에는 있다. 그러면서도 길에서는 각자의 역할이 있다. 길을 헤매는 일이 없도록 주의하고, 식구들의 상태를 수시로 봐 가면서 오늘은 어디만큼 갈 수 있을지 가늠하는 것이 내가 하는 제일 중요한 일이다. 어디까지 왔으며, 언제쯤 도착할지, 혹시 비가 내리거나 금방 어두워지는 것은 아닌지 등등. 하늘도, 사람도, 시간도 자주 들여다보면서 밥이 되기를 기다리는 것처럼 길이 다 되어 가는 것을 바라본다. 아내는 산이와 강이를 번갈아 챙기면서 그때그때 먹을 것, 마실 것들을 제공하고, 가끔은 아이들이 필요로 하는 그것이 되기도 한다. 쉬더라도 엄마와 같이 쉬면 아무 걱정이 없는 얼굴들. 지리산에서는 그 얼굴들이 곳곳에서 자란다. 손잡고 고개를 오르기도 하고, 업혀서 가기도 한다. 걷다가 돌아보면 꼭 나무가 서 있는, 하나의 풍경처럼 보이는 사람들이다. 나무, 그늘. 나무, 구름. 나무, 사람. 그 자리에 잘 서 있어 주는 나무와 그 옆에서 그늘이 되고 구름이 되는 사람이 있다. 갈 길이 바빠도 그 모습을 보면 더 재촉하지 못하고 멈춰서 기다리게 된다. 산이는 강이한테 말벗이 되어 주고, 강이 또한 그런 오빠하고 '흔한 남매'처럼 커다란 웃음을 날린다. 그 웃음소리에 사람이 또 한 번 평화로워진다. 우리가 길을 걸으면서 얻은 것 가운데 좋았던 것은 이야기가 아닐까. 이렇게 걸으면 이야기꽃이 핀다. 서로 잘 들어 주니까 말하는 솜씨가 더 느는 것 같다. 오래 걸어도 심심하지 않은 사이가 되어 가는 듯하다. 진짜 좋은 사이가 길에서 자란다.

 아마도 지금이 내 인생의 전성기, 힘들어도 힘들지 않으니까 그게 참 좋다. 가을볕이 싱그럽다는 말을 나도 할 줄 알게 됐다. 지난봄에 왔던 동강 마을, 거기 슈퍼가 보인다. 4코스를 다 걷고 아이스크림을 하나씩 입에 물고서 저 다리도 건넜는데, 버스가 제시간에 도착했고, 차창을 열어 놓고 먹는 바람은 달콤했으며 사방에 봄기운이 가득했었다. 이번에는 동강에서 시작한다. 5코스다. 장대보다 높은 하늘로 잠자리가 난다.

 도로를 따라 올라와서 마침내 산길로 들어섰는데, 몇 년 전에 여길 왔던가 감이 잡히지 않았다. 같은 길을 걸으면서도 기억의 모양은 제각각이다. 여기는 반갑고, 저기는 낯설게 다가온다. 이 바위는 알겠는데, 여기 계단은 영 모르겠다. 기억은…… 변한다. 세월을 따라서 기억도 희미해지고, 주름이 진다. 어떤 때는 껍질을 벗고 탈피하는 나비가 되기도 한다. 슬프고 아픈 기억들도 따뜻해지면 날개를 펄럭이며 날아간다. 리 오스카(Lee Oskar)의 하모니카 소리처럼 아련해진다. 산길을 걷고 있으면 가끔 그렇게 따뜻한 바람이 분다. 부채가 공중을 하늘거리며 일으키는 부드러운 그 느낌이 좋아서 가만히 주변을 살피고, 여기가 어디지, 뜬금없이 '잘 왔구나' 싶은 생각에 발밑에 피어난 것들에 고마워하는 순간이 있다. 허리를 굽혀 눈맞춤을 한다. 잘 지내는 거지?

 "괜찮다며 사는 것이지 정말 괜찮은 사람은 아무도 없습니다. 아프지 않은 척하는 것이지 아프지 않은 사람은 없습니다."

 강이야, 처음에 네 이름을 '해인'이라고 하려고 했다는 거 아냐? 이해인 수녀님의 예쁜 시를 찾아서 보여 줬다. 요즘 부쩍 시 쓰는 데 관심이 많은 아이가 가쁜 숨을 몰아쉬며 집중한다. 산속에서 별거 다 하는 게 싫지 않다. 무대가 다채로워서 좋다.

 이끼가 자리 잡은 바위가 곁을 내줬을까. 산 깊은 데 오면 바위와 나무가 같이 살아가는 모습을 목격한다. 나무가 저만큼 자라면서 아팠을 것이다. 불평도 많았을 것이다. 그러다가 포기도 했을 것이다. 하지만 결국 바위가 고마웠을 것이다. 꼭 껴안았을 것이다. 물푸레나무 밑동에는 돌이끼가 족두리 모양으로 피었다. 바위는 작고 뭉뚝한 남자, 물푸레나무는 가늘고 늘씬한 여자 같아서 재미있다. 살아서 천 년, 죽어서도 또 천 년을 같이 있으라는 말로 바위와 나무를 바라본다. 천 년 전에 여기를 지나던 어떤 이가 그렇게 빌어 주더군. 그게 바람이었어. 스치듯 지나간 바람. 그런데 그게 또 오래 음미하는 맛이 있더라고. 그 말을, 그 음성을, 그 마음을 날마다 떠올렸지. 그리고 생각했지. '곁에 있어 주는 것'을.
 그쯤에 우리는 상사 폭포를 지나고 있었다. 위험하다고 막아 놓은 표시 안쪽으로 높은 수직의 벽이 보였다. 마른 폭포 앞에서 물소리를 상상했다. 폭포란 말도 바위와 물이 그리는 풍경이었구나. 둘이 만들어 내는 하나, 그런 것들이 세상에는 많았구나.

 쌍재에 오르면서 몸에 물기가 돌았다. 촉촉한 아침 숲 기운이 들숨과 날숨을 타고 내 속에 흘렀다. 발이 물들었다. 산길이 초록으로 반짝였다. 단풍으로 향해 가는 저 단정한 기운이 품은 엔도르핀을 받침 있는 고블렛잔에 담아서 창가에 놓아두면 하루 종일 싱그러울 것 같다. 올가을은 웅숭깊게 층을 이룰 것 같은 예감, 초록이 보내는 마지막 멜로디 덕분이다. 아직 바스락거리지 않았고, 사각이거나 서걱이지 않고 시옷이 막 소리를 내려면서 나는 바람 소리가 발아래에서 스스스 따랐다. '언덕으로 가는 길이 이래도 돼?' 싶었다. 맑게 트인 하늘이 잘 짠 계획표 같았고, 실로폰 소리가 날 것 같았고, 막 일과를 마치고 친구를 만나러 가는 발걸음 같았다. 맑고, 푸르고, 가볍고, 넓은 시간을 마주하는 시간, 우리는 자꾸 오르고 있었다.

하늘만 보이는 10월 창가에 사람이 비친다. 물은 그야말로 감로수였다. 어디에서 이렇게 맛있는 물을 마시고, 밥을 먹을 수 있을까. 네 사람이 만족한 얼굴로 한데 어울려 앉는다. 남아도는 힘은 늘 낭만이다. 땀을 닦고, 숨을 고르고, 그러면서 밥집을 만나 좋아하는 사람들을 구절초가 피어 있는 자리로 안내한다. '길에서 먹는 밥이 맛있으면 고생하는데……' 식당 주인아저씨의 정감 있는 환영사였다.

아이들이 좋아하는 영화 <센과 치히로의 행방불명>에 나오는 '언제나 몇 번이라도' 그 음악을 들었다. 힘들지? 나도 힘이 드는데 너희는 말할 것도 없지. 수도꼭지에서 계속 흘러나오는 시원한 물에 대충 세수라도 했으면 싶었다. 겨우 아빠가 해 줄 수 있는 것이 그거였다. 그래, 좋아한다는 것도 어떤 면에서는 차별이야. 그것보다 이것을 하겠다는 마음이지. 아빠는 오늘 이것을 하고 있구나. 그리고 우리는 고생하고 있고. 그런데 나는 지금 좋다. 아빠 혼자만 좋아서 조금 미안하지만 언젠가 너희도 믿어지지 않는다며 지도를 볼 거야. 여기서 먹는 도토리묵이며 라면이 생각날 거야. 좋아해서, 그 말이 유죄야. 걸으면 걸을수록 길이 좋아지고, 너희가 좋아지고, 내가 좋아지는 것을 어쩌냐. 그 말을 하는데 산이 얼굴 옆으로 땀이 흘러내린다. 아이가 멋져 보였다. 어제 먹은 도토리묵이 더 맛있었다며 씩씩하게 대꾸한다. 어제는 이것저것이 다 편했다며, 편하면 그다음에 꼭 힘든 데를 가더라고! 한마디 찌른다.

쌍재를 지나 지리산 둘레길 중에서도 손에 꼽는 풍경, 고동재 위에 섰다. 아빠가 그랬지, 여기는 꿈에 나오더라고. 오느라 애썼다. 수고했다, 꼬맹이들아.

수고로운 것들로 근사한 것은 이루어진다. 여기에서 바라보는 지리산은 그저 황홀하다. 사람의 정신을 아득하게 하는 황홀은 경건함으로 이어지는 길목이다. 살면서 감정은 불쑥거리더라도 마음은 결을 잃지 않기를 사람들이 쌓아 놓은 돌탑 앞에서 빌어본다. 바람이 답을 한다. 살갑게 스며드는 바람을 말리고 싶지 않았다. 바람이 되어도 좋을 것 같다.

길에서도 너희끼리 유쾌하게 떠드는 것을 보고 있으면 아빠나 엄마는 웃음이 난다. 그러면서도 감상에 빠져서 저희 둘이 잘 지내니까 그나마 다행이라며 많이 고마워한다. 무슨 꿍꿍이였는지, 갑자기 도망가는 시늉을 해 댄다. 몇 발 앞에서 가던 녀석들이 나를 보고 소리치며 도망간다. 잡을 수 있으면 한번 잡아 보라는 식이다. 잡힐 것처럼 늘어지다가 잡힐 듯하면 후다닥 도망가며 자기들 장난에 나를 끌어들인다. 나는 무엇이 되어 너희를 잡을까.

"와, 저기 공부가 나타났다!"

강이가 외치면서 도망친다. 나는 알아듣지 못하고 아이들을 몰아댔다. 아내는 다 알아듣고 깔깔 소리 내어 웃는다. 세상에, 공부가 나타났대요. 글쎄, 공부래요!

산에서는 다들 즐겁다. 그렇게 쫓고 쫓기며 수철 마을에 도착했다. 오늘 잘 걸어 준 우리들 위로 금빛 햇살이 눈부시게 펄럭였다. 의기양양하게 손을 흔들었다. 택시가 멈췄다.

우리가 거기 다녀온 것은 10월 중순, 그 길을 이야기하며 떠올리는 오늘은 10월 끄트머리. 생각 하나가 든다. 잠든 너희들의 발을 주물러 주는 엄마처럼, 길도 우리가 모르는 어느 틈엔가 우리의 등을 만져 주며 우리를 격려하는 것은 아닐까. 그 힘으로 우리는 다음날에도, 그 다음 날에도 잘 일어나는 것은 아닐까. 우리 모르게 내내 함께하는, 혹시 그런 거 아닌가.

지금은
몰라도

**2022년 3월 1일,
둘레길 1코스**

'여기서부터 지리산 둘레길 주천, 운봉 제1구간 시작점입니다.'

1구간 시작 그리고 전체 둘레길의 출발점이 되는 곳에 왼발에 힘을 주고 막 오른발을 떼려는 사람 모습을 담은 표지판이 서 있다. 새로 칠한 것처럼 노란색이 산뜻했다. 나도 저렇게 다부지게 보일까. 오래 전에 다친 허리로는 배낭은커녕 허리를 마음대로 구부리지도 못한다. 표지판을 부러워하다니, 표지판에 그려진 길을 손가락으로 따라가며 이 길을 다 갈 수 있을까 싶었다. 한 번 다친 것은 돌이킬 수 없지……

주천에서 운봉까지 14.7km, 예상 시간 6시간, 난이도는 중.

비가 그친 뒤라서 주변이 차분하고, 멀리 산에는 안개가 피어난다. 빗물에 씻긴 아스팔트가 깔끔하다. 이따금 차가 한 대씩 그 위를 달리면서 파도 소리를 낸다.

"여기로 올 거야."

그 순간이었다. 둘레길을 다 걸어 보고 싶다는 생각을 처음 했던 곳이 바로 그 표지판 앞이었다.

아내와 아이들은 차를 여기 두었으니까 늘 그랬던 것처럼 오늘도 1코스를 걷고 운봉에서 돌아오는 걸로 알아들었지만, 나는 마지막 21번째 길을 다 걷고 마침내 이 앞에 도착하는 우리를 떠올린 것이다. 그러나 상상이었다. 생각은 했지만 의심스러웠다. 오늘은 여기만 생각하기로 한다. 하나를 잘 걸으면 다음이 나오니까.

"저게 하늘에 있으면 구름이야."

"비가 내렸으니까 이제 꽃이 필 거야. 비는 계절이 보내는 첫 소식, 마지막 편지 같은 거다."

꽤 감상적인 표현이 흘러나왔다. 대학을 졸업하고 시간이 무척 많이 지났다는 생각이 문득 스치고 있었다. 이 길을 다 걸으면 그때 그 시절에 내가 썼던 편지들을 다시 옮겨 적을 만큼 건강해질까. 잃어버린 문장들을 다시 적을 수 있을까.

'저 구름 속으로!' 그 말을 신호로 출발했다. 아침 공기가 싱그럽다. 수술을 받고 난 뒤에 비로소 알게 된 하나가 '공기 맛'이다. 맛있는 물, 맛있는 공기가 따로 있었다는 것을 어쩌면 너무 늦게 알았는지도 모른다. 공기 맛이 좋다. 그 맛이 혀가 아니라 머리를 놀란다. 뇌에도 미뢰가 있나 봐. 머리가 좋아하는 것 같아. 아마 선승들이나 명상가들이 말하는 깊은 호흡이 이런 원리일 거야. 우리 같은 '딜레탕트(dilettante)'는 아무래도 재료가 중요하니까, 될수록 자연 근처에서 시간을 보내는 것이 여러 가지로 도움도 되고 좋을 거야. 일부러 며칠 전에 책에서 봤던 그 단어를 사용했다. '딜레탕트', 아무도 묻지 않아서 또 일부러 한 번 더 소리 냈다. 나는 이 말을 배우고 싶다. 우리 같은 사람들이 '아마추어'잖아. 나는 그 말이 좋거든. 비꼬는 말 말고, 그냥 좋아서 하는 사람들 있잖아. 전문가는 아니어도 자기 딴에는 진지한 사람들 있잖아. 자기도 모르게 잘하는 사람이 되어 가는 그런 사람들 말이야. 평지에서는 말이 이야기로 나온다. 오르막에서는 이야기가 한마디씩 말로 나오고, 내리막에서는 노래가 흘러나온다. 자, 초짜들이 간다. 구름아, 거기 기다려라. 네 사람이 꼬리를 물고 오른다. 산길이 좁다랗다. 차례를 지킨다.

흐릿한 것을 즐기게 되면 사람이 얼마쯤 넉넉해질까. 산안개가 눈앞에서 흩어지는 광경이 마치 죽은 햄릿의 아버지가 나타날 것 같기도 하고, 산신령이 등장하는 동화 속 분위기다. 이 건너편 골짜기에 초가집이라도 한 채 있으면 아이들이 얼마나 신기해할까. 거기에서 은혜 갚은 까치 이야기를 하면 실감 날 것이다.

"아이코, 꼬마들이 고생이구나!"

갑자기 앞에 나타난 아저씨 두 분을 보고 깜짝 놀랐다. 이 아침에 누가 산에 올라오나 궁금해서 앉아 있었다며 산이와 강이를 훈훈하게 맞아 주셨다.

"지금은 몰라도 나중에는 생각이 많이 날 거다."

그 말이 고마워서 잘 접어 속에 넣었다. 〈The way we were〉, 바브라 스트라이샌드의 감미로운 노래처럼, 마음껏 '그때 우리'를 만나고 싶어질 때 꺼내 볼 수 있도록 오늘이 나오는 페이지에 끼워 놓는다. 그 위에 다른 책들이 쌓여 가는 세월이 은근히 기대되는 날이다.

주천에서 운봉까지 지리산 둘레길 1코스를 걷지 않았다면 어쨌을까. 비가 내렸고, 다음 날은 개학하는 날이기도 해서 코스를 다 걸을 생각은 없었다. 비가 그치지 않으면 남원에서 시간을 보낼 생각으로 둘레길 1코스에 들어선 것이다. 하루를 그냥 버리고 싶지는 않고, 뭐라도 해야겠다는, 절반쯤 포기한 마음이 더 잘 먹혔다고 하면 쉽게 그림이 그려질 것이다.

지난해 우리가 다녔던 인월-금계 구간도 표지판에 잘 그려져 있었다. 벌써 추억이 된 이름들이 초록색 줄을 따라 이어졌다. 중군 마을, 배너미재, 장항 마을, 상황 마을, 등구재. 20km가 넘는 길에서 우리는 자연의 배경이 되었다. 아침에도, 낮에도, 해가 질 무렵에도 길을 배경으로 근사했다. 그 길 끝에서 진동하던 장미 철쭉의 향기가 어찌나 찬란하던지. 아이들도 더 자랐다. 작년보다 튼튼해졌다. 길을 걷자는데도 싫은 기색이 없다. 한결 가벼운 마음으로 걸을 수 있었다.

징검다리를 건넜다. 우리가 지리산에서 건너게 될 징검다리는 몇 개나 될까. 그보다 우리는 지리산을 어디까지 걷게 될까. 풍차 모양을 한 건물이 눈에 들어온다. 둘레길 홍보전시관을 그대로 지나서 큰 도로를 따라 걷다가, 드디어 마을로 들어섰다. 논이 기다랗게 펼쳐지고 산들이 멀리 물러섰다. 능선을 조망하며 걷는 것이 꼭 순례단 같다. 국토 순례단! 첫 번째 마을, 내송 마을은 조용하고 점잖은 인상에 단정한 차림을 한 모습이었다. 본격적으로 걸어 보자며 물을 마신 곳에 '개미 정지'라고 푯말이 있었다. 정지? 내가 어릴 적 외갓집에서 들었던 그 정지? 그때는 부엌을 정지라고 그랬었다. 어렸지만 그 말이 좋았다. 맞았다. 쉼터라고 설명이 되어 있다. 임진왜란 이야기, 의병장이 등장한다. 개미는 우리가 아는 그 개미다. 개미 쉼터, 개미 정지를 지나서 오르막이 이어졌다. 지난 계절에 쌓인 낙엽으로 계단이 덮여 있었다. 2km를 오르는 그 길에서 강이가 힘들어했다. 아내하고 강이는 부안 마실길을 걸으면서 서로에 대해 잘 아는 사이가 됐다. 어디쯤에서 쉬고 싶은지 먼저 알아본다. 같이 오르고, 같이 쉰다. 둘이 짝이 되어 걷는다. 의지하는 것을 서로 알까. 내 눈에는 엄마도 딸한테 많이 기대는 것 같았다.

언덕, 구룡치까지 올랐다. 그 유명한 구룡 폭포가 이 고개 아래 어딘가에 있다. 집에 돌아와 지도를 찾아보니 멀지 않은 곳이다. 아, 이쪽으로 오르면 달궁이 나오고, 정령치로 이어지는구나. 옛날 달궁에 사는 사람들과 주천에 사는 사람들은 구룡치를 넘어 남원으로 장을 보러 다녔다고 한다. 사람들이 넘어 다녔던 고갯길이다. 이름에서 알 수 있듯이 아홉 마리 용이 계곡을 넘어가는 고개, 구룡치는 길이 좋았다. 고갯마루가 이렇게 넓고 정갈하다니, 거기에서 김밥도 먹고 천천히 시간을 들여서 쉬었다. 계곡에서 올라오는 바람이 만만치 않았어도 오르막을 한참 오른 뒤라서 얼마큼은 시원했다. 오늘도 우리는 옷을 두껍게 챙겨 입고 왔다. 다들 벗어 놓고 땀을 식혔다. 열이 식는 것이 눈에 보일 정도였다. 금방 춥다며 다시 옷을 입고 아이들이 먼저 앞장을 선다. 구룡치에서 내려오는 길은 경사가 거의 없어서 평지를 걷는 듯 걸음이 편했다. 지난가을에 떨어진 솔잎들이 길을 덮고 있어서 발밑이 푹신한 것도 사람을 돕는다. 부드럽고 편안하고 따뜻한 것을 좋아하는 사람들. 마침 하늘도 다 맑아졌다. 구름을 만지러 구름

속에 들어왔는데, 맑은 하늘이 내다보였다.

 저희도 기분이 좋아졌던지 목소리가 커지고 노래를 부른다. 이대로 쭉 가냐며 묻는다. 행복한 순간이었을 것이다. 그래서 궁금했을 것이다. '계속 이렇게 가는 거야?' 나도 숨을 고를 수 있어서 좋았다. '길이 이렇게 좋아도 돼?' 다정하고 나긋나긋한 봄바람에 땀이 다 말랐다. 작은 개울이 나오고 돌무덤도 지났다. 다시 또 돌다리 하나. 어느새 산을 내려오고 회덕 마을이 보였다. 이제 도로다. 도로변에 무덤이 있고, 그 바로 곁에 집이 있다. 옛날에는 이렇게 삶과 죽음이 한 울타리 안에 있었다고 길가 무덤이 낯선 아이들에게 일러 줬다. 두렵지 않은 죽음도 있다고, 여전히 만지고 싶은 사람과 이렇게 살아가는 거라고. 도로를 따라 걸었다. 길은 한적하고, 저기 회덕 마을이 보인다. 억새로 지붕을 얹은 집들 몇 채가 모여 있다. 산이와 강이를 또 옆으로 부른다.
 "너희들, 초가집 알지? 초가집을 실제로 본 적은 없잖아. 초가집은 볏짚으로 지붕을 얹는데, 저기는 억새로 만들었대. 왜 그랬을까? 억새는 그거 있잖아, 가을에 많이 나는 거. 끝에 하얗게 솜털처럼 흔들리는 거."
 회덕 마을을 지나고 길이 갈라지는 곳에 소나무 몇 그루가 늘씬하게 모여 있는 곳에서 다리를 쉬었다. 거기서 방향이 달라졌다. 방금 지나온 억새 집이 인상적이었던지, 지금도 거기서 사람이 사냐고 강이가 묻는다.

 "그렇겠지. 여기는 농사짓기 어려워서 볏짚 대신에 억새로 지붕을 엮었다는 거야. 가을에는 억새가 엄청 많나 봐. 사람들이 그걸 베다가 가을이면 아마 그 작업을 하겠지."

왼쪽으로 걸었다. 길 양쪽으로 정갈하게 갈아 놓은 땅이며, 심심할 만하면 하나씩 서 있는 전봇대도 다 그림 같았다. 봄은 교향곡이 맞다. 늘 새로운 것들이 있어, 행복처럼 잔잔한 것들이 있어.

혼자 앞에 가면서 가끔 뒤를 돌아보고 휴대폰으로 세 사람을 찍는다. 이 길이 다 끝나면 나한테 선물로 카메라 하나 사 줘도 괜찮겠다. 내가 찍고 싶은 것들은 저렇게 밖에서 잘 크는 세상이니까, 그것을 찾아다니는 작업을 직업으로 삼아도 좋겠다. 1코스는 아무래도 나를 위한 길인 듯, 자꾸 독백이 솟아났다. 아내는 여행 작가를 하면 좋을 것 같다고 웃는데…… 자신이 없다. 현기증이 나면 눈꺼풀에 힘을 주고 몇 번씩 눈을 다시 떠 가며 앞에 있는 것을 바로 보려고 한다. 그래도 소용이 없으면 눈을 감고, 조금 더 어지러우면 10분만 잔다고 부탁한다. 눈을 뜨면 10분 전 내가 봤던 세상이 아니다. 색깔도, 하늘도 달라져 있는 것을 언제나 목격한다. 세 사람은 아무 일도 없었다는 듯이 가던 길 가자고 바지를 털면서 일어나고. 그렇게 스틱을 하나씩 나눠 들고 마스크를 쓰고 걸었던 2022년 3월 1일이었다. 코로나19로 불안한 이 시절이 좋아지기를 바란다. 봄에는 다 같이 꽃노래를 불렀으면 한다.

노치 마을에 가는 길은 들판이 한동안 이어졌다. 겨우 절반 왔다고 표지판을 보니 실망한다. 그럴 필요 없다. 갈 만큼만 가면 된다, 애들아.

멀리, 우리가 넘어온 산과 우리 사이가 넓다. 아무것도 없는 빈 들판이 바다처럼 펼쳐져 있다. 지평선처럼 비어 있는 풍경에 자주 시선을 뺏겼다. 논둑길을 걸어오는 아이들을 찍는다. 덕산 저수지를 배경으로 나란히 서서 이쪽을 바라보는 아이들. 휴대폰 카메라의 작은 렌즈를 통해 내 삶의 '쉼터' 같은 표정들을 오래 본다.

"찍었어? 벌써 찍었어?"

딱 때를 맞춰 눈앞에 나타난 호수였다. 기운도 떨어지고 심심하게 걷던 사람들이 호수를 배경으로 V 자를 그리며 웃는다. 아이들을 더 힘들게 하고 싶지 않아서 어디쯤 왔는지, 얼마나 더 갈지 궁리했다. 여기서 조금만 가면 가장 마을이 나오고, 그다음에 행정 마을인데, 거기서 택시를 부르자고 했다. 저희끼리 내 흉을 본다. '조금만' 가면 된다고 그래 놓고 그런 적이 한 번도 없다고, 둘이 아예 대놓고 사람을 놀린다.

"갔는데 안 나와. 또 가. 또 안 나와. 또 가. 또 또 계속 가!"

아내만 웃고, 나는 다른 데를 봤다. 다른 데를 보는 척했다. 그래도 애들 소리는 잘 들렸다.

저수지가 끝나고 작은 오솔길을 올랐는데, 그게 고개인 줄 모르고 걸었다. 질매재는 그렇게 만난다. 사람을 힘들게 하지 않는 고개는 처음이다. 게다가 거기서 보이는 운봉읍이며 들판, 이름 모르는 산들이 어깨를 붙이고 늘어선 모습이 다 보기 좋았다. 다리가 아파도 이 맛에 어쩔 수 없다.

풍경이 되는 곳에서는 잠깐이라도 머문다. 언제 여기를 다시 올 수 있겠냐는 한마디면 다들 끄덕인다. 거기 앉아서 우리는 또 무엇을 재잘거렸을까. 마저 남은 것들을 하나씩 먹었다. 바람이 불지만 이렇게 모여 있으니까 춥지 않다. 저기 바로 보이는 마을이 가장 마을이야. 이제 정말 다 왔다. 매번 길을 걸으면서 느끼는 것이지만 걸음만큼 신기한 것이 있을까. 겨우 30센티가 될까 싶은 그 한 걸음으로 여태 걸어온 길을 돌아본다. 그 신기한 것이 신비로 변하는 곳이 우리의 종착지가 될 것이다. 모르겠다. 우리가 얼마나 걷게 될지는 모르겠지만 그 길을 다 걷고 나면 우리도 믿기 힘든 '신비'를 꺼내 놓을 것이다.

오늘은 여기까지. 오후 늦은 시간에 행정 마을은 고즈넉했다. 저쪽에 서어나무숲이 있어서 좋다고, 그래도 더 걸을 힘이 없다며 다들 마을회관 앞에서 널브러졌다.

강이 말마따나 아주 보람차게 보낸 하루였다. 길은 한적하며 높고, 그러고도 숨이 차지 않고 낙락하고 소슬했다. 차분했다. 질척이는 것도 없이, 매섭게 차가운 것도 없이, 봄이면서 흐리면서 안개 속이면서, 그러고도 맑았다. 다시 걷고 싶어질 길이다.

그림자가 길어지는
길 위에서

2022년 3월 10일,
둘레길 2코스

하루를 얻었다고 할까, 하루가 생겼다고 할까. 어떤 쪽이든 그 앞에 '덤으로'라는 말을 써넣어야 오늘 같은 날은 제대로 맛이 날 것 같다. 2022년 3월 9일, 하늘이 그야말로 깨끗이 파랗다. 구름 한 점 없이 쾌청하다. 오늘은 제20대 대통령 선거가 있는 날이다. 우리는 당연하다는 듯이 남원, 지리산 둘레길 2코스 앞에 섰다. 그러니까 순전히 길을 걷기 위해 사전 투표에 참여했다. 이쯤 되면 둘레길의 매력에 빠진 거 아닌가. 휴일이나 공휴일을 챙겨서 지리산으로 향하는 것이 일상이 됐다. 주천에서 운봉까지 걸었던 것이 지난 3월 1일. 그때는 비가 그친 하늘이었고, 오늘은 맑다. 여기 삼산 마을이라고 크게 쓴 돌비석이 있다.

"우리 저기에서 택시 기다리며 앉아 있었잖아."

산이와 강이도 알아본다. 여기에서 3km를 더 가면 2코스 출발점, 우리가 그날 도착하지 못했던 운봉읍이 나온다. 주차장이 바로 옆에 있어서 좋다. 사소한 것들이 나를 돕는다고 느낄 때 세상이 짓는 미소가 눈에 보이는 듯하다. 간단히 점심부터 먹고! 마침 저쪽에 정자가 있다. 우리는 느긋한 사람들이 되어 한적한 시골 마을에 자리 잡고 앉아서 김밥을 먹었다. 어디선가 개가 짖고, 봄바람은 불고, 날은 좋았다. 살가운 정이 솟았다.

그동안 걸어온 길을 떠올릴 때마다 잘 걸었다는 생각이 든다. 우리를 지나간 것과 우리가 지나온 것들에 대한 예의를 생각한다. 잘 떠나갔는지, 잘 떠나보내고 있는지……. 저녁 해를 바라보면서 걸었던 날들, 가뭇없이 멀어진 것들에게 댕기라도 하나씩 매어 줄 것을. 격포 바닷가를 빙 돌아 걸었던 마실길도 가끔 실감이 나지 않을 때가 있다. 정말 우리가 거기를 걸었었나. 그쪽으로 차를 타고 가면서 '우리 여기 걸었었잖아!' 그러면서 외치지만 그때의 감동, 그날의 감각은 좀처럼 대꾸가 없다. 마치 길을 가다가 '혹시, 누구 계시나요?' 그러면서 문을 두드려도 아무 대답이 없는 풍경 같다. 열흘도 채 지나지 않았는데 제법 달라진 인상이다. 하늘의 해만 봐도 그 움직임이며 기운이 다르다. 빛이 달라지니까 세상이 금방 다른 모습을 보이는구나. 3월은 빠르게 움직이는 계절이었구나.

길에서 배우는 것 가운데 하나는 좋고 나쁜 길이 따로 없다는 것이다. 좋고 나쁜 사람이 따로 있지 않고, 어떤 사람을 내가 좋아하면 그 사람은 좋은 사람이 되고, 반대로 어떤 사람을 나쁘다고 생각하면 그 사람이 나쁜 사람이 된다는 가르침이 길에도 있다. 어느 길이 나쁜 길이었던가. 생각해 보면 '길'이 아니라 '나'를 구원할 일이다. 길은 하느님에게 맡기고, 나는 내게 주어진 길을 걷는다. 내가 잘 걸어야 할 길이 바로 '나'다. 그 길에서 스스로 묻게 되는 것들이 많다는 것을 뭇사람들은 알까. 물음이야말로 공부라고 일러 주던 뜻을 비로소 깨닫는다. 그래, 그랬어. 누군가 슬픔에 빠져 한없이 괴로움 속을 거닐면 그럴 때

일수록 먹고 기운을 차려야 한다며 밥을 챙기는 사람이 있었다. 그런 사람이 있어서 우리가 건너온 날들이 얼마나 많았는가. 배고프다, 그립다, 시원하다, 아프다, 졸리다, 그 편하고 간단한 것들로 끓인 것이 사람을 따뜻하게 한다. 그것으로 다시 살게 될 것을 안다. 길에서 새로 눈뜨는 '사실'과 '감각'으로 나는 채워질 것이다. 나를 저것으로 채워 주세요. 그것들을 신뢰한다. 나를 편안하게 해 줄…… 내 편안함이 여기 있다.

김밥 한 줄을 먹다가 생각이 그렇게 멀리 나간 것도 몰랐다. 보온병에서 커피를 따라 마신다. 이마쯤에서 연한 커피 향을 알아보고 내 감각들이 문을 활짝 열고 너를 반긴다. 나의 모든 바깥이여, 내 모든 너여, 어서 여기로! 〈인생의 회전목마〉, 그 음악이다. 지금이 음악이다. 음악이 모든 것을 바꾸는 곳에서 김밥을 먹었다. 딴따라라, 딴따라라라.

저 건너 우리가 걸어갈 길에서 아지랑이처럼, 추억처럼 흔들리는 그림자를 본다. 거기 우리가 있다. 한 해 전에 다른 길을 걸었던 우리가 있다. 재잘거리던 우리가 있다. 힘들어하던 우리도 있고, 우리에게 놀랐던 우리도 있다. 길은 구부러지고 흩어져도 우리는 쭉 이어졌구나. 우리의 시선은 어디를 향하고 있을까.

지난 3월 1일 마무리하지 못했던 3km를 걸었다. 길 양쪽으로 벚나무들이 간격도 알맞게 늘어선 길이 우리를 반겼다. 왼쪽에는 시내가 흐르고, 오른쪽에는 들판, 그 사이를 걸었다. 나긋나긋했다면 웃을 것 같다. 우리를 마중 나온 길이 그랬다. 우리를 대하는 태도가 상냥

했다. 어쩐지 여기도 좋을 것 같은 예감이 들었다. 무엇보다 물이 가득했다. 이 근처는 봄이 다 온 것 같다.

운봉 읍내에 닿았다. 오늘이구나! 운봉을 만나는 날, 운봉을 걷는 날이 오늘이다니! 사실 운봉을 지나칠 때마다 아쉬웠었다. 항상 운전을 하고 있었고, 여기는 목적지가 아니었다. 사람들이 운봉을 이야기하면 아는 척을 하면서도 한 번도 운봉을 밟은 적은 없었다. 마치 잘 아는 것처럼 그랬었는데, 드디어 그 빚을 조금이라도 갚을 수 있겠다.

조령산 아래 연풍에 찾아갔던 날을 산이와 강이는 기억할까. 순전히 수필집 한 권 때문에 거기 가 보고 싶었다.

> "까마득히 내려다보이는 고만고만한 구획의 작은 경작지들이 차지한 다툼 없음이 산등성이와 골짜기의 순리와 잘 어울렸다. '나도 저 모습같이 살리라.' 울컥 그런 감정이 복받쳤다."
>
> — 목성균, 『누비처네』, 연암서가, 2014, p.434

두꺼운 수필집을 읽는 내내 조령산이 궁금했고, 연풍이란 동네가 마치 어느 생애서라도 머물렀던 적이 있었던 것처럼 눈에 가물거렸다. 마침내 세 사람을 꼬드겨 멀리 소풍을 다녀왔던 날이 지금 생각해도 흐뭇하다. 골 깊은 곳이었다. 고개란 고개는 다 여기 모여 사는구나. 강원도와 경상도가 지척에 있는 곳에서는 정말이지, 날아가는 새도 한번에 고개를 다 넘지 못할 기세였다. 한낮이라도 거기를 걷고, 거기 밥집에 들러 밥을 먹고, 거기 바람이며 볕을 쬐는 일이 나는 왜 이렇게 좋은지. 그 감각이 2코스에서도 살살 나를 건든다.

운봉 읍내를 벗어나자 서림공원을 가리키는 화살표와 함께 지리산 둘레길 운봉- 인월 제2구간을 알리는 표지판이 나왔다. 비석들이 일렬로 늘어선 서림공원을 지나 제방 길을 따라 내처 걸었다. 왼편으로 실개천이 흐르고, 봄기운이 완연했다. 개울, 개울가도 이제는 사라지고 없구나. 개울에서 멱을 감고, 개울가에서 빨래를 하는…… 그런 풍경도, 말도, 정서도 더 이상 볼 수 없다. 나 어렸을 적에는 이런 데서 놀면서 물고기도 잡고 재미있었다고 이야기를 해 줘도 별 감흥이 없는 우리 아이들이다. '그게 뭐가 재미있다고?' 꼭 그런 눈빛이다. 책이 재미있다고 그러는 것과 하나 다를 게 없다는 표정. 하여간 밖에 나오면 나도 모르게 떠오르는 것들이 많다. 그래도 우리가 주고받았던 말들을 허투루 다룰 수는 없다. 그 이야기들을 하나씩 다 기억할 수는 없지만, 그 덕분에 살이 찌고 이렇게 걷는 힘을 얻었던 것일 수도 있다. 어떤 이야기는 피가 되어서 혈관을 돌고, 어떤 이야기는 두뇌에 에너지를 공급하는 영양이 되기도 했을 것이다. 뼈가 되어 준 것도 있고, 매트리스처럼 우리의 감정이 다치지 않게 바닥이 되어 주는 이야기도 있었을 것이다.

집에서 입고 온 겨울 외투를 벗어서 허리춤에 묶고 걷는 저 아이들이 내가 세상에서 만난 아이들이라니. 사람이 자연 속에서는 한지처럼 엷고 투명해진다. 한없이 고마운 마음이 걸음마다 뚝뚝 떨어진다. 나 같은 사람한테 찾아와 줘서 고맙다. 아빠도 꽤 감상적이지 않냐!
걸어서, 걸을 수 있어서 좋다. 언제 무슨 인연으로 여기 북촌이며 신기, 비전 마을 같은 시골 마을을 두루 구경할 수 있겠나. 그것도 봄이 오는데 말이다. 기세 좋게 걷던 아이들 걸음이 터벅거릴 때쯤 우리가 잘 알지 못하는 송흥록, 박초월 같은 명창들의 생가가 나왔다. 다리도 쉬어 주며 동편제라는 말도 배운다. 그것이 여기 운봉, 순창, 아래로 구례에서 불리던 판소리 창법이란 것도 새로 알았다.

지리산 둘레길 2코스는 대부분 평지여서 어느 계절에 이 길을 걷느냐에 따라 그 인상이 저마다 다를 것이다. 아이들과 동행하는 우리, 늘 초보 같은 우리는 지금이 여기를 걷는 최적기였다고 여긴다. 지금이 딱 좋다고 몇 번이나 손바닥을 마주쳤던가. 시절 인연이란 말이 또 한 번 산길에서 울리는 듯했다. 우리는 어쩌자고 1코스와 2코스를 이렇게 예쁘게 남겨 둘 줄 알았을까. 마음이 흐뭇하고 호수같이 잔잔할 무렵, 정말! 옥계 호수가 나타났다. 물을 보면 사람이 한결 가벼워지는 것은 왜일까. 호수에 하늘이 담겨 있다. 어느 기슭에 나룻배 한 척이 졸고 있을 것 같은 고요가 수면에 잔잔했다. 새소리도 사뿐사뿐 허공을 건너오는 한낮이었다. 차분하게 눈을 감고 아침부터 걸어왔던 길들을 복기했다. 지나서, 지나서, 지나서 온 길들이 아지랑이처럼 아른거린다.

호수를 지나 임도가 고르게 정비되어 있었다. 걷기에 좋았다. 산이가 동생 가방까지 들었다. 강이는 신발 깔창을 고정하고부터는 발 아픈 것이 없다고 좋아한다. 그림자가 길어지는 길 위에서 바라본 하늘에는 푸른색이 촘촘하고 빽빽했다. 아내도 이번에는 가방을 나한테 맡기고, 한 손에 물병만 들고 걷는다. 좋은 곳에 벤치가 하나 있었다. 아마도 저 벤치는 처음부터 이 길을 쭉 걸어온 사람이 만들자고 했을 것이다. 여기만 두고 보면 뜬금없는데, 2코스 전체를 보면 꼭 필요한 곳이었다. 바로 '네 맘 알아' 그러면서 내미는 손. 그런 행정이 감동이며 그런 나라가 좋은 나라다. 오늘 선출되는 대통령은 부디 그런 마음을 챙길 줄 아는 사람이길 바랐다. 쉬는 것만큼 달콤한 것이 없다. 아,

좋다, 좋아. 이렇게 편한 것을!

 지리산 둘레길 2코스에 다녀왔다. 사부작, 사부작 게으른 걸음이어도 좋다며 걸었다. 봄이 살랑거리는 산골 동네를 지나면서 구경하는 재미가 쏠쏠했다. 시냇물이 줄곧 옆에서 흘렀고 산이도 강이도 우리를 도왔다. 고마움과 즐거움이 동시에 충전된 기분이다. 한껏 고양된 느낌? 어쩐지 품격이 높아지는 것 같아 휘파람을 불었다. 너그러워지는 기분이었다. 바람이 파도처럼 뒤에서 민다. 가만있어도 저절로 몸이 앞으로 간다. 이런 것을 자연스럽다고 그러는가 보다. 길이 완만하고 단조로웠지만 얼마든지 좋았다. 2코스를 거닐면서 다른 길들에 대한 동경과 기대, 무엇보다 하나의 둘레길이 완성되는 일, 그게 보인다.

 달오름 마을로 들어서기 전까지 오래 걸렸다. 그 길 끝이 흥부골 자연휴양림일 줄이야. 길이 크게 곡선을 긋더니, 거기 휴양림이 나왔다. 휴양림에서 내려다보는 마을이 달처럼 복스럽다. 흥부가 살 만한 동네다. 달 밝은 날에 찾아와 오래 하늘을 바라보면 또 얼마나 좋을까. 산 공기가 차갑게 가라앉기 시작하는 저녁 무렵에 인월에 도착했다. 우리가 처음 둘레길을 걷기 시작했던 거기다. 3년 만이다. 우리를 알아볼까?

6코스는
심심하지 않다

**2022년 10월 10일,
둘레길 6코스**

　비는 그쳤는데 창밖으로 보이는 것들이 산뜻하지 않았다. 일요일 같은 월요일 아침, 아직 하늘이 흐리다.

　저 앞에 마이산, 마이산이 보일 때쯤 하늘이 맑아졌다. 반년 전 봄날에 들렀던 수철 마을, 그곳의 가을 풍경이 어떤 모습일지 궁금하다. 지막, 평촌, 바람재에 오르는 코스다. 1년에 겨우 두 번 지리산 둘레길에 찾아온다.
　비가 자주 내리는 해다. 비가 오면 프로야구도 취소되고, 현장에서 일하는 사람들도 하루를 그냥 공친다. 둘레길에 슬슬 맛이 들어 가고 있는 우리도 몇 번 기회를 놓쳤다. 연휴다 싶으면 우선 달력에 동그라미를 그려 놓고 걷자고 했다가 번번이 비가 와서 꼼짝없이 집에 머물러야만 했다. 걷고 싶어도 그러지 못하는 날이 의외로 많다. 하루 나갔다 오면 파닥거리는 붕어 몇 마리 건져 올 텐데, 단단한 비늘을 자랑하며 수면 가까이에서 반짝이던 은빛을 너도 봤냐며 떠들 참인데……:
　오늘 같은 날, 그날은 어떤 날이던가. 오늘 같은 날이 우리에게 얼마쯤 주어진 것일까. 그동안 내가 보낸 '오늘 같은 날'과 앞으로 남은 '오늘 같은 날'을 세어 본다. 과연 주머니 속에서 만져지는 이것들은 그런 날일까. 오늘 같은 날에 우리는 여기 있고, 같이 있다. 장난을 건다. 사람이 오늘 같은 날을 꼭 붙잡고 바깥다리도 걸어 보고, 다시 안다리, 빗장도 걸어 보면서 꼿꼿하게 버티어 낸다. 잘 걷는 것도 힘이다. 잘 걸으니까 예쁘다. 지리산에 오면 고맙다고 먼저 인사한다.

그렇게 찾아온 여기는 바람이 곧잘 불고 있다. 집에는 해가 났을까. 가을꽃이 많이 피었다. 살살 흔들리는 꽃들이-구절초, 쑥부쟁이, 벌개미취, 서로 닮은 것들끼리- 사이도 좋아 보인다. 산골에서도 벼가 잘 익어 가고 있다. 행복은 잘 익어 가는 색, 언어로 감당하기 어려운 추색(秋色)을 깊이 들여다보면 거기 또 무슨 색이 있을 것만 같다. 산청은 지금 한참 약재 축제 중이다. 지리산 둘레길 6코스는 산청을, 배꼽을 거쳐, 심장을 지나서 간다. 앞에 경호강이 흐르고 산으로 둘러싸인 곳에 잠시 앉아 있다. 바람이 가을을 춤추고 있는 곳에 식구들이 앉아 있다. 하늘은 나른하고, 강물을 유유하고, 나는 평평하다. 가로수 그림자가 길에 무늬를 그리는 이 그림은 어디에 걸어 둘까.

좋은 곳에 닿으면 마음이 먼저 그 한가로움을 알아채고 '거봐, 좋잖아.' 하고 속삭인다. 어제의 우리 모습이 잔잔한 경호강에 비친다.

비가 내렸고 날이 서늘했다. 비유하자면, 우리에게는 '동풍이 필요했다'.

적벽에서의 일전을 앞둔 오나라 장수, 주유는 불화살로 적군을 공격할 작정이었다. 그는 외쳤다.

"만사가 모두 갖춰졌는데 오직 동풍만이 부족하다."

궂은 날씨를 탓하면서도 기회를 봤다. 비가 멈추면 일요일 오후에라도 길을 나설 생각이었다. 친구들과 놀던 아이들도 집에 돌아와 함께 기다렸다. 그러나 야속하게도 비가 그치지 않았고, 그렇게 날이 어두워졌다. 내일 아침 하늘을 보고 무엇을 할지 다시 정하기로 했다. 그 사이 구름 사진도 챙기고, 날씨 예보를 중복해서 살폈다. 길에서는 무엇보다 날씨를 잘 만나야 한다. 됐다! 동남풍이다.

만약 거기 도착해서도 비가 내리면 차 한 잔 마시다가 돌아오자고 했다. 읽고 싶은 책을 각자 한 권씩 챙겼다. 비가 내리는데 산으로 출발, 바람을 믿었다.

'바닥'이란 말이 다르게 들릴 때가 있다. 더 나빠질 것이 없다면서, 바닥을 딛고 일어서겠다는 사람을 보면 뭉클한 것이 있다. 두 팔이 없는 동자승이 발가락 사이에 붓을 끼워 글씨를 쓰고, 밥도 접시에 담아 허리를 굽혀 가며 기꺼이 제힘으로 먹는 모습을 보면 떠오르는 것들이 있다. 여태까지와 다른 생각과 마음이 휘감는 전율이 있다. '너 자신을 알라'는 말이 네 분수를 알고 까불라는 말이 아닌 것을 그 순간 깨닫는다. 너는 그 힘으로 산다. 그것을 뭉개지 말고 꼭 보듬어라. 그것을 알고 너를 지켜라. 바닥에서 올라온 것들이 구름 위로 난다. 너는 그렇게 일어난다. 누가 이 풍경을 준비했을까. 지리산으로 달리고, 둘레길 안으로 들어서면 설수록 실오라기처럼 피어오르는 정경이라니.

가을도 정이 들면 모습을 낮춘다. 한껏 기세 좋던 것들이 고개를 숙이고 익어 가느라 하루씩, 한 시간씩 더 낮아진다. 그 모습이 늘 안심이 된다. 황금빛이라고 불러도 좋을 고운 것들이 골짜기에서도 넘실댔다. 길 하나를 사이에 두고 건너편에 주렁주렁 달린 감이 아마 제일 뒤에서 따라올 것이다. 그러면서도 느긋한 것이 아주 볼만할 것이다.

실핏줄이 다 보일 만큼 투명하게 붉은 등이 여기를 다 밝힐 것이다. 울긋불긋 짙어질 것이다. 달이 뜨면 그 별 아래서 저희끼리 최고의 홍시등(紅柿燈)을 뽑을 것이다. 가장 보기 좋은 빛을 빚은 홍시를 골라서 시집 보내고 장가 보내는 밤에 나 혼자 여기를 찾아올까 싶다.

지리산 둘레길 수철에서 성심원 12km는 야트막한 노지였다가, 포장된 임도였다가, 아스팔트가 깔린 도로가 나온다. 산이와 강이가 편하게 걸었다. 다른 길도 여기 같았으면 좋겠다고 속으로 생각한다. 게다가 거리도 짧으니까 더 좋아했다. 평지를 걷는 날은 날이 서늘하거나 시원해야 한다. 될수록 뙤약볕은 피하는 것이 오래 걸을 수 있다는 것쯤은 누구나 알 것이다.

다행히 비가 내리지 않았고, 선선해서 좋았다. 한 십 리쯤 더 걸어도 좋을 것 같았다. 한밭 마을 앞에서는 걸음이 저절로 멈췄다. 비를 뿌렸던 구름이 급하게 어딘가로 서두르는 모습이 작고, 아담한 산골 마을을 배경으로 그림 같았다. 비슷비슷한 크기의 산들이 둥글게 원을 그리며 마을을 감싸고, 마을로 들어서는 너른 들판에 수확을 앞둔 벼가 한창이었다. 성심원 4.3km라고 쓰인 표지판도 사진에 담아 놓는다. 어쩌면 지리산 둘레길에 서 있는 많은 화살표-벅수- 중에 그 배경을 가장 멋지게 소화해 내는 표지판이지 않을까 생각했다. 앞으로 마주치게 될 다른 화살표들도 기대된다.

6코스는 심심하지 않다. 경호강이 옆에서 흐르고 있어서 길이 생기 있다. 파랗다가 깊다가 넓어지는 강가 풍경이 발길을 멈추게 한다. 강에 발을 담고 싶은 것을 참고 길가 카페에 들어가 이 여행을 즐겼다. 마침 이층이 한가로웠고, 거기 해먹도 있었다. 산이가 그 안에 쏙 몸을 감추고 피곤했던지 꼼짝 않는다. 딸아이 강이는 또 자랑한다. '내 친구 '강이' 흐르고 있네', 그러면서 바다는 제 언니라고 이야기를 짓는다. 초등학교 다닐 때는 자기 혼자만 이름이 '한 글자'여서 바꾸고 싶었단다. 신데렐라로 바꾸고 싶었단다. 그런데 그러지 않길 정말 잘했다고 좋아한다. 그리고 점점 자기 이름이 좋아지는 중이란다.

나도 그 이름이 마음에 든다고 맞장구를 쳤다. 내가 지은 이름. 하지만 그 이름은 처음부터 이 땅에 있었던 이름이다. 산이며 강이며,

다 여기 있다.

　오른쪽으로는 지리산이 펼쳐지고, 왼쪽에는 경호강이 늘씬하다. 가을은 점점 더 무르익을 것이다. 여기 사는 주인장 부부의 표정이 보살 같았다. 편안했다, 물 같은 약수(若水) 기운이 풍겼다. 언젠가 또 들러서 커피를 마시며 세월이 흘렀는지 알아보리라.

　아내와 나란히 걷는 우리 뒤로 산이와 강이가 따라온다. 온전히 자연 속이었다.

　길 위에서 만나는 것들이 소중한 줄 몰랐다. 몸에 힘이 좀 빠져야 배울 수 있는 것들이 길에 있었다. 헬렌 니어링과 스콧 니어링의 자연 속에서의 생활을 소개한 책 『조화로운 삶』을 읽으면서도 가슴에 와닿지 않았던 문장들로 심드렁했었는데, 이제는 다시 그 책을 펼쳐도 좋을 것 같다.

　몸에 힘이 좋을 때는 다 이기려고 한다. 이길 것만 같으니까 너무 당연하다. 지금은 이기는 것이 아니라 지지 않는 것이 좋다. 그것을 갖고 싶은 마음이 생겼다. 아니면 이기고도 지는 것은 또 어떨까. 하여튼 이기고 싶은 생각이 엷어지고 있다. 길은 좀 새롭고 신선한 교재 같다. 변화가 늘 거기 있는데 그게 잘 보이지 않고, 잘 보이지 않지만 늘 변하는 거라서 적당히 긴장을 시킨다. 그리고 방향이 흥미롭다. 길이 가리키는 방향은 오른쪽이나 왼쪽이 아니라 늘 가운데다. 가운데로 가야 잘 간다고 깨우쳐 주는 것 같다. 희미해지는 것과 환해지는 것을 한 몸에 지니고서 그것을 조금씩 내어 준다. 환할 때는 희미한 빛을, 희미한 곳은 환하게 밝혀 놓는다. 아궁이 깊은 곳에서 씨알처럼 영그는 불꽃, 자작자작 소리를 내며 어둠을 돕는 그 꽃들을 산이와 강이에게도 보여 주어야겠다.

길에서 성당을 만나면 손을 모은다. 성심원에 성당이 있을 줄은 그 앞에 설 때까지 몰랐다. 날이 다 바뀌어 하늘도, 강물도 푸르다. 산새들이 지저귄다.

성심원 대성당은 넓고 고요했다. 깊은 명상에서 빠져나오는 듯한 얼굴이었다. 스테인드글라스에 그려진 달과 별이 꽃처럼 피었다. 공기 입자들 하나하나가 춤추며 일어서는 오후 4시를 지나서 막 6시가 되는 그 시공간의 얽힘을 나는 아낀다. 운명 같은 것들이 설탕처럼 쏟아질 것 같은 눈부심이 좋다.

햇살이 유리에 비친다. 유리에 그려진 그림들이 성당을 지키고 있었다. 고요하지만 적막하지 않고, 막연하지만 한 점이 되어 주는 십자가가 늘 성당에는 있다. '가만히 그저 가만히, 오늘 제가 여기 왔습니다.' 내 기도는 사람들을 떠올리는 것, 그 사람들의 눈동자를 여기에 앉아서 들여다보는 것, 참회할 것들이 많다는 것을 안다.

성당 마당 느티나무 아래서 내가 나오기를 기다리는 식구들에게 한 사람씩 들어가 보기를 권했다. 기도를 해도 좋고 구경만 하고 나와도 되니까……. 선선히 내 말을 따라 주는 사람들, 그게 가족이다. 먼저 아내가, 다음에 산이가 그 뒤를 이었다. 10분이 지났는데도 안 나오는 것이 사람을 궁금하게 했다.

"잘못한 것이 많나?"

강이가 던지는 말에 나도 아내도 웃었다. 맑은 표정으로 산이가 나오고, 강이도 뛰어 들어갔다. 가을바람이 나뭇잎을 쓸고 있었다. 그 모습도 사진에 담았다. 강이는 더 오래 성당에 머물렀다.

둘레길   71

"나는 피아노 있는 데도 가 보고 고백 성사 보는 데도 봤고, 앞에까지 가서 십자가도 자세히 봤어. 성당이 넓네!"

우리가 속으로 했던 것들을 강이는 눈으로 대신 다 하고 나온 듯하다. 그것도 괜찮다 싶었다. 그러면서 한마디 덧붙인다.

"유리창에 있는 그림들이 너무 예쁘더라."

이렇게 12.2km 여정을 마쳤다. 다음 코스는 12.6km짜리, 7코스다. 또 오자는 말이, 여기에서부터 시작하자는 말이 우리의 약속이다. 세상에는 길이 참 많다. 그러나 길이 없다고도 한다. 겨우 몇 군데 다녀본 우리 아이들은 뭐라고 말할까. 나는 그때에도 오늘을 떠올릴 수 있기를 바란다. 우리가 함께 걸었던 길이 우리가 살아가는 곳에서 '동남풍'이기를 바란다. 바람이 되어 주는 길을 오늘 걸었다.

떡이 맛있는
늦가을

2022년 11월 19일,
둘레길 7코스

이미 마른 것들과 말라 가고 있는 것들이 가득한 세상을 걸었다. 낙엽이 눈처럼 쌓였다. 세상에 있는 사람들의 추억을 다 쌓아 놓으면 이만큼은 될까 싶을 정도로 낙엽이 깊었다. 발이 빠졌고, 발을 덮었고, 발에 밟혔다. 낙엽 밟는 소리가 났다. 나는 무엇을 기대했던가. 아이에게 물었다.

"강이야, 무슨 소리 같아?"

너한테서도 낙엽 밟는 소리가 영혼이 우는 소리 같았으면 했을까. 아무래도 아빠는 네가 시인이 되었으면 싶어서 여기 웅석봉에 와서도 바람 같은 꿈을 꾼다. 감자칩 먹는 소리가 거기서 나더란다. 바스락거리는 소리는 아니고, 마치 낙엽이 겨울에 얼음 깨지는 것처럼, 아니, 감자칩 먹을 때처럼 바사삭 부서지는 소리를 낸다고 그랬다.

내가 물었던 물음과 오늘 답했던 네 대답을 함께 바람에 매달아 멀리 날리자. 세상을 한 바퀴 다 돌고서 어느 때, 어느 곳에서 다시 그것을 만나게 되거든 그때에도 너는 엄마와 걸었던 이곳을 상상하며 추억하겠지. 네 상상 속에서 나는 고백할지도 모른다. 산을 오르는 두 사람을 뒤에서 보고 있는 것도 즐거움이었다고. 마치 그 모습이 삼키기도 아깝다는 그 석탄병(惜吞餅) 같아서 오래 오물거리고 싶었다고. 산을 다 올라가서도 그 맛이 뇌리에 남아서 달콤했다면 너는 믿을까. 세상이 산처럼 높아도 떡방아를 찧듯이 왼발, 오른발을 번갈아 옮기면 어느새 떡이 다 되고, 산도 낮아지더라.

열 걸음을 오르고 한 번 쉬고, 더는 못 가겠다는 표정이더니 또 일어서서 가더라고 누군가 입을 뗄 것이다. 할머니 얼굴처럼 주름이 많은 돌 하나가 오래전에 어느 해 늦가을, 네 사람이 여기를 지나갔는데, 거기 꼬마 여자애가 유난히 잊히지 않는다고 그럴 것이다. 조그만 아이가 잘 걷더라고. 글쎄, 오빠인 듯한 사내아이는 나뭇가지 하나를 주워서 그것으로 나를 툭 치고 가더라니까! 그러면서 눈을 희미하게 뜨고 어제 일처럼 이야기할 것이다.

"바람이, 겨울바람이 솟아나고 있었지. 오르막을 다 오르고 운니마을을 향해서 내려가다 편백과 떨기나무로 조림 사업을 했다는 안내 표지판을 막 지나던 참이었어. 그날 볕이 유난히 따스했던 것이 기억나. 그, 왜, 있잖아, 볕에 버무린 바람. 네 사람이 그 바람을 맞으면서 걷더라고. 자기들도 겨울이 멀지 않았다는 말을 주고받는 것 같았어. 발걸음 소리가 이 골짜기에서 울리는데, 그게 그렇게 차분하고도 듣기 좋은 거야. 그런 것을 노래라고 하던가. 고르고 규칙적이면서 자유로웠어. 바람에 어울리는 소리였어. 그때 노랫소리를 들었던 것도 같고, 아니었던 것도 같고……. 그 사람들은 어떻게 살고 있을까. 환청처럼 들렸던 그것이 어쩌면 내 탄식이었을지도 몰라. 잠깐 아주 짧은 순간 세상이 허무했어. 천 년도 더 전에 느꼈을까 싶었던 기분이 들더라고. 놀랐지. 내가 나한테 놀랐어. 나는 돌인 줄로만 알았었는데. 따라서 걷고 싶더라고. 늦은 가을 오후를 지나는 사람들, 떡가루였어. 꼭 채로 하얗게 거른 눈 같았어."

지리산 둘레길 7코스 출발 지점은 경호강이 흐르는 성심원 앞이다. 그 전에 하나만 먼저 말하고 길을 걷자. 함양휴게소에 들르거든 호두과자를 사서 옆 사람에게 건네면 좋아할 것이다. 아마 눈이 커질 것이다. 그 커진 눈동자 속에 내가 웃고 있는 것을 볼 수 있는 기회다. 보살처럼 앉아 있는 나를 발견할 수 있는 찰나를 놓치지 않으면 한다. 호두과자가 알사탕보다 달다.

성심원까지 걷고 돌아섰던 날이 지난 10월 10일. 한 달 열흘 만에 다시 그 자리에 섰다. 이렇게 빨리 찾아올지 몰랐는데, 운이 좋다고밖에. 서늘한 기운을 손끝으로 만지작거리면서 좋은 날에, 좋은 날에…… 연신 흥이 났다. 몸이 말을 걸어오는 날이었다. 나란히 선 세 사람 키가 고만고만하다. 웃고 장난치는 틈을 찍었다. 세 사람 모두 마스크에 얼굴이 가려 눈만 보인다. 마스크를 끼고 살았던 때가 있었다고 이 사진이 증명할 것이다. 강이는 긴 머리가 유난히 찰랑거렸다. 산이는 어떤 음악을 주로 들을까. 양쪽 귀에 저렇게 꽂고 다녀도 괜찮을까. 볕이 좋았다. 빨래를 널어 말리고 싶을 만큼 햇살이 맑았다.

7코스는 한마디로 1,000m쯤 되는 웅석봉을 구경하는 일이었다. 13.4km 그 여정의 시작. 이 물은 흘러서 진주 남강이 되는 거야. 성심원 앞 경호강 물빛이 아른거렸다. 나룻배가 여길 건너던 시절에는 어떤 사람들이 살고 있었을까. 성심원은 안타까운 사연들을 가진 사람들이 곳곳에서 모여들었던 곳이다. 그 사람들이 걸었던 길을 우리도 걷는다.

　반달곰이 나타날 수도 있으니까 조심하라는 표지판이 보였다. 빌 브라이슨이 걷고 쓴 『나를 부르는 숲』에 비하면 오늘 이 길은 깜찍한 미니어처다. 사람이 어떻게 3,200km를, 그것도 야생동물이 살고 있는 산속으로 걸었는지. 도무지 신기할 따름이다. 하나 배운 것이 있다면 내 걸음에 충실할 것, 그것이 최고의 가치라는 것. 빌 브라이슨을 흉내 내는 것도 나쁘지는 않지만, 우리는 특별히 꼬마들 둘과 함께 걷는다. 다 크고 나면 무엇이 될지 궁금한 아이들이 동행하고 있어서 좋다. 걸음이 느리고 시간이 한참 걸려도, 이렇게 넷이 걸을 수 있다면 그것으로 충분하다.

　길이 사랑스럽고, 그 길에 있는 우리가 행운인 것 같아서 미소가 그치지 않는다. 나는 이 걸음을 기꺼이 공부라고 부른다. 함께하는 공부가 즐거운 법. 우리는 열심히 공부하고 돌아와 푹 자고 있다.

　웅석봉 바로 아래 800고지까지 오르막이 계속 이어진다. "다 왔어", 그것이 내 대사였다면 "집에 가고 싶어"는 산이 대사였다. 엄마 대사는 뭐였더라. 강이는 "머리가 띵하다"는 말, "배가 아프다"는 말, 엄마는 그때마다 "어디가? 얼마나 아파?" 하고 물었다. 그렇게 오르고 올랐다. 늘 그렇지만 걸음은 위대하다. 차가 오르지 못하는 길을 사람이 오를 수 있고 결국 태산에도 오르는 것이 사람, 사람의 두 발이다.

　이렇게 힘든 길을 만나면 나는 늘 써먹는 코스가 있다. 우리 3코스도 걸었잖아. 그 말은 꽤 효과가 있다. 인월에서 금계까지 걸었던 그 20km짜리를 들먹거린다. 등구재 넘어갈 때 얼마나 힘들었냐고 그때를 꺼내놓는다. 능청스럽게 여기는 아무것도 아니라고 꼬신다. 그런 말이 실제로 있다. 앵커링 효과(Anchoring effect)-닻 내림 효과. 맨 처음 마주친 경험이 이후 이어지는 행동의 판단 근거나 기준이 되는 효과를 말한다. 배가 항구에 정박하면서 닻을 내리면 배는 출렁거릴 뿐 어디로도 나아가지 못한다는 것을 지적하는 말이다.-가 발생한다. 일종의 기만술이다. 올바른 판단을 방해하는 술책이다. 맨 처음 우리가 선택한 코스는-정말이지, 지금도 믿어지지 않는데- 20km짜리 진짜 둘레길이었다. 그때가 언제냐. 초등학교 5학년과 중학교 1학년짜리를 데리고 걸었으니 아동 학대라고 신고당했어도 할 말이 없었을 것이다. 울면서 걸었던 길이라고 강이는 대꾸한다. 거기, 울면서 걸었잖아. 나는 또 못 들은 척 앞장섰다.

뻣뻣했던 것들이 나근나근해졌다. 길도 사람도 말랑말랑해졌다. 언제 오르냐 싶은 것들이 발아래 보이면 사람은 금방 다른 존재가 된다. 높아지고 싶어 한다. 그러니까 산에서 배우는 것이다. 발을 땅에 딛고 나는 법이 거기 있다. 사람이 턱없이 높아지는 것은 위험하다. 날개도 없이 높아지려고 하는 것은 이치에 맞지 않다.

산에 오르면 날개가 돋는다. 공중을 날아가는 날개가 아니라 멀리 내다보는 날개가 펼쳐진다. 독수리처럼 멀리 조망한다. 산 너머에 있는 산들을 깨우친다. 눈이 날개다. 그 눈으로 보고 그렇게 날아 보는 거다. 걷는다는 것, 오른다는 것은 그 눈을 펼쳐 훨훨 나는 것이다.

꼭대기가 곰을 닮았다는 웅석봉 턱밑에 와서 점심을 먹었다. 아이들 둘이 널브러져 미동도 하지 않는다. 땀이 얼굴을 타고 흐르고, 머리에서 김이 나는 11월이다. 산이는 늘 1분만 더 쉬자고 그러고, 강이는 그런 오빠를 앞세워 방패 삼는다. 30분을 더 기다렸다가 우리 먼저 일어섰다. 이제는 컸으니까 둘이 같이 오라며 아내와 내가 앞장선다. 산에서는 일부러 모른 척하며 걸어야 할 지점이 생긴다. 하루 걸어야 할 거리가 정해지면 거기까지 가기 위해 자기 자신을 챙길 줄 아는 것, 무엇보다도 중요하다. 아이들이 더 어렸을 적에도 길을 걸으면서 그 연습을 했던 것 같다. 자기 걸음, 자기 숨, 자기 힘, 자기가 되는 것들을 그렇게 하나씩 경험했던 시간이었다.

아내와 나는 걸음이 빠르지 못하니까 대신 부지런히 걷는다. 언덕도 우리가 먼저 오르고, 소나무 아래에도 우리가 먼저 도착한다. 그리고 기다린다. 아이들이 다가와서 길게 숨을 가다듬는 것을 지켜보는 것이 행복이다. 순서가 보기 좋다. 보기 좋은 것들이 그런 식으로 내내 이어진다. 비로소 산행이 여유로워질 무렵에 탑동 마을로 난 길을 따라 내려간다. 그 내리막이 끝까지 계속된다. 내리막은 누가 뭐래도 이야기 나누기에 좋다. 이야기도 쉬운 이야기가 주를 이룬다. 어딘가 맺힌 이야기가 아니라 다 풀린 이야기들이 내리막에는 쏟아진다. 저도 내리막이 편한 것이다.

흙벽을 보면 공손해져서 눈이든 손이든 힘을 빼고 만지작거린다. 매화가 피었을 옛날 탑동 마을은 어땠을까. 그 마을이 보고 싶었다. 볕이 쪼그맣게 오그라드는 마당에 빈 빨랫줄을 받치고 서 있는 대나무 장대가 더없이 쓸쓸해 보였다. 산골 마을이었다. 온통 산으로 둘러싸인 곳에 해가 지는 쪽이 서쪽이란 것만 홀연히 생각났다. 마을이 끝나는 데까지 사람이 없었다. 그제야 백석의 시 중 어쩐지 쓸쓸한 것만이 오고 간다던 흰 바람벽이 생각났다. 나는 이 세상에서 가난하고 외롭고 높고 쓸쓸하니 살아가도록 태어났다는 그 말이 생각났다. 늦가을 볕이 가락을 튕기듯 가슴에 쨍하니 금을 긋는다. 눈을 감으면 저절로 물처럼 흐르는 시가 한 편 날아들 것 같은 햇살이었다. 아이들아, 다 왔다. 저기가 끝이다.

> 감이 처음에는 카로티노이드(carotinoid) 색소를 지닌 진노란 빛을 띠지만, 말리면 검은 자줏빛 팥색이 난다. 처음에는 떫지만 말리는 동안에 떫은맛은 가시고 단맛이 단다.
>
> - 한국 세시풍속 사전

이번에는 동영상을 찍었다. 엄마하고 딸이 걷는 모습이 예쁘다. 분명 내가 그리워할 모습이었다. 아무리 희미해지는 것이 좋다 그러더라도 꼭 한 번은 보고 싶어질 것이다. 친구처럼 보기 좋았던 두 사람, 무척 힘들었다고 웃으면서 나를 공격하는 남매를 하늘에 걸어 놓는다. 우리는 늙어 가고 너희는 자라고 있다. 우리 오늘 수고했으니까 떡 하나 먹자. 호랑이도 하나 주고 11월, 따뜻했던 그에게도 삼키기 아까운 떡을 접시째 내어 주자. 엄마도 가루가 되면 검어질까. 먹음직스러운 석탄병이 다 만들어지면 그 위에 마른 감 가루를 뿌리는 것이 비결이다. 강이는 잣가루와 꿀을 준비시키고, 산이는 대추와 계피가루다. 나는 멥쌀가루가 된다. 떡이 맛있는 늦가을 오후다. 길에서 찌고 하늘 아래에서 맛보는 떡이다. 서로에게 한 고물의 떡이 되는 우리다. 삼키기 아까운 떡이다.

내일이면 중학생,
고등학생이 된다

2023년 3월 1일,
둘레길 8코스

    운리 마을 주차장에는 늦가을 정취가 물씬 느껴졌다. 성심원에서 운리까지 하루를 다 걷고, 거기에서 바라본 풍경은 전생에 내가 떠나 온 고향같이 나른하고 친근했다. 아마 감나무 때문이었을 것이다. 마른 들판에 새파랗게 떠다니는 공기가 감나무마다 내려앉아 투명해지는 주홍빛 감을 마냥 바라보고 있는 시간이 흐르고 있었다. 한적한 시골, 소리 나지 않게 겨울 채비를 하는 집들 가운데 어디선가는 선인(仙人) 둘이서 긴 옷소매에 먹을 묻혀 시를 쓰고, 그림을 그리며 저녁이 드는 풍경이었다. 걸음을 멈추고 고생했다며 내가 갖고 있는 가장 다정한 눈길로, 그나마 아직 차갑지 않은 손길을 토닥토닥 아이들에게 건넸다. 그리고 남은 것들은 멀어지는 계절의 뒷모습에 대고서 흔들었다. 멀리 가까이 있는 산이며 들판에 저녁이 아스라이 내리고 있었다.

    물 먹는 소 목덜미에 / 할머니 손이 얹혀졌다/ 이 하루도 함께 지냈다고 / 서로 발잔등이 부었다고 / 서로 적막하다고

- 김종삼, 「묵화(墨畵)」

    시(詩)라는 집은 얼마나 포근한가. 돌을 모아 집을 짓는 것처럼 언어

를 줍고, 그 언어로 행(行)을 만든다. 언어로 바닥이며 기둥을 삼고, 아담한 방도 하나 들인다. 어떤 글자 하나를 내소사 대웅보전 꽃 문살처럼 다정하게 걸어 두면 꽃나비가 거기서 날개를 쉰다. 앞이며 뒤, 하늘이며 땅이, 고요해지면 집도 사람도, 소와 할머니도 그 품에 깃들어 잠을 잔다. 이 하루도 함께 지났다고······.

나는 어쩌면 그런 품이 좋아서 시 있는 데를 찾아가는지도 모른다. 산으로 꿀을 따러 가는 히말라야 아저씨들처럼 길이라도 알고 가야 할 텐데, 늘 '가기만' 한다. 내가 모르는 어떤 생에서 행(行)이라고 불렸던 순간이 내게 남아서 나를 걷게 하는지도 모른다. 투명한 바탕에 알 수 없는 의미들이 그려진 잠자리 날개가 햇볕에 반짝인다. 그때마다 몸속 깊은 곳에 은유를 감추고 가부좌를 튼 채 말이 없는 세상이 있다. 세상을 내려다보는 그 세상을 올려다보다가, 풀풀거리던 마음이 한 가닥으로 모여 매듭이라도 짓는 날은 운이 좋다며 달도 보고, 별도 보면서 잠이 든다. 이 하루가 다 지났다고, 괜찮다고······.

꿈에서 나는 어둠에 빠져 멀리도 못 가고 귀신에 홀린 사람처럼 돌을 주워 담을 것이다. 차곡차곡 쌓을 것이다. 감나무를 짓고 지붕도 하늘도 지어 놓고 까끔살이 하듯이 깨끗하게 쓸고 닦으면서 세월을 보낼 것이다. 그러고도 시인이 될 거라고 믿는다. 내가 지은 것들 위로 비가 내렸다가, 볕이 들다가, 무수히 많은 계절이 머물다 갈 것이다. 어느 날 길을 걷는 이가 거기 앉아서 쉴 것이다.

또 방어가 좋은 산성을 돌아보며 어느 성벽 틈으로 봄이 가장 먼저 기어들지 알아맞히는 것도 좋아할 것이다. 곧 봄이 올 거라고, 벌써 여름이라고, 어느새 가을이란 말도, 다시 눈이 내린다는 첫인사도 내가 보낸 소식에 적혀 있을 것이다. 한동안 잊고 지냈다며 그곳은 평화로운지 묻다가, 시 하나를 정성스럽게 동봉할 것이다.

> 그대는 아는가 / 모든 생성하는 존재는 둥글다는 것을 / 스스로 먹힐 줄
> 아는 열매는 / 모가 나지 않는다는 것을
>
> - 오세영, 「열매」

2022년 11월 19일. 다시 성심원 앞으로 우리를 태워 줄 택시를 기다리면서 다음은 언제, 여기에서 출발한다고 했다. 둘레길 여덟 번째 길은 아마 그날부터 걷고 있었던 거 아닐까.

백 일이 지났다. 그 백 일이 온통 겨울이었다. 큰 눈이 내렸고, 줄곧 영하의 기온 속에서 지냈다. 설 연휴 가운데 하루를 꼬불쳐 달려올까도 싶었는데 그날은 하필 최고로 추운 날이었고, 밖에 나가지 말고 집에 머물라고 TV에서도 말렸다. 감나무가 다 얼어붙었을 것 같았던 날들을 보내고 누군가의 입에서 봄, 그랬던 날에 2023년 3월 1일에 너를 보러 왔다. 네가 보고 싶었던 겨울이었다.

우리 출발하러 왔다. 너는 좋은 출발이구나. 감나무가 잘 지내고 있었다. 추웠겠지. 밤이 길었겠지. 톡톡 건드려도 보고, 살살 만져도 보면서 반가움을 전했다. 다음에는 네가 사람으로, 내가 감나무로 그렇게 만나더라도 손길 하나면 알아볼 수 있게, 그렇게 살자고 속삭였다. 봄날에 걷는 첫 트레킹, 덕산까지 14km는 내내 가벼웠다.

겨울이 살찌운 것은 영혼 아니었을까. 봄에는 밖에 나설 수 있게 도와주고 싶었던 것 아니었을까. 새봄이다. 오리나무 가지에 작년과 올해가 함께 매달려 있다. 아직 매화나무는 떨고 있다. 꽃은 저 떨림으

로 맺은 약속 같은 것이어서 희고 시렸던 것이구나. 꽃이 피면 그 꽃을 모아다가 한 해에 한 번, 모두가 매화를 다 잊었을 때 차를 끓이는 노년을 상상한다. 내 노후에는 매화밭에서 실컷 게으름을 피우리라. 나도 약속한다. 떨지 않고, 이번에는 손을 잡고서 실컷 너를 만지리라. 덕산 가는 길은 오붓하고, 굽이지고, 달착지근했다. 애호박을 넣고 끓인 된장찌개를 이 길 어디에서 먹을 수 있다면. 처음으로 그런 생각이 들었다. 그러니까 나는 지금 즐거운 것이다. 춤을 출지도 모른다.

여기를 다 걷고 나면 글을 쓰겠지. 지리산 둘레길을 2020년 5월 1일에 걷기 시작했다. 바쁜 탓에, 아니면 가난한 탓에 1년에 두 번, 운이 좋으면 세 번쯤 온다. 그것을 오면서 늘 감격한다. 살 만한 세상이라고 더듬거린다. 겨우에서 한 조각 떼어 내는 겨우를 맛본다. 쌀 한 공기씩 덜어서 모아 둔 것으로 돌반지도 사고, 학비도 보내고 그랬다는 옛날이야기를 나도 살아 보는 것 같아 평화롭다. 벌써 둘레길은 111km. 저 작은 걸음들로 여기까지 걸었다.

부안 마실길을 다 걷고 얼마나 시원했던가. 부안, 격포, 곰소, 줄포를 잇는 해안선을 만끽하던 날들을 기억한다. 과연 지리산 둘레길 스물한 개 코스를 우리가 다 가 볼 수 있겠는가. 우리는 묻지 않고도 답하는 말을 배우고 있다. 그런 언어를 하나쯤 갖고 싶어졌다. 맛보는 일을 혀 하나에 다 맡기지 말고 온몸으로, 감각으로 끌어 올린다.

누가 그 돌들을 다 쌓았을까. 옛 선비가 오가던 길에 나무꾼도, 사냥꾼도, 피난 가던 사람들도 거기를 지나서 어디로 갔을까. 거기 흐르던 물은 마르지 않고 흘렀으면 한다. 성수(聖水)는 보호막이 아니라 흐

느낌이다. 한숨이며, 눈물이 기적을 이루는 원소다. 생명의 탄생과 죽음을 함께 띄우는 물, 우리는 날마다 거기에 몸을 씻고 영혼이 마르지 않게 적신다. 물가에 쌓인 돌들도 가지런했다. 마른 낙엽을 밟고 걷는 소리가 산에 가득 찼다. 세수도 하고, 발도 닦고, 그 밖에 무엇을 원할까. 아이들이 저렇게 해맑게 웃고 있는데.

참나무 군락지를 버젓이 들어섰다가 나이를 잃었다. 나는 오백 살이라고 대꾸했다. 맑은 바람이 인다. 내 안으로 분다. 음풍(吟風) 한다는 말이 이런 거였구나. 그렇다면 밤을 기다려 달을 노래할까. 물을 마시고 정신을 차린다. 내려가자. 솔솔솔, 살살살 가자.

내일이면 중학교, 고등학교에 가는 아이들이 오늘은 마냥 신났다. 자식은 부모 걸음 소리를 듣고 자라며, 부모는 자식 웃음소리에 세월을 건넌다. 오늘 하루 많이 웃었다. 너희는 학교에 잘 다닐 것 같구나. 잘 걸어 줘서 고맙고, 더 큰 것이 고맙고, 사이좋게 지내 줘서 또 고맙다.

길이 끝나는 곳에 새로 지은 건물이 하나 보였다. 성모상이다. 성모상은 어디에서든 앞에 가서 두 손 모으고 싶어진다. 동방 박사 세 사람이 그랬던 것처럼 산이와 강이, 아내가 나란히 서서 기도를 하는 모습을 담는다. 봄에도 바구니에 담을 것이 넉넉해서 좋다. 좋은 곳에 덕산 공소가 있었다. 9코스는 덕산 공소에서 출발하기로 했다.

정자나무
아래서 낮잠

2023년 7월 31일,
둘레길 10코스

몇 도나 됐을까?

폭염 경보에 야외 활동 자제, 온열 질환자가 다수 발생했다는 인터넷 기사를 보면서 밥을 기다리고 있었다. 익산을 출발해서 장수와 함양을 지나, 단성 IC로 빠져나온 것이 오전 9시. 지리산 둘레길 10코스 출발점인 위태 마을을 얼마 남기지 않고 삼거리 식당에 들어섰다. 이른 시간인데도 식당 안은 왁자지껄했다. 사투리의 향연, 산이와 강이는 저희들끼리 웃어 가면서 여기저기서 들려오는 사투리를 흉내 낸다. '많지~ 그렇지?' 끝을 끌면서, 그 앞은 힘주어 올린다. 낯선 것이 유쾌하게 다가온다. 무슨 일이든 웃기 시작하면 무관심하던 몸속의 세포들도 무슨 일인가 싶어 고개를 들고 주위를 살핀다. 관심이 기지개를 켜고 막 일어나려고 한다. 더 자고 싶어 하던 아이들을 깨워 2시간 넘게 달려온 참이었다. 줄곧 차 안에서 졸면서 왔던 아이들이 마침내 첫 반응을 보였다. 밥 앞에서 흥겨워지는 우리다. 아침을 거의 먹지 않는 아내도 솥밥을 한 공기 먹고 눌은밥에 물을 부어 구수하게 우러난 누룽지까지 먹었다. 엊그제 광양 백운산을 혼자 다녀오면서 기분이 좋았던 대목이 또 생각난다. 크고 넓은 산은 오르고 내리는 길이 많다. 먼 길을 운전해서 산에 가는 나 같은 경우는 늘 원점으로 회귀하는 식으로 산에 오른다. 갔던 대로 오는 것처럼 쉬운 일도 없는

데, 아주 가끔 삼거리, 그래, '삼거리'에서 무심코 다른 길로 접어드는 경우가 발생한다. 언젠가 진안 운장산에서 그리고 주왕산이 있는 청송, 절골계곡을 오르다가 고생했던 여름에도 그랬다. 백운산에서도 내려오는 길을 놓치고 빙 돌아야 했다. 문제는 근육이다. 종아리며 허벅지 근육이 더 견디지 못하고 떨리는 것이었다. 삽시간에 발목이며 무릎, 발 전체가 내 의지대로 움직이지 않는다. 어디에 나오는 누구의 시가 아니어도 쉰 살이 넘고 나서는 내 다리가 흐느끼는 것을 듣는 날이 있다. 다리만 그렇냐. 허리도, 어깨도, 이따금씩 뱃속도 훌쩍거리며 서러워한다.

산에서 제일 막연할 때가 어디쯤인지 가늠이 되지 않을 때, 내가 서 있는 데를 하늘 높은 데서 한 번만 내려다보면 좋겠다 싶을 때다. 계속 가는 것이 맞나, 지금이라도 되돌아가는 것이 좋을까 판단이 서지 않을 때다. 내려온 만큼 다시 오르는 것은 아무래도 엄두가 나지 않는다. 체력도, 시간도, 물도 없는데 그럴 수는 없지. 그럴 때 내가 믿는 것은 이미 헤매 봤던 경험이다. 결국 산에 있는 모든 길은 아래로 향해 있고, 나는 어떻게 하든 아래로 간다. 그때 물 흐르는 소리를 놓치지 않으면 된다. 다만 어둡기 전에 닿기를 바랄 뿐이다. 그렇더라도 실컷 내려왔다 싶은데도 아직 길이 보이지 않으면 사람이 은근히 주눅이 든다. 백운산에서 나를 기운 차리게 도왔던 것은 어이없게도 '소바'였다. 땀을 실컷 흘린 탓인지 소바 한 그릇이 간절했다. 길 없는 길에 앉아 쉬면서 광양에 있는 소바 집을 검색했다. 주왕산에서는 캔맥주였는데……. 이렇게 그때그때 절정에서 다르게 표현되는 내 갈증은 재미있는 구석이 있다. 나는 그 갈증이 산을 내려가면서 점점 엷어질 것도 알았다. 산 아래에 다 내려와 계곡물에 첨벙 빠지는 순간, 모든 것이 풀어졌다. 갈증도, 갈등도, 걱정도, 피로도 사라졌다. 모든 것들로부터 모든 것의 해방. 깨끗하게 하루가 막을 내리는 시간에 단순함만 돌올했다. 돌아갈 길, 차에 시동을 켜고 소바도 잊었다. 하루를 통으로 산에서 보내고 나중에는 그 물에 들어가 땀을 씻었다. 마치 쌀을 씻어 얹히는 팬터마임을 한 편 공연한 듯, 내가 쌀이 되고 밥이 되었으면 싶었다. 그런데 거기를 지나쳤다. 어? 방금 뭐였지?

나는 유턴을 너무 안 한다. 그러나 너무 잘할 때도 있다. 이대로 고속도로에 접어들면 후회한다. 사뿐히 유턴. 그러나 어디 한구석에도 '소바'라는 말이 없었다. 대신 '메밀'이라고 부르는 집이 있다. 역시 눈썰미 하나는 쓸만하다. 나는 우연과 정성에 기대는 풍경이 좋다. 그림 같은 일들이 사람들에게 생겼으면 한다.

다시, 장면은 지리산 둘레길로 바뀌고, 우리는 출발했다. 한 시간쯤 달리고 진안 마이산이 보일 무렵, 라디오에서 반가운 목소리가 흘러나왔다. 돌로레스 오리어던(Dolores O'Riordan)의 신비한 음성이 공간을 채웠다. 나는 저 여자를 오래 알고 지낸 듯한 감상에 빠진다. 아마 변하더라도 변하지 않을 것을 몇 개 골라서 상자에 담는다면, 내가 저 소리를 좋아하고 아끼고 사랑했던 감상도 거기 들어갈 것이다. 나는 늙어 가고 있으면서 그녀가 부르는 〈Dream〉을 따라 부른다. 잘 모르면서 따라 하는 것이 4살 적 산이를 닮았다. 오늘은 더워도, 아니, 더워서 좋았다고 미리 적어 놓는다.

마을을 지키는 것은 감나무, 매미 소리, 한참 푸른색이 짙어지는 벼 그리고 말 그대로 예쁠 것도 없는 담장들이었다. 고즈넉하다는 말을 일러 줬던 지난가을 산행, 형용사는 사람 그림자를 보고 쓰는 말이지……. 마을 정류장 근처에 차를 세우고, 짐을 챙기고, 옷도 갈아입었다. 낮이었지만 적막했다. 밝아서 적적했다. 오면서 한 사람도 못 봤다고 그러는 강이에게 웃음을 날렸다. 날이 덥잖아. 오늘 같은 날 둘레길 걷는 사람은 우리밖에 없을 거야. 챙이 긴 모자는 산이와 내가 쓰고, 아내와 강이는 목덜미부터 얼굴까지 가려 주는 모자를 썼다. 이번 둘레길 10코스를 위해 특별히 장만한 아이템이다. 최고는 몸뻬라고 하는 고무줄 통바지였다. 여름 산을 걸을 때는 몸뻬만 한 것이 없더라고 어디에 가서 외치고 싶다. 만약 몸뻬를 입지 않았다면 얼마나 더 힘들었을까. 이제는 그 상상만으로도 아슬아슬하다. 몸뻬 4인방, 출발!

우리가 함께 누릴 수 있는 날들이 그렇게 많지 않다는 이유 하나가 늘 우리 선택의 기준이 된다. 아이들은 금방 자란다. 어느새 훌쩍 자라서 제 갈 길을 찾아 떠난다. 그때 그래도 조금 덜 외로울 수 있게, 지금 우리는 같이 다니는 것 같다.

3월에 둘레길을 걷고 난 뒤로 공휴일에는 늘 비가 왔다. 오죽하면 비 내리는 5월 대체 공휴일에 산청에 와서 밥만 먹고 돌아갔을까. 시도했다고 꼭 성공으로 이어지는 것은 아니다. 둘레길 9코스는 아직도 미완성이다. 두 번이나 날씨가 좋지 않았고, 여름이 오고 말았다. 9코스는 난이도 하라고는 하지만, 나무가 없는 길을 오래 걸어야 하니까 이런 더위에는 피하는 것이 상책이다. 그래서 10코스 먼저. 지금 생각하면 우리가 겁이 없었다. 오고 가는 시간을 아낄 요량으로 근처에 숙소를 잡고 여름 휴가 기분을 내려고 했다. 이틀에 걸쳐 10, 11코스를 걸을 생각이었다고 말하면 분명 혼날 것이다.

방금 일어난 아내 얼굴이 반쪽이다. 다이어트, 다이어트 그러더니 하루 고생한 탓에 핼쑥해졌다. 우리는 나이 많은 엄마, 아빠라서 더 산이와 강이에게 노력하는 편인지도 모른다. 처음 둘레길을 걸었던 기억이 강렬했던 때문일까. 이듬해 봄, 1코스부터 제대로 시작된 지리산 둘레길 걷기 프로젝트, 4년째다. 1년에 3개 코스, 두세 번 정도 지리산을 찾는다. 공휴일에나 쉴 수 있는 내 처지가 전혀 문제가 되지 않는다. 갈 수 있으면 그저 좋고 행복해진다. 그 고마운 마음으로 걸었던 길이다. 아이들도 보조를 맞추고 동행하는 것이 내내 기특했다. 어제는 그중에서도 제일 힘들었던지, 더 자주 멈췄고 큰 정자나무 아래에서 낮잠도 잤다.

물이 흐르는 곳을 만나면 신발을 벗고 발을 담그고, 소시지를 하나씩 나눠 먹으면서 뭐가 재밌다고 낄낄거리는 이 모든 동작이 영화 같다. 나뭇잎 사이로 비추는 햇살, 그 빛이 싱그럽다고 말하는 표정, 여름이었다. 궁항 마을에서 2시 반까지 쉬었다가 고개 하나를 넘는다. 양이재, 양 씨와 이 씨 성들이 모인 동네로 들어가는 고개. 재미있다. 그 고개가 가팔라 모두 숨을 헐떡거린다. 양이재를 오르면서 우리는 3코스 하늘길을 이야기했다. 거기는 얼마나 높았냐. 시간이 지나면 고생도 순해지기 마련인데 하늘길 아래서 우리는 정말 힘들었던가 보다. 하느님 만날 뻔했었다며 웃는다. 어서 와, 천국은 처음이지? 그런 멘트로 잠시 웃었다.

나란히 옆에 앉은 산이와 강이에게 나는 왜 걷는 것 같냐고 물었다. 강이가 불쑥 그런다.

"장수하려고."

웃었다. 내리막길이어서 숨소리가 한결 편해졌다. 강이는 천식이 다 낫지 않았다. 우리는 언제부턴가 구호가 달라졌다. "빨리 와", 그러던 것이 "천천히 와" 그런다. 가래가 끓는 것처럼 소리가 난다며 강이가 미안한 표정, 힘든 표정, 어쩔까 싶은 표정, 자기가 가진 표정을 골고루 내놓는다. 어떤 것은 허공에 날리고, 어떤 것은 주워 담고, 어떤 것은 그 자리에서 살살 달랜다. 오르막에서는 천천히, 내리막에서도 천천히. 그러다가 '언제 다 갈까?' 생각할 때도 있다. 오래 살면 그런 걱정이 덜어진다. 내가 더 살아 보니까 덜 요란해도 괜찮더라고 다짐하듯 말해 준다. 이렇듯 자주 길에 서서 지나온 것들을 고쳐 놓는다. 여기는 꿰매고, 저기는 붙이고, 거기는 깎아 냈으면 좋겠다.

10코스 내리막에는 100만 대나무가 잠복해 있다. 그 사이에서 상황버섯을 하나 찾았다. 물 끓여 먹으면 좋겠다며, 이런 날도 있다고 손뼉을 마주쳤다. 산에 모기가 많았고, 물도 많이 마셨다. 드디어 10코스 종점, 하동호수가 보였다. 산이가 내일은 못 걷겠다고 먼저 나섰다. 그래, 우리 진하게 고생했다. 고맙다. 그 말이 호수 위로 반짝였다. 하동호에는 마을이 잠겨 있다고 한다. 고향을 잃은 사람들을 위해 지은 정자가 정갈했다. 거기 또 누웠다. 더운 열기가 식어 가고, 한참을 그대로 바람에 모든 것을 맡겨 놓고 쉬었다. 아내는 사실 감기 기운이 있었다고 그런다. 저도 힘들면서 이러쿵저러쿵 말이 없이 휴대폰만 만지작거리는 강이는 가끔 엄마를 쳐다본다. 집에 가서 자고 싶다고 산이가 먼저 일어났다. 세 사람 모두 많이 지쳤던지 집에 오는 길은 조용했다. 어두운 산 그림자들의 배웅을 받으면서, 쓸쓸하고도 정겨운

땀 냄새를 맡으면서, 음악도 끄고 2차선으로만 차를 몰고 돌아왔다.

씻고 거실에 나란히 누웠다. 오이 마사지가 피부를 진정시키는 데는 최고다. 다른 것을 안 해 봐서 최고라고 떠드는 것도 좀 그렇긴 하지만, 무슨 무슨 오일이라는 이름들이 건네지 못하는 친근감이 있다. 그것으로 충분했다.

어느 것 하나
죽어 없어진 것이 없다

2023년 10월 1일,
둘레길 9코스

　10월, 서러운 것들이 생각나는 계절. 이제 곧 땅에 떨어질 것들은 그동안 정겨웠던 것들, 고마웠던 것들, 그래서 떠난 뒤에도 그 자리에 환상처럼 달려 있을 것들……. 오래전에 봤던 그믐달처럼 그 하늘 그 밤에 떠 있는 기억이 될 것이다. 가을바람이 차가워지면서 수군거릴 것이다. 한 잎, 두 잎, 떠나갈 것이다. 지나간 것들이 어정쩡하게 서서 헤어짐이 아쉬워 웃지도 못하고 연신 주억거리는 그 10월이다.
　황금연휴다. 마땅히 쉴 수도 없는 사람들에게 6일이나 되는 연휴는 그야말로 순금처럼 환하다. 갈매기처럼 4분 쉼표가 하늘을 난다. 작은 가방을 둘러멘 강이는 8분 쉼표처럼 길 위에 섰다. 마치 가고 오는 길 양쪽을 팔 벌려 가리키는 둘레길 벅수처럼 담백하고 조촐한 차림이다. 길이 어깨를 이만큼 더 내어 주는 곳에서 쉬기로 한다.

　10월 첫날, 높고 파란 하늘이 물에 비쳤다. 덕천강이 기다랗게 흐르는 곳에 징검다리가 있다. 없던 다리가 놓였구나. 저기 희미하게 보이는 다리까지 가서 다시 이 앞까지 되돌아와야 하는데 오늘 우리 수지 맞았다! 정겹기로 하면 징검다리만 한 것도 없는데, 여기 있는 돌다리를 건너서 가자. 비가 내린 뒤라서 투명하게 비치는 것들이 사방에 가득한 날이다. 손으로 흐르는 물을 거슬러 본다. 힘이 좋고 부드러운 것이, 깨끗하다. 몸을 뒤로 젖혔다가 힘을 주고 한 칸씩 폴짝 뛰어넘는 강이가 놀라면서 웃고 또 놀라면서 웃는다. 언제 이렇게 실감 나게 뛰어 봤겠나. 물살이 찰방찰방, 가을빛이 그 물살 위로 천사처럼 내린다. 둘레길에서 내디뎠던 첫걸음 중에 가장 산뜻한 걸음이다.

루소는 고백록을 집필하면서 그에게 도보 여행은 끝없는 행복의 시간이었는데도 불구하고 그때에 느꼈던 인상들을 기록해 두지 않은 것을 몹시 후회한다고 적고 있다.

내가 이제는 더 이상 기억하지 못하게 된 삶의 소소한 일들 중에서 내가 가장 아쉽게 느끼는 것은 여행일기를 적어두지 않았다는 것이다.

- 다비드 르 브르통, 『걷기 예찬』, 현대문학, 2002, p.141

어디였더라. 집에 돌아와서 책을 뒤적거리며 찾았다. 돌다리를 건너는 순간 나를 관통하듯 지났던 말은 저 문장이었다. 그리고 문장 두 개가 더 내 주머니에 남아 있다. 하나씩 건네면서 덕산에서 위태까지 걸었던 도보 여행을 적어 볼까 한다. 덕천강을 건너면서 배를 얻어 탄 것은 아니지만 사공에게 뱃삯을 내기로 한다. 우리의 사공은 그대가 맞다. 그대에게 책에서 얻은 문장을 그대로 건넨다.

사실 나는 9코스를 이전에도 걸었었다. 겨울이었고, 친구와 동행이었다. 우리는 그날 실컷 길을 헤매게 된다. 어떻게 그렇게 헤맬 수가 있을까 싶을-어이가 없을 만큼- 정도였다. 징검다리도 없었고, 장터를 지나 다리를 건너 이 앞으로 걸어왔고, 길가에 눈이며 물이 한편에서 녹고, 한편에서 얼고 있었다. 어쩌면 다 걷지 못하고 도로 내려왔던 곳이어서 더 생각이 났는지도 모른다. 여보게, 친구; 거기 아직 기억한다고 했지? 감나무가 유난히 많던 동네. 그 마을 이름이 유정 마을이었다네. 우리가 씩씩하게 밟고 올랐던 눈밭, 그 언덕바지에서 길을 찾지 못하고 가시만 남은 풀숲에서 서성거렸던 겨울은 몇 해 전이었던가? 이번에도 나는 그 길로 들어서고 말았고, 길을 잃기는 참 쉽구나……. 허탈한 탄식이 새어 나오더라. 뒤따라오던 산이 엄마가 알아봐서 망정이지, 또 헤맬 뻔했다니까. 혹시라도 궁금하면 언제든 말만 해, 내가 길라잡이가 될 테니까.

길을 바로잡았다. 사람은 서로 돕는다는 말이 길에서는 실감 난다. 혼자 가는 길이라도 누군가의 도움을 받는다. 어둡고 쓸쓸한 길에서는 더욱 사람이 그리운 법이고, 그리워하는 그것이 힘이 된다. 무언가를 힘껏 그리워하는 것이야말로 그가 최선을 다하고 있다는 말이 아닐까. 길에서는 내가 무엇을 그리워하는지 알 수 있다. 그리운 것들이 제대로 그리워진다. 잘못 든 길을 되돌아 나와서 작은 손을 펼치고 있는 벅수를 찾았다. 그때도 그 생각 했었는데, 아무래도 이 벅수는 좀 더 큰 것으로 그리고 길가에 더 나와 있는 편이 좋겠다. 그러니까 여기 이렇게 고개로 이어지는 길이었네. '중태재'를 오르는 길은 가뿐한 편이다. 이 고개를 넘으면 목적지 위태에 도착한다. 왠지 짧게 느껴지는 9.7km다.

> 그리하여 나의 친구도 그때의 아름답던 모습 그대로, 꽃다운 청춘의 모습 그대로, 독수리 같은 푸른 눈으로 시가 가득한 가슴으로 빛나는 미소를 지으며 땅속에서 다시 솟아오른다.
>
> - 다비드 르 브르통, 『걷기 예찬』, 현대문학, 2002, p.142

자유를 희망하던 『그리스인 조르바』의 작가, 니코스 카잔차키스를 실컷 흉내 내고 싶다. 삶이 여행이었던 그의 여정을 따라가다가 언젠가 그의 묘지 앞에서 읊조리고 싶다. '아무것도 바라지 않는다. 아무것도 두렵지 않다. 나는 자유다.'

시간을 뒤로 돌려 보면 우리의 출발은 정말이지 안갯속이었다. 선택지를 3개 만들어 놓고 출발하는 그 시간까지 어디로 갈지 결정하지 못했다. 9코스가 있었고, 11코스 하동호에서 삼화실 9.4km 구간, 12코스 삼화실에서 대축까지 16.7km 구간. 이렇게 3가지 길을 두고 10월 1일, 2일, 1박 2일 동안 어떻게 걸어야 좋을지 고민했다.

날씨가 선선했다. 9코스는 도로와 임도가 3분의 2 이상이다. 그늘이 없는 길은 누구나 꺼리기 마련이라서 날짜와 날씨를 봐 가면서 걷는다. 이번 1박 2일의 주된 목표는 12코스, 16.7km였다. 힘들더라도 지금이 기회인 듯싶었다. 11코스와 12코스를 연결해서 적당히 중간 지점을 나눌까, 9코스를 이번 기회에 마칠까. 아무도 내가 어떤 생각을 하고 있는지 몰랐다. 출발하는 날 아침에도 문제가 있었다. 산이가 일어나지 않았다. 몇 번을 깨우러 아이 방에 들어갔다 나오던 아내도 급기야 우리끼리만 가자고 그랬다. 그만큼 했으면 됐다 싶어서 산이는 집에 남는 것이 차라리 낫다고 생각했다. 강이가 요령껏 오빠를 챙기지 않았다면 아마도 우리는 산이 없이 출발했을 것이다. 출발은 했지만, 하루 종일 모든 일정이 뒤틀렸을 것이다. 화음이란 것은 그런 것이지 않던가. 누가 대신 내어 줄 수 없는 자기만의 역할이 절대적으로 필요한 공간이 있지 않던가. 나도 아내도-여태 안달했으면서- 아무렇지 않은 척했다. 태연하게 어떻게 알고 깼냐며, 그렇지 않아도 막 나가려던 참이었다고 너스레를 떨었다. 속으로 반가웠다.

길을 걷자는 것이 이 시대에 어울리지 않는 일일지도 모른다. 언제든 더 못 가겠다고 그러면 나 혼자서 길을 걷는 상상을 한다. 나는 편협하고 억지스러운 사람인지 스스로 묻는다. 다른 때 같았으면 하루 건강하게 걷고 와서 그 고맙고 즐거웠던 감상이 식기 전에 서둘러 다녀온 이야기를 적느라 새벽에 깨었을 텐데, 이 짧은 글을 적는 데 어영부영 사흘이나 들이고 있다. 무슨 일이든 마음이 문제인 것을 다시 한번 되새긴다. 문을 열고 나가는 마음, 몸을 일으키는 마음이 어떤 일들이 자라는 방향을 가리킨다. 가지는 줄기를 믿고, 그 줄기는 뿌리를 의지하며 아무것도 없는 허공으로 한 뼘씩 걸었던 꿈 아니었던가.

일요일에 걸었던 길이 싫거나 나빴다는 것은 아니다. 그렇게 하루를 걷는 동안 우리는 편안해졌다. 아침에 아슬아슬했던 것이 저녁에는-밀레의 그림처럼- 감사함뿐이었다. 땅거미가 지는 들판에 서서 손을 모아 기도하는 농부들의 마음도 우리와 비슷할 것 같았다.

지리산 둘레길을 다 돌아보는 일이 하나의 소설이라면 지금 여기가 위기에 들어맞겠다는 생각도 했다. 갈등과 우연이 겹치면서 사건이 깊어지는 구간, 그러니까 가장 흥미로운 부분 말이다. 여기가 잘 이어지면 작품이 되는 것이다. 중태재에 오르는 길에 밤이 많이 떨어져 있었다. 다람쥐가 겨우내 먹고 지낼 토실토실한 알밤이 지천이다. 몇 개만 줍자던 것이 비닐봉지에 가득 담겼다. 어떤 것은 알이 크기도 해서 사진도 찍었다. 강이는 밤송이를 까는 것을 처음 봤다. 저도 해 보겠다고 덤빈다. 시간이 홀가분하게 갔다. 길에서는 소박한 것이 특별하고 좋아 보인다. 내가 아이들에게 알려 주고 싶은 것은 이런 것들 아니었을까. 아무것도 아닌 것들이 만들어 내는 재미, 그것들이 가진 특별함, 신선함, 선명함 같은 것들을 어떻게 알려 줄 수 있을까.

순연(順延)할 것. 기다림을 기다릴 줄 아는 자세로 다시 걷기로 한다. 여기를 지나면 둘레길도 절반을 지난다. 둘레길을 걷기 시작한 지 3년이 됐다. 서두르려야 서두를 수 없는 일상에서 한 주먹씩 따로 모아 온 시간이었다. 언제 둘레길을 다 걷게 될지 아직 모른다. 그것밖에 안 되는 '한 줌'이지만, 그것도 정성인 것을 우리끼리는 잊지 말자. 길에서 화해한다. 온갖 생각으로 뒤덮인 마음을 토닥거리고, 요란했던 아침을 밤이 됐다고 안아 준다. 그리고 내일 또 부탁해도 되겠냐며, 너를 믿는다고 추켜세운다.

> 동방의 전통에서는 어떤 사람이나 어떤 장소를 만났을 때 만난 이의 근원에 변화를 가져오는 존재감 혹은 아우라를 그 사람이나 장소의 다르샤나(Darshana)라고 부른다.
>
> - 다브드 르 브르통, 『걷기 예찬』, 현대문학, 2002, p.108

여우도 사슴도 볼 수 없지만 다르샤나는 아직 만날 수 있다. 다행이다.

하루를 전우처럼 함께 보내고 우리는 주둔지 대신에 그 근처에서 머물렀다. 아직 작전 중이었고 더 중요한 고지들이 우리를 기다리고 있었다. 코스모스가 피어 있는 시골길을 따라 옥종면으로 향했다. 옹기종기 집들이 보이고 작은 읍내를 지났다. 차 있는 데까지 우리를 태워주신 택시 기사님이 소개해 준 온천에 도착했다. 이런 곳에서 온천이라니! 아이들보다 내가 더 신이 났다. A에서 Z까지 다 좋은 걸 어쩌면 좋냐.

우리는
새로운 곳으로

2023년 10월 2일,
둘레길 12코스

바람이 차가워졌다. 창밖의 것들이 바람과 어울려 한바탕 뒹굴고 있다. 저것 보고 신났다고 그러는가 보다.

10월 3일, 강이가 아프다. 꼬맹이 너, 이리 와 봐. 어쭈, 쪼그만 게 까부네? 피곤하면 몸에 나타나는 증상들이 일제히 강이한테 달라붙어서 싸움이 벌어진 모양이다. 아이가 내내 잠을 잤다. 몸살이다. 어제 산길을 내려와서 봤던 강이는 많이 지쳐 있었고, 온몸에 힘이 풀린 채로 엄마한테 의지하고 있었다. 버스 정류장에 앉아서 금방 까무러칠 것처럼 아무 소리도 내지 못하고 날숨만 길게 늘어뜨렸다. 한고비를 지나온 표정이었다.

평소 이 시간에는 일어나지 않던 산이가 대뜸 자기 방에서 나오더니 아픈 데가 하나도 없다며, 두 발로 바닥을 쿵쿵 밟고 가슴을 두 손으로 두들긴다. 오늘은 공부하러 가야겠다며 너스레를 떤다. 고등학교 1학년쯤 되니까 몸에 기운이 차고, 하루쯤 걷는 것이 산이한테는 몸을 가볍게 하는 운동이 되었던 듯하다. 사내아이는 저 나이부터 몸이 좋아지기 시작한다. 오늘 아침 산이 표정은 가볍다. 출발하기 전에는 느릿느릿 굴더라도 일단 밖에 나와서 걷기 시작하면 동생한테 말벗이 되어 가면서 씩씩하게 잘 걷는 아이다.

늦은 아침을 셋이 먹었다. 아내는 충분히 자고 일어나서 그런지 생각보다 덜 피곤하다며 아침을 챙겼다. 이 두 사람은 나란히 자리에 눕게 된다는 사실을 아직은 까맣게 모르고 있다. 겉은 괜찮아도 사실은 속이 문제다. 속에서 무슨 일이 일어나는지 몰라서 우리는 아프고 힘들지 않던가. 확실히 고생한 흔적들이 역력하다. 나도 거실을 살살 지나다닌다. 종아리는 단단하게 부었고, 허리는 아프고, 어깨는 무겁다. 그런데 식구들 표정이 느긋한 것이 어쩐지 평화롭다. 오늘은 푹 쉬자고, 잠을 많이 자야겠다며 한껏 풀어진다. 산이는 목욕물을 받고, 아내는 벌써 자리에 누웠다. 라디오를 켜고 다른 때보다 물을 더 부은 커피를 들고 내 자리에 앉았다. 커피 향이 흐른다.

나는 아직 산에 있었다. 허공 저편에서 소실되어 가는 해를 붙잡는 내 시선 가득히 붉은 하늘이다. 저물어 가는 것들은 숙연하고 말이 없다. 부끄럽지 않아도 되는 하늘을 우러르며 고개를 오래 들고 있었다. 거기에 대고 하는 말은 모두 바람이 될 것 같아서……. 세상을 떠난 이들의 이름을 하나씩 불러 본다. 택배 사장님, 마트 사장님, 정읍 사장님, 잊고서 지냈다고, 아무래도 제가 살 만한가 보다 하고 멋쩍게 웃었다. 조금씩 잊혀 가는 이름들과 얼굴들을 생각했다. 다들 웃고 있어서 고맙다. 선운사 마당에서 가볍게 몸을 풀던 그 모습들이 좋았다고 혼잣말을 건넨다. 얼마나 두려웠을지, 얼마나 외로웠을지, 얼마나 아팠을지…….

바람에 흔들리는 것들 속에서 떨고 있는 저것은 날개, 잠자리 날개에 새겨진 부챗살 같은 무늬가 늘 아른거린다. 가을이 깊어 갈수록 기흉에 시달리는 사람처럼 그리운 것들이 편치가 않다. 숨 쉴 때마다 가슴께에서 그것들이 다 빠져나가면 나는 얼마나 홀쭉해질까. 가을빛 아래 떨고 있는 것들은 눈빛처럼 얇다. 흔들리는 것들이 지키는 가을, 떨림이다. 지진처럼 흔들리기 전에 지진처럼 떨렸던 마음들, 가을은 그것만으로도 충분히 유죄다. 눈에 보이는 것들이 시려서 어쩔 줄 모르는 사람을 만든다. 잎맥, 하얀 손목을 투명한 햇볕 아래 들어 보이면 거기 비춰 보이던 푸른 핏줄들이 그림 같았다. 그림을 모르는데도 그림 같아서 산을 떠올렸다. 자꾸 떨리는 것을 주체하지 못해서 산에 올랐다. 높이 오를수록 그리운 것들이 잘 지고 있었다. 잘 마르고 잘 떨어지고 잘 날아갔다. 새처럼, 나뭇가지에 앉았다 날아간 새처럼 온기만 남긴 채, 떨림을 새겨 놓은 채.

둘레길 12코스 삼화실에서 대축까지 16.7km를 다녀온 지 며칠이 지났다. 거기 다녀온 이야기가 한 바구니 가득해서 뭐부터 쓸까 싶었는데, 그 사이에 중간고사를 보는 학생들을 봐 주느라 시간이 또 바쁘게 지나갔다. 다시 출발이다. 경상남도 하동군 옥종면이었다. 월요일 아침이었고, 가을 기색이 완연한 하늘이 맑고 높았다. 언제 우리는 거기에 다시 찾아가 저녁을 먹고 유황천에 몸을 씻고 밤새 수다를 떨까. 그때도 산이와 강이는 꼬마처럼 까르르 웃을까. 그 집 김밥이 맛있었다. 이른 아침 산책하고 돌아와 먹었던 김밥을 다들 좋아했다. 삼화실 안내센터 24km, 30분 거리다.

  삼화실 마을 주차장에 내려서 사진을 찍었다. 12코스는 거리도 꽤 되고, 코스 자체도 산을 계속 오르고 내리는 길이라 은근히 긴장도 되고 또 각오도 필요했다. 자신감을 불어넣기 위해 전날 우리는 온천욕을 하면서 한가롭게 보냈다. 강이가 속에 입은 하얀색 티셔츠에 토끼 그림이 예뻤다. My Little Bunny. 꼭 강이를 부르는 이름 같았다.

  "나중에 11코스는 이쪽으로 나와서 여기에서 마무리할 거야. 그러니까 지금 우리가 서 있는 이곳이 지금 한 번, 오늘 걷고 돌아와서 한 번, 나중에 11코스를 걸으면서 또 한 번, 그렇게 세 번이나 마주치게 되는 곳이야. 인연이 깊다면 깊은 곳이지. 여기 정들 것 같다."

아내는 새로 산 신발이 편하다고 좋아했고, 산이는 배낭을 짊어지고 앞장을 섰다. 마침 주차장 입구에 세워져 있는 나무 막대기가 마음에 들었던가 보다. 땅땅 바닥에 두드려 보더니 오른손에 척 쥐고서 간다. 산이는 그 나무 막대기를 하루 종일 짚고 다녔다. 지겨워서 버릴 만도 했을 텐데, 계속 갖고 걸었다. 아이가 심심한 것을 달래는 방법을 하나씩 알아 가는 것 같아서 보기 좋았다. 나중에는 잘 걸었다며 여기 종점, 처음 막대기를 주웠던 그 자리에 잘 놓아 주는 모습이 근사하게 보였다면 내가 너무 띄운 것일까.

길을 걷다 보면 젊어지려는 어떤 것이 있다. 나를 이루는 작은 단위들은 모두 그것을 반기고 원하는 것 같다. 빛이 드는 것처럼 환해지면서 안쪽으로 자꾸 깊어지는 것이 있다. 내 눈동자 속으로 거기 망막을 거쳐 시신경을 타고 더 안쪽으로 밝아지는 느낌들, 관자놀이 속이 편안하다고 느끼는 것, 흰빛이 프리즘을 통과하고 무지개처럼 나눠 지는 것처럼 거꾸로 내 시선 안쪽에서 흰색으로 다시 모이는 저 빛들의 회귀가 반갑다. 그 떨림이 안정감이 있다. 길에 있으면 눈이 먼저 젊어진다. 멀리 가 보고 싶어지는 날, 산골에서도 벼가 익어 가고 있었다. 이정 마을을 가로질렀다. 그나저나 우리는 산을 세 개나 넘는 그날을 시작하고 말았다! 실컷 젊어지려는 것들이 우레같이 들썩거렸다.

우리가 걷는 둘레길은 총 300km가 넘는 길이다. 여기서 100km를 더 걸으면 그야말로 천 리가 된다. 아이들이 우리와 함께 걸었던 모든 길을 더하면 얼마나 될까. 부안, 변산, 곰소 일대를 걸었던 마실길이 거의 90km였다.

"내가 늘 이야기하잖아, 얼마 안 남았다고. 우리 많이 걸어왔다. 남원에서 함양으로, 함양에서 산청으로 이제 하동을 둘러보고 있는 거야. 하동을 지나면 구례가 나올 거야. 너희가 아껴서 내딛는 걸음으로 길 하나를 완성하게 될 거야. 그것이 아빠는 내내 고마울 것이다."

이틀을 걷고 나니까 식구들 모두 일주일씩 힘들어했다. 몸살도 나고 감기도 걸리고, 산이는 독감까지 걸려 고생이 심했다.

"그래, 나머지 둘레길에서는 너희가 하자는 대로 할 생각이다. 나는 충분하거든. 배가 고프지 않아. 이 둘레길 여행이 끝나거든 나도 선물을 하나 할 생각이다. 책을 한번 만들어 보자."

이정 마을 지나니까 다리가 나오고 바로 앞에 오르막이 하나 몸을 곧추세우고 있었다. 그게 고갯길이었다. 이름이 그냥 '고갯길'이다. 그 고갯길이 버드재로 가는 일종의 테스트 같았다. 강이가 가장 힘들었다는 버드재에서 우리는 몇 번이나 쉬었다.

만만치 않을 것 같은 예감이 들었다. 과연 대축까지 잘 갈 수 있을까 싶으면서도 의지가 되는 것들이 있었다. 그동안 걸어온 것들, 부안 마실길이며 섬진강 길, 어디 하나 허투루 걸었던가. 여태 걸었던 것이 재산이라는 생각이 들었다.

"강이가 묻더구나. 아빠는 옛날로 돌아가고 싶냐고. 강이야, 그 길에서 내가 그랬지, 멀리 섬진강 모래사장이 보이던 곳에서. 그러고 싶지 않다고. 아마 진짜 그런 기회가 눈앞에 있다고 해도 가만히 눈을 감을 거야. 흔들리고 떨리기도 하겠지만 나는 이제 됐다고, 고맙지만 사양하겠다고 분명하게 말할 수 있었으면 좋겠다. 그동안 잘못 걸었던 걸음들이 무수히 많았더라도, 발이 아프고 발목이 좋지 않아서 양껏 걷지 못했더라도 이만큼이 내가 걷고 싶었던 전부라고 웃으며 말하고 싶어."

걸어온 힘으로 걸어가기를 바랐다. 땀이 나기 시작했다. 겉옷을 내게 맡기는 너희는 아직 풋내가 나는 사과 같았다.

이름을 닦는 것 같아. 이렇게 걷고 있으면 온갖 감정이 피었다 지는 것을 느껴. 꽃은 바람을 믿고 땅에 의지하고, 하늘에 기대며 산다. 어째서 옛날 옛적에도 순례였을까. 아라비아 사막에서도, 티베트의 거친 벼랑길에서도 신들과 함께 걸었던 이들에게 평화, 산티아고 데 콤포스텔라로 향했던 페레그리노(Peregrino), 내가 아는 모든 이름을 닦는다. 하늘이 그 이름들 사이에 스며들 수 있도록 맑고 밝게 닦는다. 내가 길을 닦고 길이 나를 닦는 일이 순례인 것을······. 너무 늦었다 싶은 인사를 건넨다.

황금을 만드는 연금술은 세상에 없다. 길을 찾아가는 것이야말로 연금술이다. 숲을 지나오면 생각이 하나로 가지런해지고, 마음은 너그럽게 사출된다. 산을 오르고 내리면서 내 뒤를 따라오는 사람들이 소중하다. 그 말을 못 하고 사는 사람이 외로운 것이다. 둘레길이 다 끝나기 전에 그 말을 해야겠다. 천 리 길을 걸어온 사람이 그 한마디 못 할까. 나도, 나도 단풍이 들 수 있을 것 같다. 그대의 단풍은 짙고

둘레길 103

나는 물빛이다. 잘 익은 하늘이 쏟아지는 계절을 실컷 받아 놓고 그 속에 몸을 담근다. 거기 노란 꽃 배가 떠다닌다. 저 배는 달 맞으러 강릉 가는 배, 사람마다 연금술을 펼친다. 솜씨 좋은 눈빛들이다. 단풍은 빛인 것을, 그렇게 서로가 소중해지면 비록 장대 끝에서 다리 쉼을 하더라도 날개 두 쌍으로 황홀한 균형을 이루는 잠자리가 되는 것이다. 그렇게 한 수저씩 너그러워지는 맛을 낸다. 잊지 않기로 한다. 돛대도 삿대도 없이 가는 사람들, 사람을 위해 탑이 되었던 사람들, 누군가의 디딤돌이 되는 사람들, 너른 등을 가진 사람들, 그들이 모두 반짝이는 연금술이다.

쉬었으니까 가야지. 길이 시작하는 데라서 힘들었던 거야. 옛날 버드나무가 많이 자랐다고 해서 버디재가 됐다. 버디재는 경사가 졌다. 아직 채 풀리지 않은 다리로 오르는 터라 제법 팍팍했다. 심장도 놀라서 다그치지 않았을까. 이른 시간부터 무슨 일인가 싶었을 것이다. 사실은 버디재를 버티재로 잘못 알고 은근히 걱정했었다. '버텨야' 오를 수 있다고 그러면 벌써 주눅이 든다. 높은 곳도 좋지만, 우리는 새로운 곳이 더 좋은데⋯⋯.

그래서 오래 걸어야 하는 길에서는 무엇보다 기세가 중요하다. 어떤 식으로든 우리한테 유리하게 풀이하고 받아들인다. 처음에 고생하고 나니까 차라리 편하더라고 휘파람을 부는 기개가 있어야 한다. '조그만' 늘 그 힘으로 눈에 보이는 데까지 가고 거기서 다시 '조금 더' 힘을 낸다. 그렇게 천 리를 간다. 세상의 모든 고갯마루는 내리막으로 자기를 완성한다. 내리막에서는 숨이 저절로 고르게 돌아온다. 밤이 찾아오지 않는 낮이 없듯이, 호흡이 되돌아오는 것을 맞이하며 수고했다는 말도 잊지 않는다. 잠시 고요한 시간도 생기고 남은 15km 산길이 멀어 보이지 않고 그만그만하다. 할 만하다는 생각이 들고, 이렇게 쭉 가기로 한다. 우리는 늘 '이렇게' 간다.

서당마을 안내소는 찾는 사람이 없어선지 문이 닫혀 있었다. 거기에서 지리산 마을 사진도 보고, 라면도 먹고, 맥주도 마신다는데 안타깝게도 우리는 그 재미를 맛볼 수 없었다. 나그네는 무엇도 탓하지 않는다.

저기, 저쪽으로! 내가 용케 알아들었던 말은 저수지 아래로 가지 말라는 소리였다. 어느 순간 길을 알려 주는 벅수를 놓치고 화살표를 찾으러 뛰어다니며 길을 찾고 있었다. 안 보이는데? 식구들에게 벅수가 없다며 손을 저을 때 미안한 생각이 든다. 미안해서 방금 내려왔던 골목을 다시 뛰어 올라가는데, 바가지를 들고 옥상에 섰던 할머니 한 분이 손으로 위쪽을 가리키신다. 차림새를 보고 둘레길을 찾는 줄 아셨던지, "저쪽으로!" 그 한마디도 고마운데 '아래'가 아니라고 힘을 주어 말씀하신다. 할머니는 어느 시절의 나그네였을까. 할머니의 가장 눈부셨던 날은 어느 장면이었을까. 고맙다는 인사를 연거푸 드렸다.

"건강하세요, 할머니!"

어린 강이도 할머니가 고마웠던가 보다. 인사가 씩씩했다.

우계 저수지도 파랗고 하늘도 파래서 사진을 찍었다. 저수지를 지나 한 뼘쯤 오르막을 올라 내려다본 풍경에는 가을 한낮이 오도카니 앉아 있었다. 사진 속 계절이 정이 간다. 꼬부랑 밭이며 논이 시야에서 사라질 때까지 돌아보았다. 서당마을, 우계 저수지를 지나면 산골 마을이 나타난다. 산길을 걷다가 차도로 나와서 높다란 커브를 돌면서 한참 오르다 보면 정자가 하나 나온다. 강이야, 여기까지 오느라고 고생했다. 다들 강이에게 격려를 담은 시선을 보낸다. 엄마는 강이 옆에 껌딱지처럼 붙어서 아이의 땀을 닦아 준다. 마을 회관 옆 담장에 그려진 벽화를 챙겨 볼 여유도 없었다. 아이들이 지치기 시작했다. 10km 남은 길에 고개가 두 개나 있었다. 그 고개 두 개가 그렇게 힘든 줄 알았더라면 계속 걸었을까. 하나씩 간식을 먹고 힘을 냈다. 마실 것은 충분히, 충분해야 한다. 정자가 있어서 다행이었다. 우리 좀 자다가 가자, 애들아.

평화를
빕니다

**2023년 10월 2일,
둘레길 12코스**

  길다. 글만큼 길도 길었다. 신촌마을에서 얼마나 올라왔을까. 날은 더없이 푸르렀고, 길은 끝나지 않을 영화 같았다. 신촌재, 그 고갯마루에 피는 구절초와 노란 감국은 여전히 보기 좋은지 언제나 가을이 오면 궁금할 것이다. 알량한 걸음걸음으로 거기를 넘던 네 사람을 혹시 기억하겠냐고 손을 잡아 보고 싶을 것이다.
  신촌재를 오르는 내내 고생했다. 길가에 배낭을 내려놓고 그것을 베고 누웠더니 좀 살 것 같았다. 자리만 생기면 어디든 눕는다. 편안하구나. 한 올 한 올 바람이 불었다. 눈을 감고 눈꺼풀 위로 스치는 바람 끝을 알아챈다. 이마와 머리카락을 만지는 그 손길에 나를 맡기고 3분, 숨소리도 차분해진다. 금방 식어 버릴 것들, 사라질 것들을 생각했다. 바람이 하는 일이 그거였다. 내가 바람을 찾아다니는 까닭을 조금은 알 것 같았다.
  지혜가 삶을 이끌도록, 조물주가 건네는 물로 목을 축이고 이렇게 걷다가 석양빛에 물들었으면……

  드디어 내리막이다 싶었는데 그게 아니다. 골짜기 깊은 곳에 집들이 있었다. 오르고 내리기를 반복하고도 길이 계속 이어졌다. 이쯤에서 점심을 먹어야 하는데, 마땅한 자리가 없다. 흐르는 물에 발을 담그고 밥을 먹으면 좋았을 텐데, 그러지 못했다. 대신 길에서 살짝 벗어난 곳에다 자리를 마련할 수 있었다. 아내와 아이들이 한참 힘들어하며 바로 따라왔다. 아침에 먹었던 김밥을 차려 놓고 아주머니께서 챙겨 주신 김치도 꺼내 놓았다. 산속에서 김치 냄새가 맛있게 난다. 마음씨 좋은 분이 잡채며 어묵을 따로 또 싸 주셔서 배고픈 참에 다들 잘 먹었다.

그렇게 밥을 먹고 망중한을 누리는 여유. 우리 부부는 흘러간 노래를 들으면서 아이들은 유튜브를 보면서 그저 쉬었다. 음악을 듣고 있으면 서재에 있는 책들을 순서대로 간종그리는 느낌이 좋다. 바람 빠진 풍선이 다시 공중에 떠오르는 것 같았다. 몸속에 청량감을 가득 채우고 일어섰다.

얼마나 되겠어? 여기만 넘으면 금방일 것 같은데……. 시간하고 거리, 밖에 나오면 잘 챙겨야 하는 것이 그 두 가지다. 늘 오늘은 어디까지 가기로 하고 길을 나서지만, 사실 목적지가 따로 있는 것은 아니다. 더 갈 수 없을 때를 항상 생각한다. 그래서 숲에서는 정신을 바짝 차리고 조심해서 걷도록 주의를 준다. 천천히, 깊은 숲길은 될수록 서두르지 않고 걷는다. 거기서 멈추면 택시를 부를 수도 없고, 그야말로 난처해지는 거니까. 문제는 시간이다. 산에서 밤을 맞아 본 사람들은 칠흑같이 어둡다는 말이 어떤 상태인지 알 것이다. 눈앞에 펼친 내 손가락이 보이지 않을 정도로 깜깜해지면 불빛 없이는 한 발짝도 걷지 못한다. 해가 지기 한 시간 전, 거기가 목적지가 되는 것이다. 시간과 거리, 산에서는 그렇게 잘 챙기는 것을 과연 나는 삶이란 무대에서 어떻게 그것들을 챙기고 살았을까.

주변으로 높은 고개들이 몇 개나 이어진다. 구재봉으로, 분지봉으로, 우리는 먹점 마을로 내려간다. 강이하고 엄마가 드디어 내리막이라고 좋아했다. 옆에서 좋아하면 덩달아 기분이 좋아지는 것이 동행이다. 나도 힘을 빼고 걸었다. 산이는 꾸준히 마이 웨이다. 힘들다는 말도, 심심하다는 말도, 아직이냐는 말도 없다. 무슨 생각을 할까. 오늘 저녁은 산이가 좋아하는 거 먹자. 겨우 먹을 것으로 아이들한테 고마움을 전한다. 그나저나 올라온 만큼 내려가는 길도 한참 걸리겠다.

스무 살은 시가 쓰고 싶은 나이, 새벽까지 편지를 쓰고 불빛 아래 오래 머물고 싶은 시절. 내 스무 살은 오래전에 지났고, 산이와 강이는 스무 살이 되어 간다. 무엇을 도울까. 어떤 것을 마련해 놓고 그때를 맞이할까. 김광석 노래를 부르면서 길을 내려오다가 김정호의 〈하얀 나비〉를 흥얼거린다. 본 적도 없고 알지도 못하는 김정호를 추억하는 내가 나는 좋다. 때맞춰 나비 한 쌍이 앞에서 팔랑거린다. 나비를 알아본다. 걸음을 멈추고 나비의 날갯짓을 물끄러미 바라본다. 작은 것들끼리 사이좋구나.

때가 되면 다시 필 걸. 서러워 말아요.

고개를 한동안 내려오다가 인가를 처음 만난 곳에서 섬진강이 보였다. 섬진강은 어디에서든 알아볼 수 있다. 같은 산이라고 해도 중국의 산이 다르고 일본의 산과 한국의 산이 다르다고 한다. 나한테는 강원도에 있는 산하고 전라도에 있는 산이 다르게 보인다. 물도 그런 것이 있다. 섬진강은 섬진강처럼 흐르고, 금강은 금강처럼 흐른다. 서로가 알아보는 순간부터는 시간이 시처럼 흘러간다. 아이들 사진을 하나씩 찍었다. 지금은 스무 살이 되기를 기다리는 시간, 너희의 스무 살을 위하여.

그렇게 산을 내려갈 줄 알았다. 그 길로 쭉 내려가면 하동, 평사리 들판을 마주할 줄 알았다. 그러다가 느닷없이 오르막을 가리키는 빨간 화살표를 보고서 아연실색! 놀란 강이를 달래면서 후다닥 휴대폰을 검색했다. 먹점재라는 고개 하나가 더 있는데…… 5km는 더 가야 대축 마을이 나오는데……. 곧장 내려가더라도 걸어야 하는 거리는 얼추 비슷했다. 고개 하나가 문제였다. 잠깐 쉬자. 마음이 복잡할 때는 우선 잘 쉬기로 한다. 마침 길가에 정자 하나가 있었다. 그때 우리는 서로 의지했던 것 같다. 네가 가면 나도 가고, 내가 가면 너도 가겠다는 표정이었다. 조금 상기된 것도 같고, 조금 체념한 것도 같았다. 우리 잘 걸어왔다. 해피 투게더! 다시 일어나 걸었다. 먹을 것도 다 먹고, 더 가벼워질 것이 없었는데 더 가벼워졌다. 무엇인가 마음을 먹으면 홀가분해지는 법! 길을 따라가기로 했다. '여기서부터'가 진짜였네? 산이의 첫 일성이 믿음직스럽고 남자다웠다.

엄마는 그 와중에 밤을 줍겠다고 그랬다냐! 아이를 위로한답시고 아내를 팔았다. 강이는 정말이지, 젖 먹던 힘까지 짜내며 걸었던 것은 아니었을까. 집에 돌아오자마자 쓰러진 딸아이는 다음날도 그다음 날도 아팠다. 몸살이 났다. 학교에도 가지 못하고 코를 훌쩍거렸다.

"나는 힘들어서 빨리 갈 생각밖에 없는데, 엄마는 밤 줍는다고 그러는 거야."

무척 힘들었던가 보다. 길에서도 따지더니 밥 먹으면서도 따지고 하루 아프고 난 뒤에도 따진다. 그 밤을 아내가 어제도 쪄냈다. 나 같이 속이 불편한 사람에게 밤이 좋다며 커다란 접시에 담아 놓는다. 이쯤 되면 누구 편도 들지 못한다. 나도 그만 줍기를 바랐는데, 결국 밤은 내가 먹는다. 삶이 제멋대로인 것 같아도 멈추지 않고 굴러가는 것은, 이렇듯 다른 사람을 생각하는 마음 때문일 것이다.

길가에 돌무더기, 돌탑 앞에서는 소원을 생각한다. 돌 하나씩 올려놓고 지나갔던 사람들의 소원은 무엇이었을까. 어쩌다 절에 가면 기왓장에 써 놓은 소원들을 천천히 읽어 본다. 몇 해 전 노란 씀바귀꽃이 피어날 무렵, 고창에 있는 자그마한 절에서 나도 소원을 적어 봤다. 뭐라고 적을지 몰라 한마디를 써 놓고 합장했다. '평화를 빕니다.' 이름이라도 적지 그러냐며 스님께서 펜을 다시 건네는데, 망설이다 괜찮다고 사양했다. 이름 하나 없다고 소원이 닿지 않을까. 꽃이 피는 곳에서 사람들이 부처님께 소원을 빌었다. 여전히 나는 평화를 빈다. 어디서나 '그대의' 평화를 빈다.

대축 마을에는 감나무가 풍년이었다. 이런저런 상념에 고개 하나를 어느새 넘어온 것이다. 무릎 아픈 것도 까무룩 잊었다. 주위는 고요했고, 악양의 황금벌판이 나뭇가지 사이로 언뜻 보이기 시작했다. 산을 내려갈수록 들판은 넓어졌다. 평사리에 어머니도, 장모님도 이제 다시 오지 못한다. 저기 들판 가운데 부부 소나무가 있는 데까지 욕심껏 걸었던 두 분 어머님이 지금은 한껏 고적한 가을을 보내고 계신다. 추억은 새로워지지 않고 거름이 된다. 원자도 되고 분자도 되어 사라지지 않는다.

12코스가 다 끝나가는 곳에 근사한 소나무 한 그루가 있다. 축지리였고, 600년 된 소나무가 그 주인공이다. 문암송(文巖松)이라는 이름처럼 바위와 소나무가 한 몸을 이룬 모습이다. 여기서 소원을 빌어 보라는 듯 소나무의 품이 넓었다. 문필봉의 기상이 여기에도 서렸다는 것이다. '오늘 길을 잘 걸었습니다. 그것으로 충분합니다. 고맙습니다.' 이번에는 소원 대신 인사를 전했다. 그것도 길게 전했다.

　도로에 나왔다. 정말 수고 많았다, 애들아. 섬진강을 건너 광양에 가서 저녁을 먹었다. 음식은 푸짐한데, 너무 피곤한 탓에 맛을 제대로 느끼지 못하고 아이들은 그마저도 다 먹지 못했다. 둘레길도 절정에 다다르고 있다. 모든 것이 한 편의 이야기 같다. 우리는 그 이야기를 함께 쓰고 있다. 짙게 어둠이 깔린 도로를 그 마음 하나로 밝히며 달렸다. 감사합니다. 감사합니다.

길은 종교 같고
종교는 길 같아서

2023년 12월 9일,
둘레길 11코스

    그 이야기를 전해 들으면서 모습 한 가지가 떠올랐다. 빨간색 가방을 메고 노란색 신발주머니를 왼손에 든 초등학교 1학년 강이다. 친구가 꺼내 보인 것이 무엇이었을까? 마음을 온통 거기 빼앗긴 채 내가 옆에 온 것도 모르고 있던 아이가 생각났다. 그랬던 아이가 벌써 중학교에 다닌다. 담임 선생님께서 그러더란다. 같은 반에 몸이 불편한 친구가 있는데, 그 친구가 강이를 많이 좋아한다고, 그 친구 작업을 도와주다가 정작 자기 것은 완성하지 못하고 수업이 끝날 때가 있다고. 그러면 쉬는 시간에 그것을 다 만들어 제출한다는 것이다. 산이와 강이를 생각하면 고마운 것들, 감사한 것들이 많다. 그 마음을 기억하기 위해 아이들 일기를 쓰고 있다. 엊그제 쓴 일기의 첫 대목이다.

    날이 밝으면 우리는 지리산에 간다. 하동호에서 삼화실까지 10km 조금 안되는 둘레길을 거닐러 간다. 너희와 걷는 것이 내가 보여 줄 수 있는 전부구나. 생각해 보면 지난 몇 년 동안 씩씩하게 걸었다. 좋은 트레킹화를 신고 다닌 것도 아니고 비싼 펜션에서 머문 적도 없이 무작정 걸었구나. 고속도로 휴게소에서 사 먹는 소떡소떡 하나면 세상없이 즐거워하는 너희는 엄마와 아빠한테 가슴 뭉클한 존재들이다. 10월에 20km가 넘는 산길을 넘고 건너느라 그렇게 고생했는데

또 가느냐고 묻지도 않고, 오늘 기말 시험 끝났는데 어떻게 그다음 날 산에 가느냐고 따지지도 않는 너희를 무엇이라고 부르면 좋을까.

행복이 옆에 서서 우리를 지켜보는 줄도 모르고 행복하던 날들이었다. 아내도 아이들과 함께 다니는 지금이 우리 인생의 '절정'이라는 내 말에 한 발짝 가까이 선다. 나중에는 맨날 이렇게 다닌 이야기를 할 거라면서, 걷기로 한 것은 정말이지 잘한 선택이었던 것 같단다. 아프다고 병원에나 다니고 누워만 있었다면, 애들한테 아무것도 해 준 것도 없이 달랑 세월만 갔을 것을 생각하면 끔찍하단다. 그래, 맞다. 힘들지 않은 길이 없었지만 행복하지 않은 순간도 없었다. 모든 순간이 단팥빵 같고, 딸기케이크 같고, 솜사탕 같았다. 순례길 같았으며, 소풍 같았고, 갖고 싶은 것들을 촘촘하게 배열해 놓고 고객을 맞이하는 쇼핑몰 같았다. 음악이었으며, 드라마였고, 친구 같았다. 손꼽아 기다렸다 마침내 나가는 데이트였다. 한 편의 연애 소설이었다고 해도 웃으면서 끄덕일 것이다. 그 시선으로만 볼 수 있었던 순간들이 반짝이던 그림책, '지금'으로 황금을 척척 만들어 내는 연금술사의 비밀을 어디에 적어 둘까.

새벽에 지도를 펼쳐 놓고 얼마 남지 않은 둘레길을 손가락으로 따라간다. 붉은 선이 초록 선과 파란 선들과 겹쳤다가 지나고 그렇게 타원을 그린다. 그 작은 발로 이 먼 거리를 오르고 내리는 동안에 너희는 늘 올망졸망했었다. 서두르고 싶지 않은 길도 있구나. 고맙다는 말이 기도인 것을 알겠다. 더 바랄 것이 없어서 여기에서 멈춰도 좋다는 마음이 드는 것은 무슨 까닭일까. 하나도 피곤하지 않다. 설렌다고 그러면 믿지 않겠지? 시간이 지날수록 더욱 향기로워지는 것들을 하나씩 찾아오기로 하고 우리 30년쯤 지나서 만나는 약속은 어떨까. 오늘은 운 좋게 따뜻한 12월 어느 날이다. 이렇게 좋은 날에 또 언제 갈지 모르는 길을 찾아가는데 어째서 두근거리지 않겠냐.

가장 늦은 출발이었다. 9시가 넘었는데도 마음이 바쁘지도 않았다. 9.4km 짜리 11코스, 하동호에서 삼화실, 난이도 하. 예상 소요 시간 4시간은 전혀 부담스럽지 않다. 난이도에 비해 시간이 더 걸리는 것 아니냐고 아내도 거든다. 이제 거리와 시간을 잴 줄 아는 사람이 된 것이다. 뭔가 있겠지. 가끔씩 시간이 남으면 가까운 곰개 나루를 찾아가 금강을 배경으로 해가 지는 풍경을 걷는다. 거기는 코스모스가 피었을 때 제격이고, 강경 옥녀봉은 벚꽃이 필 때가 좋다. 아이들과 많이 걸어 다녔다. 사방이 추억이 열리는 마당이다. 곳곳에 우리가 걸었던 풍경들이 자란다. 저 나무들은 바람이 불어도 세월이 가도 쓰러지지 않을 것 같아서 든든하다. 이러다가 영 부자가 되고 마는 것은 아닐지······.

이제까지 익산-장수 고속도로를 달리다 대전-통영 고속도로를 올라탔었는데, 이제부터 다른 길을 달린다. 앞으로 우리는 둘레길이 끝나는 날까지 전주-순천을 달릴 것이다. 그렇게 하동에 왔다. 그렇게 다시 삼화실 주차장 앞에 도착했다. 지금까지와는 다른 패턴으로 걸어보고 싶었다. 여기에 주차하고 택시를 불러 거꾸로 출발점으로 이동했다. 하동호수, 지난해 여름에 정말 힘들게 도착했던 곳에서 우리는 깜짝 놀랐다. 벌써 다 잊었다니. 우리 며칠이나 앓았잖아. 그 힘들었던 것을 까맣게 잊고 오랜만이라며 반가워했다.

바보 같은, 아니, 유약한 사람들이라고 쓴다. 그게 내 약점인 줄 알았다. 그것이 걸림돌이라고 여기고 살았었는데, 유약해서 지나올 수 있었던 것들이 보이기 시작했다. 함부로 막 하지 못했던 것들 다시 들춰 보고, 다시 놓아 주면서 지냈던 시간들이 결국 내게 남았다는 것은 얼마나 다행이냐. 그것이 정(情)인 것을 안다. 맑음과 흐림 사이에서도 계속 호흡하고 있었던 내 유약함이여, 너도 어른이 됐구나. 여기가 다 반가울 줄이야? 우리 유약한 동지들이 파이팅을 외치고 출발한다. 하동을 걷는다.

2023년 12월에도 우리는 꿈을 꾼다. 꿈같았다고 말할 수 있는 삶을 소망한다. 꿈속에서 만난 사람들은 한껏 유약해서 좋다. 시험을 못 봤다며 의기소침하던 산이한테 할 말을 찾았다.

"산이야, 엄마하고 아빠는 너를 좋아해."

"저도 그럽니다."

산이는 기운이 나지 않는 모습이었다. 아이의 그런 모습을 보면 부모도 속이 상한다. 어떻게 길을 걸으면 좋을까. 너를 좋아한다는 말을 둘레길 하동에서 삼화실 가는 길에 심었다. 잘 자라거라. 부디 그러거라.

둘레길에 오지 않았더라면 그래서 시원한 청암면 들판에서 맞았던 바람 없이 하루를 보냈더라면 아이가 혼자서 답답했을 것이다. 어두웠던 아이 표정이 추수를 마치고 비어 있는 들녘과 차가운 개울을 건너는 동안에 점차 편안해졌다. 징검다리도 폴짝폴짝 뛰어넘고 하늘이 넓다고 두 팔을 벌리면서 걷는다. 대숲에 이는 바람은 어찌나 크고 우람찬지, 다들 귀신 나올 것 같다고 바짝 붙어 걸었다.

채 10km가 되지 않는 길이었지만 산이 있었고, 산으로 오르는 고개를 올랐고, 가쁜 숨을 쉬었으며, 그 사이사이에 편안함도 성취감도 다 있었다. 길가에서 봤던 마당 너른 집은 어찌나 아기자기하게 잘 가꾸었던지, 샘이 날 정도였다. 거기 고양이들도 한껏 시골 정서에 길들어서 친근했다. 한 시간쯤 더 걸어도 좋을 것 같은데, 벌써 저기 우리 차가 보였다. 삼화실에 또 왔다. 지난번에 들렀다가 너무 피곤해서 제대로 맛을 못 봤던 식당에 가서 저녁을 먹었다. 산이는 간장게장에 밥 두 그릇을 마파람에 게 눈 감추듯 해치웠다. 잘 먹으니까 좋다. 우리 별 보면서 오늘은 느리게 지내자. 저녁을 먹고 어두워진 하동 읍내에서 성당을 찾아갔다. 하동 성당에서 토요일 저녁 미사에 참석했다. 오늘은 경계를 잘 지켜 흐트러지지 않았던 날 같다. 조금만 한쪽으로 기울었다면 화나고 싫고 억울했을 것이, 편안했으며 다행스러웠고 감사한 마음으로 지나갔다. 길은 종교 같고 종교는 길 같다. 사람이 거기를 다니고 있다. 하동 성당을 밝히는 불빛이 하도 정다워서 망설임도 없이 고해소에 들어가 무릎 꿇었다. 아이들도 어제 길을 그렇게 걷고 성당에서 미사 참례를 한 것이 좋았다고 한다. 미사를 마치고 늦게까지 문을 연 카페에 가서 거기 문을 닫을 때까지 한가롭게 놀았다. 모처럼 아이들의 수다를 실컷 들을 수 있었던 밤이었다.

길이 키웠네,
길에서 자랐네

**2023년 12월 31일,
둘레길 13코스**

'수고하는 자의 위로며 굶주린 이들 양식, 내 근심을 주께 맡겨 영원히 주 안에 살리라.'

지난주에는 제주, 조촌 성당에서 성탄 미사를 보면서 이 성가를 불렀는데 같은 성가다. 이번에는 산이도 엄마 옆에서 미사를 드리고, 강이는 의젓하게 종을 울리고 있다. 곳곳에 있는 성당을 찾아다니며 기록하고 싶은 생각이 내 안에 터를 잡고 있다. 길을 걷는 사람은 가난하고 가벼워야 하는데, 점점 하고 싶은 것들이 늘어나는 것이 엉터리 같아서 서늘한 웃음이 난다. 여전히 미생이전(未生以前)을 그리워하는 까닭이 거기 있다. 그럴 수 있기를 바라는 마음들이 웃자라고, 엉덩이까지 치렁치렁하다. 제 손으로 깎지도 못하고 버거운 것을 신앙처럼 여기며 아까워하고 자랑삼는다. 여봐란듯이 내비친다. 사람들이 신앙심이라고 부르는 것들을 경계한다. 세(勢)를 이루는 것들은 그것이 마른 낙엽이라도 무겁다. 그물에도 걸리지 않는 바람처럼, 모처럼 기도가 기도 같다.

그야말로 마지막 날, 12월 31일이었다. 고백하기도 좋고, 회개하기도 좋은 날이다. 똑같은 스물네 시간이지만 몇 배나 많은 것들을 생각하게 하는 하루였다. 수술받은 지도 8년이 지났다. 그때 이후로 마음먹은 것이 하나 있다. 자격증 따려고 기웃거리지 않기. 내 시간을 거기에 쓰지 않기로 했다. 아마 지난 8년 동안에도 자격증은 더 늘어났을 것이다. 대신 책을 읽었다. 글을 쓰고 길을 걸었다. 사람들과 다른 쪽으로 걷기 시작했다. 필수라는 떠드는 광고는 거들떠보지 않았다. 사람들을 만나는 대신 아이들 밥을 챙겼다. 설거지도 하고, 쌀도 씻었다. 자격증이 나쁘다는 것이 아니라, 내게 더 중요한 것들이 보였다는 뜻이다. 잘 살기를 바라기보다 잘 죽기를 선택했다. 수술대에 누워서 그 생각이 들었다. 다음에 헤어질 때는 잘 헤어져야겠다고. 그렇게 배우기를 멈췄더니 깨닫는 것들이 많아졌다. 길은 이기적이지 않다. 길 위에 성당이 있어서 얼마나 다행인지 모른다. 일주문을 지나 절 마당에 들어설 때도 안도가 된다. 불이(不二)가 무엇인지 모르면서도 어쩐지 알 것 같은 이 느낌은, 마치 모래시계를 뒤집어 놓고 모래가 쌓여가는 것을 관찰하던 아이의 시선을 닮았다. 새롭고, 재미있고, 부드러운 시간이 그리웠다.

미국 코미디 영화 〈Frank vs. God〉에 나왔던 장면 하나가 사람들에게 울림을 준다. 내가 하고 싶었던 말, 걷고 싶었던 길이 거기에 있었다.

'하느님께 힘을 달라고 기도했더니 어려움을 주셨고, 지혜를 구했더니 문제를 주셨다. 용기를 달라고 하면 위험을 주셨고 사랑을 달라는 기도에는 곤경에 처한 사람들을 내게 주셨다.'

강이가 옆에 와서 묻는다. 아빠는 왜 걷냐고. '작아서' 그래. 내 말이 안 들렸는지 아니면 모르겠는지 또 묻는다. 아빠, 왜 걸어? 이렇게 걷고 있으면 로또도 생각나지 않고, 술 생각도 안 나고, 그냥 행복한 것 같아서…….

이번에는 내가 담박하다는 말을 아는지 물었다. 담백한 맛은 뭐지? 짜지도 맵지도 않고 심심한 맛! 너는 심심한 것이 어떤 것인지 알아? 재미없는 거! 그럼, 우리는 지금 심심한 거야, 재미있는 거야? 둘 다 아니란다. 둘 다 아닌 것에 둘 다 숨어 있는 모습을 언젠가 보게 될 거야. 그때는 심심해서 좋고 재미있어서 좋을 거야.

담박명지(淡泊明志), 담박해야 뜻을 밝힐 수 있다. 물을 한 모금 마셨다. 너도 마셔라, 아이야. 바람이 부는 산골짜기에서 물을 따라 마시는 너에게 나는 장난이 심했구나. 이해해라, 내가 설익은 사람이라 그런다. 그 물맛이 어땠냐고 묻는다면 뭐라고 하면 좋을까. 나는 감히 '물을 담아낼 수 있는 맛'을 담박하다고 말한다. 투명하고 맑은 것은 이래. 맛이 없으면서도 있고, 있으면서도 없어. 딴생각이 나지 않고 하늘하고 땅만 보고 가는 것이 나를 담박하게 돕는 것 같거든.

'비담박무이명지(非澹泊無以明志), 비영정무이치원(非寧靜無以致遠)'

담박하지 않으면 뜻을 밝힐 수 없고, 고요하지 않으면 멀리 다다를 수 없다. 제갈량이 아들 첨을 깨우치기 위해 지었다는 문장을 산이, 강이에게 들려주는 이 인연에 고개 숙인다. 오늘 이 길에서 너희를 만나 제갈량의 말을 전하는 나는 우주 만물이 서로 당기는 힘을 실감한다. 내가 원한다고 이 순간이 이루어졌겠는가. 셀 수 없이 많은 우연이 부싯돌처럼 반짝이며 불꽃을 일으키는 지금이 잘 타오르는 것 외에 바랄 것이 있을까. 담박하지 못하면 자신이 뜻하는 바를 분명히 알 수 없고, 몸과 마음이 고요하지 못하면 원대한 꿈을 실현할 수 없다. 담박하다는 것은 무엇이냐. 나는 거푸 물을 마셨다. 이 길을 걷고 나면 거기에 가까워질까. 지난가을에 우리는 서당 마을을 지났었다. 여기를 지나 저쪽 위에 난 길을 따라 악양으로 넘어갔던 날, 그날에도 담박했었다. 우리가 여기에 다시 선 것은 그때 물든 담박함 때문은 아닐까. 우리는 그렇게 한 방울씩 그 물을 모으고 있는 사람들 아닐까. 우리도 모르는 사이에 다른 삶을 살고 있는 것은 아닐까. 그러니까 바람 부는 12월 31일에 구름 낀 골짜기를 팔을 흔들며 지나가는 거겠지.

　적량(赤良)은 무슨 뜻일까. 하동군 적량면 우계리에서 하동읍까지 7km, 2시간 산책이다. 물론 시간은 별 의미가 없다. 우리는 강이의 속도로 걷는다. 친구들이 그런 데를 왜 따라가냐며, 말도 안 된다는 것에 대꾸하기 어려웠다는 강이. 영화 보기로 했던 것도 다음으로 미뤘다는 아이에게 걸음을 맞춘다. 우리가 그 이야기를 했던 지점은 어디였을까. 아, 그것은 누워서였구나. 그날 일정을 다 마치고 순천에 가서 해 뜨는 것을 기다리던 밤에 넷이 누워서 그랬었구나.
　'길이 키웠네. 그러고 보니까 길에서 자랐네.'
　12월 31일에 짧게 따로난 둘레길 13코스를 걷고, 다음날 해 뜨는 것을 순천에서 보고 1월 1일에 대축에서 원부춘 14코스를 걷기로 한 계획이었다. 그러고 나면 7개 코스가 남는다. 내년 한 해 부지런히 시간을 들여 둘레길 7개 코스를 걷게 되면 5년 동안 걸었던 길이 완성되는 것이다. 5년이면 초등학생이 고등학생이 되는 세월이다. 지리산을 걸으면서 숨이 차오를 때가 얼마나 많았던가. 발바닥이 아프다고 주저앉고, 발이 아프다고 멈추고, 무릎이 아프다고 약을 바르고⋯⋯. 해가 지는 데에서, 이슬이 아직 마르지 않은 곳에서, 감나무 숲에서, 밤나무 밭에서, 가을 속에서, 여름 한가운데서 잘 자랐다. 우리 아이들은 길이 키워 줬다. 네 사람 모두 그렇다고, 정말 그런 것 같다고 웃는다. 지리산이 놀이터였네!

서당 0.8km, 하동읍 6.2km라고 화살표가 나왔다. 반듯하게 길가에 서서 양손을 펼치고 있는 자세가 믿음직스러웠다. 율곡 마을이었구나. 장승이 서 있는 집을 지나서 벽에 그림지도가 그려져 있는 데까지 금방이었다. 동네 뒷산 구재봉이 그려져 있고, 그 뒤로 천왕봉도 있다. 우리는 바람재를 따라 걸어야 한다. 바람재 윗길은 돌땡이라고 쓰여 있고 바람재 아래는 밤봉, 그 아래는 율곡지라는 연못이 있는가 보다. 바람재를 다 오른 지점에 구재봉 등산로 안내판이 있었다. 거기서 길이 갈렸다. 우리는 반대편이다. 물 좀 마시고 숨도 고르자. 이제 좀 살겠다는 저 표정들을 봐라. 피식 웃음이 났다.

13코스는 바람재를 넘어서부터 하동 중앙중학교가 왼편에 보이는 데까지 그 길목이 볼만하다. 바람도 다르게 분다. 아주 오래된 비석을 하나 길가에서 만났다. 글자도 지워지고 옆면을 읽다가 눈에 들어온 두 글자, 대정(大正) 3년. 그렇다면 일제 강점기다. 이 무덤은 얼마나 됐을까? 1912년이 대정(大正) 1년이다. 그러니까 1915년에 생긴 무덤을 보고 있는 거야. 백 년이 넘은 것이지. 지리산을 걷다 보면 이렇게 오래된 비석들이 있다. 더 이상 찾는 사람도 없이 이끼가 끼고 풍화되어 자연으로 돌아가는 사연들이 있다.

어디에서 보든 마음에 드는 강, 섬진강. 섬진강이 흐른다. 멀리서 가까이에서 하동에 오니까 그것이 좋다. 강이 늘 옆에 있다. 산길을 따라 왼편과 오른편 양쪽으로 강이 흐르는 곳은 아마 하동에서도 거기

밖에 없을 것이다. 하동읍으로 내려가는 걸음에 아쉬움이 묻어났다.

택시 기사님 이야기를 해야 한다. 처음은 우연, 두 번째 만남은 노력이고, 세 번째는 인연이다. 지난번에 삼화실에서 하동호까지 우리를 태워 줬던 기사님에게 연락을 했다. 사탕을 두 개씩 주는 친절한 기사님, 그분 목소리가 듣고 싶었다. 아, 어떻게 연말인데 오셨냐며, 금방 우리를 데리러 오셨다. 하동읍 우체국 앞에서 차를 타고 다시 서당마을 주차장으로 돌아왔다. 내일 또 부탁드리겠다며 인사했다. 기사님께서 알려 주신 대로 하동에서 봐야 할 소나무 다섯, 그중에 하나 '송림'을 보러 갔다. 내일은 악양의 '부부송'이다.

영정치원(寧靜致遠), 고요해야 멀리 이를 수 있다. 읽을수록 담백한 제갈량의 말로 끝을 맺는 게 좋을 것 같다. 우리는 멀리 왔던가. 그먼 곳은 어디를 말하는 것일까. 다른 날보다 적게 걸었다. 그러나 다른 날보다 잘 걸었다. 우리는 공부를 하며 걸었다. 공부는 고요한 것들을 자기 안에 쌓아 가는 과정이다. 고요한 것은 소리가 사라진 것을 가리키는 말이 아니다. 눈이 쌓이는 소리, 세월이 흐르는 소리, 봄이 오는 소리, 아이가 자라는 소리. 모든 고요에는 소리가 있다. 소리로 된 고요, 그래서 투명하고 맑다. 맑은 것이 쌓이면 세상이 평온하다. 새싹은 그 위에서 자란다. 먼 곳은 고요가 지나는 어떤 곳이다. 진실로 고요한 지점에서 만나기로 하면 잊을 것도, 잊힐 것도 없이 무구정광할 것이다. 좋은 날, 12월 31일이었다. 해가 뉘엿뉘엿 지는 것이 아늑했다.

멀리 배를 타고 나가면
어디에 닿을까

**2024년 1월 1일,
둘레길 14코스**

하동 송림은 뜻밖이었다. 겨울 한때를 지나고 나서 알아보는 소나무의 푸르름이라더니, 12월 추위에도 아랑곳없이 의연하게 자리를 지키는 모습이 인상적이었다. 늘 푸른 나무인 줄은 알았어도 동장군 앞에서 눈썹 하나 까딱하지 않는 기백이 여간 아니었다. 푸르른 섬진강이 좌군으로 물샐틈없는 경계를 서고 있고, 여기 송림의 소나무들이 두툼한 갑옷을 두른 채 묵묵히 명령을 기다리고 있는 곳, 하동은 평화로울 것이다. 푸른 기운 속에서 하루 동안의 피곤함을 싹 잊어버렸다. 여유를 되찾은 표정들이다. 겨울 햇살이 길게 그림자를 늘어뜨리는 12월 31일 오후 3시 57분, 우리는 그곳에 있었다.

추운데 춥지 않고, 아픈데 아프지 않은 것이 아니라, 추위도 추운 줄 모르는 것, 아파도 아픈 줄 모르는 것이 아닐까. 소나무들도 그렇고 길에서 봤던 것들도 그 모습이었다. 사람들도 사실은 잘 몰라서, 모른 채로 살아가는 것은 아닌가 싶다. 알면 안 되는 것들이 우리가 사는 공간에 따로 감춰져 있는 것 같은 착각은 무엇일까. 잘 안다고 여겼던 것들은 정말 아는 것일까. 슬픔을 모르고 행복을 모르고 태어남과 죽음을 모르고-어쩌면 수박의 속은 본 적 없이 겉만 핥고 있는 그런- 삶을 살고 있다는 생각이 든 것이 단순히 우연일까.

순천에서 해돋이를 보고 다시 지리산으로 돌아왔다. 1월 1일 월요일, 매듭이 잘 지어진 단추가 자리에 쏙 들어맞는 듯하다. 맞갖지 않은 것이 하나도 없는 기분으로 일출을 기다렸다. 마음까지 환해지는 옷, 마음에 꼭 드는 사람, 하나의 순간에 열쇠처럼 들어맞는 시어(詩語)가 방금 별똥별처럼 흐른다. 산이는 11시 59분에 자리에서 일어나 카운트다운을 했다. 강이는 비닐봉지를 찾더니 거기 2023년도의 공기를 담았다며, 이 세상에 하나밖에 없는 공기를 살 사람 없냐며 사람을 웃겼다.

새해 아침, 해돋이를 보고 맛있는 떡국도 먹었다. 순천에는 갯벌을 보러 오고, 법정 스님의 불일암을 보러 오고, 칼국수를 먹으러 온다. 아내가 좋아하는 분께서 새해 아침을 차려 주셨다. 걷다가 먹으라고 근방에서 제일 맛있는 빵도 잔뜩 챙겨 주셨다.

오직 모를 뿐이라던 숭산 스님의 말씀이 어제는 바람처럼 불더니, 새해 아침에 따뜻한 마중과 배웅을 동시에 받으면서 그리고 다시 산으로 돌아오면서 삶이 좋다는 생각이 물씬거렸다. 태어나지 않은 것처럼 이 생을 살아 보라던 말씀도 아침 햇살에 영롱하게 비쳤다. 내일과 다음 생 가운데 어느 것이 먼저 찾아올지 아무도 모른다던 티베트 속담이 또르르 굴러내렸다. 그래, 모른다. 모를 뿐이다.

대축에서 원부춘까지, 둘레길 14코스는 선택할 수 있다. 8.5km를 걸을 수도 있고, 조금 넓게 돌아가는 10.2km짜리 길도 있다. 우리는 길이보다 난이도를 따진다. 언덕을 오르는 것보다는 돌아서 가더라도 평지를 선호한다. 14코스에서는 지금까지 걷던 것과 다르게 걸었다. 따로 순방향과 역방향이 있는 것은 아니지만 늘 벅수가 가리키던 방향, 시계 방향으로 걷던 것을 처음으로 그 반대로 걷기로 했다. 항상 빨간색 화살표를 따라 걸었는데, 여기서는 검은색 화살표를 보면서 걸었다. 14코스를 걷는 내내 우리의 선택이 얼마나 적절했는지 한 걸음 뗄 때마다 다들 혀를 내둘렀다. 이 길을 저쪽에서 올라왔다면 어쩔 뻔했냐고……

빨간 표시는 난이도 상, 반대로 걸으면 난이도 중이라고 둘레길 사이트에 잘 설명이 되어 있었다. 오늘 걷고 나면 내일 학교에 가야 하는 아이들도 생각해야 했다. 놀자고 걷는 일에 죽자고 덤비고 싶지 않았다. 미추(美醜)는 어쩌면 속도일지도 모른다. 내게 어울리는 속도로 다가오는 것들은 모두 인연이 된다. 속도를 이겨 내지 못하는 것들은 어지러울 수밖에 없다. 달팽이에게 개미의 속도를 달아 주면 찡그릴 것이다. 세상은 그것을 신비라고 부른다.

비스듬히 작은 샛길이 옆으로 난 곳에서 사진을 찍었다. 바닥에 이쪽으로 가라고 흰 페인트로 표시한 화살표가 없었다면 곧장 위로 올라갔을 것이다. 영락없이 저 위에서 길을 잃고, 시작부터 이게 뭐냐며 난감한 표정을 지었을 것이다. 이곳을 지나는 사람들을 생각하면서 누군가 화살표를 땅에 그려 놓은 것이다. 고마운 표시에 고마운 마음을 담았다. 사진에 찍은 화살표를 볼 때마다 나는 그쪽으로 걸을 것이다. 매번 그렇게 앞에 있어서 좋은 것들, 다행스러운 것들을 놓치지 않고 살아갈 수 있기를 소망한다.

그 길에 들어섰다. 조릿대가 사람을 반기며 한동안 이어지더니, 오르막이 나타났다. 활기를 불어넣어 주는 것처럼 듣기 좋았던 계곡물 소리도 점차 멀어졌다. 거대한 숲이 품어 내는 맑은 산소와 그만큼 고요했던 정적. 여태 걸어왔던 어느 길보다 행복하다고 느꼈던 순간이었다. 익숙해졌는지 다들 숨소리도 고르고 일정하다. 새해 첫날에 이렇게 좋은 데를 걷고 있다니! 머리로 생각할 수 있는 것들이 전부 긍정적이었다. 서로 그 순간을 사진으로 남기고 싶어 했다. 친한 친구들에게 메시지를 보내고, 나도 오랜만에 친구에게 새해 안부 전화를 걸었다. 여기는 지리산 둘레길, 경치가 멋져서 전화를 걸지 않을 수 없었다고 선수를 치니까, 부산 사는 친구가 여전하다며 반가워했다. 그 목소리에 칭찬과 격려, 부러움과 놀라움이 골고루 묻어 있었다. 내 삶에 안정감을 주는 것들을 하나씩 새로 정립해 가는 것 같아서 좋다고 했다. 암 수술을 받고 올해 8년 차에 든다며, 세월이 빠르다고 서로 넋두리였다. 잘 지내 줘서 고맙다는 말에 울컥 올라오는 것을 감추려고 서둘러 통화를 마쳤다. 길이 햇살을 받아 반짝인다. 이 길을 따라가는 한 길을 잃지 않을 것이다. 세상의 모든 선한 것들은 두려워하지 말고 나아갈 것을 당부한다. 그것이야말로 스승의 마음이며 부모의 마음이다. 그것이 하늘의 마음, 신성(神性)이다.

'아니 온 듯 다녀가소서.'

사람이 어떻게 두려운 것 없이 살 수 있냐고? 아내가 물었을 때, 내가 가리킨 것은 화장실 입구였다. 저 한마디가 없어서 그래, 우리한테……. 혼잣말이었다. 오래전 어디에서 들었던 말씀이었을까. 이 한 생 안 태어난 셈 치고 살라던 음성이 잔잔한 물결을 일으켰던 그날이 세월이 갈수록 내 안에 바다를 만든다. 그 바다 멀리 배를 타고 나가면 어디에 닿을까.

14코스는 이렇듯 마음에 드는, 마음에 두고 살아가고 싶은 말씀이 내내 발에 밟히는 여정이었다. 돌에 낀 이끼를 살살 다루게 되었고,

무심코 떼었던 발을 허공에서 급하게 방향을 바꿔 딛는다. 그렇게 질경이를 밟지 않으려고 한다. 무엇 하나도 함부로 할 것이 없다는 것을 깨닫는 시간. 우리 아이들은 '기껏' 백 년이란 말을 자주 들으면서 걸었다. 겨우 백 년 살면서 건방지게 굴어서는 안 된다고 우리끼리 다짐을 한다. 화장실도 미리미리 다녀오고, 휴지며 쓰레기는 그대로 챙겨서 돌아온다. 스스로 작아지고 소박해지는 일에 재미를 붙이면 강이처럼 '나무님' 그러면서 부를지도 모른다. 산이도 자기 이름이 편해졌다고 그런다. 산이 있고 강이 있었다고 써 놓으면 아마 대부분 그 산을 떠올리고 그 강을 생각할 것이다. 산이와 강이는 풍경에 잘 어울리는 이름이다. 그 이름으로 살아가는 세상에서 산이 되고 강이 되기를 기도한다.

그렇게 걸어야 알게 되는 것들이 있다. 내가 짊어 봐야 깨닫는 무게가 있듯이, 속에 담고 살면서 비로소 보이는 슬픔이며 기쁨, 그리운 것들이여, 안녕. 삶은 사리를 남긴다. 그 사리가 모여 세상을 잇는 수많은 길이 생긴 것은 아니었을까. 앞에 간 사람이 남긴 흔적을 따라 뒤에 오는 사람이 그 길을 걷는 모습은 겨울이 지난가을을 추억하는 몸짓 그대로다. 몸이 감각을 희구하고, 감각은 영혼을 깨우는 순환. 감각이 할 수 있는 최고의 몸짓에 영혼의 문이 열리고, 감각과 영혼이 서로를 알아보는 순간, 우리의 뮤즈는 그 첫 연주를 시작하는 것이 아닐까.

감각을 소중하게 모아서 한 점이 되어 보는 경험, 점 하나가 될 수 있었던 그 힘으로 저마다 나 여기 있다고 외치는 삶을 바라본다. 길에서 나를 바라본다. 포도나무 하나도 조물주의 신비에서 벗어나 자랄 수는 없다. 가시나무의 가시에도 하늘의 손길이 닿는다. 길에서는 숨소리도 기도가 된다.

원부춘 마을은 높은 산 중턱에 자리 잡고 있다. 그 옛날에는 그야말로 첩첩산중이었을 것을. 어떻게 여기서 살았을까. 그 이름에 페이소스가 짙다. 부춘(富春).

한참을 올라왔는데, 그리고 간신히 고개를 넘었는데 이제야 '아랫재'다. 그렇다면 '윗재'는 얼마나 높은 거냐.

사방이 터진 곳에서 상기된 얼굴들을 보며 문득 사진을 찍고 싶었다.

"넷이 발을 한데 모으고 사진 한번 찍자."

처음으로 해 본 말이다. 어? 뭐지, 이 복고 감성은? 아이들이 낯설어하면서도 좋아했다. 앞으로 얼마 남지 않은 둘레길에서 종종 이렇게 찍어 봐야겠다. 사진을 찍으면서 보니까 산이 신발이 가장 많이 해졌구나. 산에 올 때는 낡은 것이 편하다고 일부러 신고 왔던 신발인데도 어쩐지 안돼 보였다. 산이에게도 적당한 등산화를 사 줘야겠다.

올라간 만큼 내려가야 한다. 내려가는 일이 결코 쉬운 일이 아니다. 높은 곳일수록 내려가는 일에 정성을 들여야 한다. 대청봉에서도 그렇고, 천왕봉에서도 그랬다.

인생은 무서운 짐이다. 그러나 그렇다고 해서 허약함을 보이지는 마라! 우리는 모두가 씩씩하고 힘센 당나귀인 것이다.

- 니체, 『차라투스트라는 이렇게 말했다』, 흥신문화사, 1992, p.49

산을 내려오다 들어선 마을이 입석 마을. 거기서는 평사리 들판이 한눈에 들어온다. 저 건너편 산에서 대축 마을로 내려왔던 날 기억나? 그때 바라봤던 가을날 노랗던 들판이 텅 비었다. 저 산에서 이 산으로 넘어오는 동안 계절도 바뀌었다. 그 가을에 걷고 싶었던 들판을 실컷 걸었다. 멀리서도 부부송이 근사하다. 저기까지 간다! 산 그림자가 서서히 내려앉는 평사리 들판을 보무도 당당하게 걷는다. 앞에 세 사람이 가고, 그 뒤를 따라 걸었다. 이쯤 되면 영화다. 잘 걷는구나, 너희들.

평사리 들판을 걷던 모습은 두고두고 생각이 날 것이다. 저 때가 좋았다고 아내와 둘이서 적적해할 것이다. 막걸리를 나눠 마시다가 '그때 찍었던 동영상이 어디 있더라?' 그러면서 10년도 더 된 것을 희미하게 바라볼 것이다. 어쩌면 눈물을 찔끔거리는 아내가 미워서 청승맞게 울긴 왜 우냐고 타박할지도 모른다. 아무래도 나는 그날을 기다리는 것 같다.

어제 우리를 태워 주셨던 택시 기사님이 오셨고, 이번에는 원부춘 주차장까지 이동했다. 새해 첫날 그리고 세 번째 만남, 다음 코스에서는 하동이 아니라 구례 택시를 타야 한다. 이쯤 되면 인연입니다, 기사님. 돌아오는 차 안에서 약속 하나를 했다. 둘레길 걸었던 이야기를 책으로 만들게 되면 그때 차(茶) 한잔 나누고 싶다고 그랬다. 기사님께서도 꼭 그렇게 되기를 응원하시겠단다. 우리는 서로 연결되어 있다.

달콤한
고통

**2024년 2월 9일,
둘레길 15코스**

완벽하게 보였던 것들이 사실을 누군가의 희생과 배려였다는 것을 하나씩 알아 가면서 아이가 어른이 된다. 추억으로 남은 기억들이 사람을 보듬는다. 잘 지내고 있다며 머리를 쓰다듬고, 그 시선은 따스하다. 2월 지리산 골짜기에 부는 바람은 아직 차가웠지만, 추억 덕분에 볼이 발그레하니 달아올랐다. 여기 오면 여기 왔었던 날들로 몸과 마음을 데워진다. 그 힘으로 첫발을 딛는다. 우리는 지금 지리산을 닮아 가고 있는지도 모른다.

'강 프로', '노 프로' 그러면서 우리를 부른다. 산이와 강이도 어느새 구력 5년 차 걷기 선수들이다. 그동안 다닌 산길이며 들길, 강변을 쭉 펼쳐 놓으면 어디까지 이어질까. 깨알 같은 걸음들, 한 걸음도 아까운 달콤한 통증이며 기억이다. 그 선수들이 나섰다. 하늘은 파랗고, 고속도로는 명절 연휴라 요금도 받지 않았다. 어디서든 환영을 받는 기분이었다. 구례에서 화개로 척척 들어선다. 원부춘, 새해를 시작했던 곳에 다시 왔다. 차에서 내리자마자 깊은 호흡이 저절로 일어난다. 최고급 공기가 몸속으로 퍼지면서 옅은 현기증이 돈다. 빈둥대던 세포들이 바짝 경계하는 것같이 숨길 수 없는 반응, 눈을 감고 흔들림이 가라앉기를 기다린다. 잘 왔다…….

지난번에는 오른쪽으로 걸었고, 오늘은 왼쪽으로 가는 거야. 차에서 잠을 자다 깨어난 아이들이 한껏 기지개를 켠다. 산 공기가 유리처럼 투명하고 차가웠다. 계곡을 따라 바람이 분다. 산이는 올 게 왔다는 심란함이 고스란히 표정에 묻어났고, 강이는 지레 겁을 먹었다. 오르막이 숨을 막히게 한다. 아주 빠른 속도로 기선을 제압당하고 말았다. 아내의 표정은 무엇이었을까. 자기 사주를 넣고 만세력을 넌지시 바라보는 여인이 저와 같을까. 그 눈빛에는 여러 가지 구슬이 한꺼번에 빛을 내고 있었다. 기대와 걱정이 교차하는 눈동자에는 눈과 꽃이 함께 피어있는 꽃밭을 바라보는 마음도 같이 출렁이고 있었다.

우리는 그것이 목표인 줄도 모르고 둘레길을 다녔다. 더웠던 날도, 추웠던 날도 있었고, 봄에도, 가을에도 여기 있었다. 누군가 휴대폰으로 '또 거기냐?' 그러면 '또 여기'라고 대답했다. 오늘도 그곳에 있다. 걸어야 할 길이며 지금 서 있는 고도, 게다가 높은 경사에 날씨까지 만만치 않은 곳에 있다. 설 연휴 첫날을 선택한 이유도 모두 그 때문이었다. 어머니께서 뇌경색을 앓고부터는 명절이 사라졌다. 성당에서 미사를 드리고 다른 절차는 간소해졌다. 설 연휴에 둘레길을 찾아온 것은 처음이다. 올해 나머지 7개 코스를 걷고 둘레길을 완성하기로 했던 새해 계획이 착실히 진행되고 있다. 둘레길을 걷는 사람은 우리밖에 없었다. 하긴, 명절 분위기로 다들 분주했을 것이다.

15코스 원부춘 마을에서 가탄 마을까지 13.3km는 한마디로 힘들다. 만약 가탄 마을에서 길을 시작하는 사람이라면 신중해야 한다. 그 오르막은 일찌감치 경험하지 못한 오르막이 될 것이니까. 씀박한 트레킹을 만끽하고 싶다면 분명 기대에 어긋나지 않을 것이라고 장담

한다. 명실상부 최고의 훈련으로 전혀 손색이 없을 것이다. 그 길에는 화장실이 적재적소에 갖춰져 있다. 그 말이 꼭 하고 싶었다. 관리도 잘 이루어지고 있었다. 둘레길 안내 표지판이 새것으로 바뀌어 가는 것처럼, 시설과 관리가 처음 우리가 걷기 시작했던 때와 비교하면 훨씬 나아졌다. 이런 곳까지 정성껏 관리해 주시는 분들 덕분에 우리 같은 길손들이 얼마나 도움을 받는지 모르겠다.

아직 하동이었다. 하동을 이렇게 지그시 밟고 걸어 보는 일이 일생에 몇 번이나 있을까 싶어서 잘 걸었다. 건성으로 오르지도 않고, 내려서지도 않았다. 힘들어서 멈추기를 반복하면서도 복되다고 되뇌었다. 아이 같으면서 청년 같고 기다란 흰 수염이 신선 같은 하동이란 이름이 정감이 갔다. 하동을 벗어날 때까지 그 이름을 아껴서 걷겠다 마음먹는다. 자, 형제봉으로!

노란 별이 서 있던 자리에서 출발을 기념하며 사진을 찍었다. 임도가 길게 뻗어 있다. 여기를 여름에 걸어서 오른다면 나는 아마 못 가겠다고 두 손을 들고 말았을 것이다. 보란 듯이 먼저 앞서 걸었다. 오르막에서는 불도저처럼 길을 뚫고 가는 사람이 중요하다. 그 뒷모습을 등대 삼아 항해하는 배들이 있으니까. 저 끄트머리에 산이 보인다. 중학교 3년 그리고 고등학생이 되어서도 우리와 동행하는 너는 멋있다. 너무 거리가 멀어서 보이지도 않지만, 아이에게 엄지를 들어 보였다. 언제까지나 너는 나한테 엄지라며 척! 높이 들었다.

숨이 목까지 찰 만큼 올라왔는데도 활공장 7km라는 표지판을 보고 믿고 싶지 않았는데, 너희는 어떤 심정이었을까. 오르막을 7km나

더 간다는 것이 어떤 의미인지 우리는 너무 잘 안다. 혀를 내둘렀다. 각오를 다졌다. 힘들 줄 알았으면서……

긴 머리카락을 오른손으로 쓸어 올리면서 삼거리에서 왼쪽 길로 들어섰다. 아직 12시도 안 됐잖아. 물 흐르는 소리에 걱정되는 마음을 덜어 냈다. 심란할 때에는 물에게, 두려울 때는 꽃에게, 막연할 때는 하늘에게 맡긴다. 그것이 내가 길을 걷는 방식이다. 이제 서서히 서로 간에 실력 차이가 난다. 산이가 치고 나가고, 강이가 그만큼 뒤로 처진다. 나는 강이 모습을 연거푸 휴대폰 카메라로 찍는다. 아이의 힘든 시간을 기록해 주고 싶어서다.

"강이야, 앞으로 걸으려고 애쓰지 말고 뒤로 편하게 젖혀. 내가 뒤에서 밀어 줄게."

뒤에서 강이를 민다. 아이가 힘들어하는 만큼 내 탓인 것 같아서 강이의 호흡을 돕는다. 이참에 너는 숨을 고르는 거야. 걷지 말고 가만히 몸을 맡겨. 내가 미는 대로 가만히, 너는 방향만 잡는다고 생각하고 중심을 뒤에 두고 가는 거야. 나는 강이가 건강하기를 바란다. 업어 달라고 떼를 쓰던 아이가 이만큼 컸다. 숨이 차면 쉬었다. 쉬면서 오르막을 올랐다. 12시 36분, 가탄 9.1km 남은 지점에서 삼거리를 만났다. 활공장이 있는 형제봉은 오른편에, 가탄으로 가는 둘레길은 왼편이다. 우리는 왼쪽 길이다. 아, 평지다. 이렇게 갑작스러울 줄이야. 동시에 임도가 끝났다. 산길로 들어섰다. 뜻밖의 선물이라도 받은 것처럼 서로 좋아했다. '이래도 되는 거야?' 속으로 쾌재를 불렀다. 하지만, 그렇지만, 믿고 싶지 않았지만 15코스는 거기부터였다.

> 지도를 가지되 산을 오르는 것과 마찬가지로 주어진 명을 따라가되 매 순간 다른 걸음을 연출할 수 있다면, 그때 비로소 운명론은 비전 탐구가 된다.
>
> - 고미숙, 『나의 운명 사용설명서』, 북드라망, 2022, p.31

서쪽에서 동쪽으로 펼쳐진 지리산 주능선이 보였다. 하얗게 눈이 쌓인 것이 멀리서도 장엄하다. 설산(雪山)은 거기가 어디라도 다른 차원으로 이어지는 세계 같아서 보는 것만으로도 설렌다. 신화에 나오는 거대한 청룡, 그 용의 등줄기에도 세월이 내리면 꼭 저렇게 희어질 것이다. 길을 걷는 내내 가까이 두고 보았다. 책을 보듯이 산을 보았다. 훔쳐서라도 갖고 싶은 것들, 무작정 설레는 것들은 저만큼 멀리 있다. 나는 그 거리를 좁히고 싶지 않다. 몽땅 건너뛰고 싶지. 한 걸음씩 다가가는 것마저도 고통스러울 것 같다. 내가 정말 아끼는 책은 어떤 책일까. 어떤 문장 앞에서 나는 멈춰 있는 것일까.

오르막은 다 온 것 같다며 세 사람이 얼마나 안도하며 좋아하던지……. 임도를 벗어나 숲길로 들어섰다. 걸음걸이에도 평화가 있다. 정말 안심하는구나, 사람들아. 산이와 아내가 앞을 서고 그 뒤에 강이가 따랐다. 강이 뒤에서 강이에게 물었다.

"강이야, 다시 태어나면 뭐로 태어나고 싶어?"

내 기대와는 동떨어진 대답이 나왔다. 그 차이가 제법 커서 잠시 말을 잃었다. 아이들은 부모에게서 난 것이 아니라 부모라는 문을 통해서 이 세상에 찾아온 존재인 것을 깜빡했던 것 같다.

자식은 미로. 내가 데리고 다니고 내가 키운다고 착각할수록 헤어날 길 없는 미로다. 아주 쉬운 길을 두고 어려운 길로 계속 깊어지고 마는 그런 길이 자식과 부모 사이에 난 길이 아닐까. 강이는 자기는 부잣집 고양이가 좋겠다고 그런다. 나는 실망인데, 저는 그만한 삶이 어디 있겠냐며 아주 바람직하다는 투다. 공부를 안 해도 되고, 아무 걱정도 없이 얼마나 평화롭냐고 되묻는다. '너는 부잣집이 좋은 거냐, 고양이가 좋은 거냐' 물었더니 한 방 보기 좋게 먹인다.

"아빠, 그건 밥하고 반찬 같은 거야. 하나만 먹을 수 없는 것처럼 그 두 개는 한 세트야. '엄마가 좋냐, 아빠가 좋냐?' 그렇게 묻는 것하고 뭐가 달라?"

당돌했고, 돌연스럽고, 깜찍했으며, 놀라웠다. 상대가 원하는 대답 말고 자기 생각을 있는 그대로 표현하는 것이 당돌했고, 고양이는 돌연스러웠으며, 순하게 대답하는 속에 깜찍함이 있었고, 어린아이에게도 자본은 중요하다는 것이 놀라웠다. 15살 아이가 서른 살이 되었을 때, 그리고 마흔다섯 살쯤 되었을 때도 같은 말을 물어보고 싶어졌다. 네가 무엇이 되고 싶어 했는지 아냐고, 오늘을 잘 간직했다가 보여 주고 싶었다. 그러면서 "예수님은 돌아가셨다가 부활하셨는데 그것은 다시 태어난 거야, 아니야?" 하고 묻는다. 나는 경사가 심하니까 발에 힘을 주고 잘 디뎌야 한다고 대답 대신 주의를 줬다. 고양이가 나올 때부터 사실은 별로였다. '지금 이대로 다시 태어났으면 좋겠어!' 얼마나 듣기 좋은 대답이냐. 물론 교과서 같은 대답이라고 그럴 테지만.

겨우 산비탈에서 점심을 먹다니, 바람이 씽씽 부는 곳에서 연하게

탄 커피에 김밥을 먹었다. 얼마나 걸었을까. 얼마쯤 남았을까. 1시 반이니까 앞으로 4시간. 여기만 내려가면 된다고, 마을 길을 걷는 거야 힘들 것 없다고 의기투합했다. 그러나 밥을 먹는 것도 고달팠다. 걸을 때는 먹는 재미도 빼놓을 수 없는데, 순식간에 땀이 식고 손도 시렸다. 내려가자. 내려가면 찻집이 나온다는데, 거기에서 따뜻하게 뭐라도 마시자. 길마다 돌을 놓고 계단을 만든 사람들, 오늘도 어김없이 길이 위태로운 곳에서 돌계단을 만난다. 예쁘게도 놓인 돌들이 태초부터 여기 놓였던 듯이 어울린다. 또 강이를 세우고 물었다.

"강이야, 이 나무는 무슨 나무였지?"

날씬하게 뻗은 나무는 껍질이 특이하다. 허물을 벗는 것처럼 군데군데 껍질이 벗겨졌다.

"이거 둘레길에서 자주 보는 나무잖아. 저번에도 물어봤었던."

"노······."

그래, 이제 알아보는구나.

"노······ 노각! 노각나무!"

하나를 겨우 알아 가는 힘, 그것이 중요하다. 하나가 늘 어렵더라. 하나를 배우고 나면 그다음은 제힘으로 배우게 되더라. 너도 이제 나무를 하나씩 알아 가고 꽃들도 알게 될 것이다. 글이 더 쓰고 싶어질 것이다. 길었던 내리막이 방향을 꺾었다. 거기에서 세 사람을 찍었다. 엄마는 웃고, 강이는 카메라 렌즈를 외면한다. 힘들다는 것이겠지. 그래도 나는 찍는다. 내가 말했잖아, 힘든 거 찍고 다닌다고.

저 세 사람은 서로를 편하게 대한다. 무엇보다 셋 사이의 대화가 일품이다. 사랑받고 있다는 것을 잘 알고 있다는 것처럼, 말본새가 격의 없으면서도 성의 있어서 금방 한 팀이 된다. 나는 부지런히 세 사람을 찍는다. 이번에는 방향을 바꿔서 내가 아래에서 세 사람은 계단에 앉아서 이쪽을 본다. 눈이 부시게 푸른 하늘을 배경으로 좋았던 시절 한때를 남겼다. 이 사진은 오래 바라볼 것 같다. 좋은 날이었다고 그러면서. 하늘호수 차밭이 나오고, 하늘호수 민박집이 나왔다. 옹기종기 모여 산다는 표현을 눈으로 봤다. 산 아래 첫 동네는 아기자기했고 푸근해 보였다. 사람은 사람을 그리워하면서도 홀로 존재하는 특별한 재주가 있어, 우리에게 그리움은 본능 같은 것일 거야. 그리움이 넘칠 때는 눈물이 나는 것을 보면 그리운 것들의 원형은 물기를 간직한 듯하다. 그 물기가 다 마르지 않게, 그래야 다른 것들도 간직할 수 있을 것이다. 내가 나로 머무를 수 있을 것이다. 낯선 곳을 지나면서 그리운 것들이 떠오르는 것처럼, 막연하고도 어쩔 수 없는 길이 있을까. 그리운 것들은 그렇게 돌아온다. 하나씩 다 잊었지? 그러면서 문득, 그리움이 나를 찾는 시간은 언제나 '문득'이다. 그리고 우리는 길에서 만난다. 저녁 먹으라고 엄마가 골목까지 찾아와서 나를 부르던 1981년 어느 날이, 정선을 지나서 사북으로 가는 길에 버스를 놓치고 막막하던 1991년 12월이, 〈기차는 8시에 떠나네〉 이것만 듣고 일어나자며 웃었던 1996년 가을도……. 그렇게 길이라는 커다란 상자 안에 있다.

길이 다시 나눠진다. 아래로 가면 쌍계사가 나오는 길이고, 우리는 옆길로 가야 한다. 그 이름 가탄-신선이 살면서 아름다운 여울에 낚싯대를 담갔다는 가탄(加灘)-에 우리도 점 하나 찍는 것이다. 다시 언덕을 오른다. 이쯤이야 얼마든지 올라가 주지. 고갯마루에서 쉬었다. 오늘따라 삶은 계란이 맛이 좋다. 누가 이런 것까지 챙겼는지, 참 고마운 사람이다. 누가 계란을? 그래, 나다. 내가 삶았지!

풍경이 좋다. 눈 덮인 능선이 아직도 보인다. 물이 흐르고, 앞산과 뒷산 사이에 마을이 깃들어 있는 형세다. 풍수를 몰라도 보금자리형이다. 보는 사람이 평화로울 지경인데, 거기 사는 사람은 말할 것이 없을 것이다. 쌍계사 십 리 벚꽃길이 아마 저기를 지나갈 것이다. 선이 예쁘다는 것은 모양이 좋다는 뜻이다. 선은 감출 수 없다. 눈빛도 마음도 모두 하나의 선이다.

거기를 지나면 정금마을이 나온다는 것을 까맣게 모르고 있었다. 그림 같은 차밭이 등장했다. 언덕 높은 곳에 있는 집 대신에 차밭, 거기서 보이는 화개. 구름이 출렁거렸을까, 내가 출렁거렸을까. 여기까지 걸어온 것이 한꺼번에 보상받은 기분이었다. 가볍고 상쾌했다. 둘레길은 참 볼 것도 많다고 아내도 좋아했다. 아내는 잘 웃는다. 그 모습이 산이나 강이, 나한테 힘이 된다.

선물은 아무래도 깜짝 선물이 더 반갑다. 가탄으로 가는 길에는 오르막이 정말 많았다. 너무 많아서 몇 번째 오르막인지는 잊어버렸다. 그저 올랐을 뿐인데, 거기 예사롭지 않은 하늘길이 있었다. 태양도 서쪽으로 저만치 자리를 옮겨 앉은 시각, 정금 차밭 정상에 도착했다. 여기가 말로만 듣던 정금 차밭이었구나. 보성에 다녀온 지가 언제였던

가. 기억하지 못할 만큼 오래전이다. 그 뒤로 이렇게 너른 차밭을 보는 것은 처음이다. 높은데도 넓고 가지런하다. 화개로 흐르는 시냇물이 은빛으로 반짝이고 힘찬 근육이 쭉쭉 뻗어 내린 산 아래에 집들이 마을을 이루고 있는 곳. 어떤 풍경은 사람을 붙잡는다. 손도 대지 않고 말 한마디 없이 사람을 꼭 잡고서 놓지 않는다. 정금이 키워 낸 차 맛은 어떤 맛일까. 은근하고 연할까, 진하고 향긋할까.

끝에 다 와서 떼를 쓴다. 얌전하게 굴던 길이 방향을 휙 틀어 이쪽으로 가라고 그런다. 겨우 참아 가면서 여기까지 온 것인데, 빨간 화살표도 그때는 얄궂어 보였다. 대비 마을 이정표 앞에서는 희망과 절망을 동시에 느꼈다. 이쯤에서 끝나면 좋으련만 더 가야 한다. 아니, 아니, 저 산을 넘는 것은 아니지! 그렇지? 높다란 담벼락같이 서 있는 산을 넘지는 않을 거라고 말하면서도 순간 긴장이 됐다. 시간상 우리는 곧 가탄 마을에 도착하게 되어 있거든. 거기다 남은 거리를 봐도 한 시간이면 다 끝날 거리다. 안심해도 된다. 또 당했다고 경악하는 강이에게 절대 저 산은 넘지 않겠다고 안심시켰다. 그에 비하면 산이는 체력이 부쩍 좋아졌다. 앞에서나 뒤에서나 동생을 챙기면서 걷는다. 이야기 상대가 되어 주고 ,강이를 자기가 맡는다. 마을을 지나오면서도 목줄이 풀렸다며 개를 무서워하는 엄마를 기다리는 소년이 됐다. 열여덟 살 산이가 엄마와 동생을 챙긴다. 스무 살이 되어 가고 있다.

이름이 인상적인 대비 마을 정자에서 모두 드러누웠다. 다 끝났다고 믿었던 데에서 마주친 오르막은 그 어떤 것보다 높아 보였다. 옛날, 가라국 시대에 이 마을에 정말로 대비(大妃)가 머물렀단다. 그만큼 살기 좋은 곳이라고 정자 앞에 큰 비석에 설명이 되어 있다. 천만다행으로 대비 마을에서 위로 가지 않고 옆으로 난 길이 우리가 갈 길이었다. 길가에 고로쇠 물을 받아 내는 나무들이 늘어섰다. 물병을 하나씩 달고 있는 나무들이 애처롭게 보였던지, 다들 한마디씩 던진다. 나무한테 이게 뭐냐며, 고로쇠는 안 마시겠단다. 마침 작업하던 사람들에게 한 병 살 수 있냐고 물으려던 것이 스르르 사그라들었다.

그러다가 만난 삼거리 이야기다. 둘레길에서 돌아온 지 이틀이 지났는데도 그 삼거리가 여전히 선명하다. 길을 잘못 들어섰다. 그 덕분에 고생한 것을 생각하면 지금도 어처구니가 없다. 가탄까지 3.3km 남았으니까 그대로 평지만 걸으면 한 시간이면 도착할 거리다. 우리가 제법 높은 지대에 있었고, 지금 내리막을 걷고 있으니까. 거기다 외길! 당연히 이렇게 가다가 만나는 동네, 거기쯤이 가탄일 거라고 여유를 부렸다. 힘든 건 다 끝났다고, 여기서부터는 아무 걱정 없이 내리막에 몸을 맡기고 가면 된다. 그랬던 것이, 그래야만 했던 것인데, 제대로 한 방 먹고 말았다. 그것도 완전 그로기 상태에 빠질 정도로 센 펀치였다.

그러니까 30분 전에 '작은' 삼거리가 있었다. 마침 또 화살표가 정말이지, 빨간색이 아래쪽 길을 가리키고 있었다. 화살표도 예쁘게 이쪽으로 가라 하네. 아무 의심 없이 그 길로 걸었던 것이다. 곧이어 아내가 따라오고, 그렇게 한참을 가는데 휴대폰이 울렸다. 길이 이상한데 그쪽이 맞냐고 산이가 물었다. 두 번을 묻는 아이에게 맞으니까, 그대로 오라며 재촉했다. 그런데 다시 더 작은 삼거리가 나왔고, 거기에는 벅수가 없었다. 가던 대로니까 이정표를 따로 두지 않았겠지. 그렇게만 생각하고 걸었는데, 길이 없었다. 그렇다면? 방금 지나온 삼거리에서 아랫길이었네. 거기까지 돌아 나와 아래로 걸었다. 곧 길이 다 끝나겠구나, 그 생각만 했다. 잡풀이 무성하고 길이 없는데도 그 길이라고만 여겼다. 풀을 헤쳐 나가다가, 여태 이런 적이 없었다는 사실에 번쩍 정신이 들었다. 아까, 거기! 산이가 전화했던 데! 위로 가지 않고 내려왔던 데, 거기 화살표를 잘못 본 것 같은데! 정말 그랬다. 내려갔던 길을 꾸역꾸역 다시 올라오는 기분을 알까? 여덟 개의 눈이 화살표의 방향을 확인했다. 우리가, 아니 내가 잘못 봤다. 마음이 시키는 대로 눈이 본 것이다. 나는 그 뒷면까지 봤으면서도-한 번 더 기회가 있었는데- 틀리고 만 것이다. 보기 좋게 당했다. 다시 제대로 본 벽수에는 '원부춘 10.0km', '가탄 3.3km'라고 적혀 있었다. 그리고 이쪽! 헷갈릴 것 전혀 없었는데 마음이 읽고 싶은 대로 읽은 것이다. 빨리 쉬고만 싶었던 것이다.

"아이고, 나 때문에 고생이 심하네."

우선 그렇게 잘못을 빌었다. 강이는 희망을 버린 표정이었다. 어금니를 6번이나 더 깨물고 올라왔다고 그런다. 산이는 초연한 듯 상황을 정리한다.

"길은 다 힘들어. 조금 더 걷는 것뿐이야."

아이들한테서 어떤 따뜻한 것이 느껴졌다. 신경질을 부려도 도리가 없는 상황인데 장난을 친다. '뺑이요' 그 과자를 한 주먹씩 오물거리면서 마지막 오르막을 올랐다. 둘레길 15코스 마지막 오르막에서 내가 그랬다.

"거기에서 어떻게 하든 밑으로 가려고 했으면 갈 수도 있었거든. 그런데 우리가 많이 좋아졌다. 그러지 않고 돌아 나왔잖아. 몸은 힘들었어도 이만한 교훈이 없을 것 같다. 봐라, 우리가 걸어온 길이 얼마나 예쁘냐."

정말 그 길로 그냥 내려가고 싶었다. 이만큼 걸었으니까 그걸로 충분하다고 그럴 뻔했다. 그런데 맨 마지막에 지리산 둘레길을 완주했을 때 정말 아무렇지 않을까. '다시 돌아가기 힘들어서 그 아래로 내려갔었잖아', 그렇게 아이가 물어오면 나는 어떻게 대답해야 할까.

해가 많이 기울었다. 빛이 선해지는 시간, 가탄 마을은 이제 0.5km 남았다. 집들이 다 근사했다. 나는 계단에 매력을 느끼는 타입인 듯하다. 어떤 집 계단이 보기 좋아서 오래 구경했다. 가탄 마을로 내려왔다. 네가 보고 싶었다……

일기(日記)

15코스를 다녀온 지 이틀이 지났다. 기상청에서 제공하는 하동군 화개면의 오늘 날씨는 -3.6도. 어제보다 0.2도 낮고 미세먼지 좋음이다. 우리 네 사람은 다들 앓고 있다. 아무래도 여자들이 더 후유증이 심한 편이다. 아내는 낮 동안에는 괜찮다더니, 밤에 잠을 자면서 끙끙댄다. 강이와 산이는 아침 10시까지 쿨쿨 자고 일어났다. 침대에서 몸을 빼면서, 강이는 주춤거리며 발을 딛는다. 여기저기가 당기고 아픈 것이다. 오른쪽 허벅지가 유난히 더 아프다며 발을 끌고 다닌다. 산이는 회복도 빠르다. 학원 숙제가 많다며 스터디 카페에 갔다. 나는 어떤 표정을 지을까. 사실 아픈 것도 같고, 안 아픈 것도 같다. 누우면 금방 잠이 들고 앉으면 둘레길에 다녀온 이야기를 쓴다.

"달콤한 통증이지."

그렇게 말하니까 아내가 맞장구를 친다. 은근슬쩍 아내를 떠봤다.

"이렇게 아프면 더 가기 힘들겠는데?"

아휴, 무슨 말이냐며, 당치도 않다고 그런다. 그런 말은 하지도 말라고 자른다. 피식 웃음이 났다. 내가 이 사람들을 중독시키고 있구나 싶었다. 그런데 그다음 아내가 하는 말이 오래 진동을 남긴다.

"바다를 한 번이라도 본 사람들은 시냇물에서 멈추지 않는다잖아요."

왜 그럴까, 나이가 들면 아무 때나 물기가 차오르는 증상이 생긴다. 저 좋은 말을 듣고 뭔가가 쿨럭거리는 것이 있다. 양 눈가로 나도 모르게 번져 가는 이것은 무엇인가. 손등으로 왼쪽, 오른쪽 눈꼬리를 한 번씩 훔친다. 어두워서 보이지 않아 좋다.

"그래, 좋은 일이지. 산다는 것은 걷는 일이니까."

우리는 지금 앓고 있다.

그 말
한마디

**2024년 5월 6일,
둘레길 19코스**

누가 뭐래도 계절의 여왕은 5월이다. 그야말로 만물이 손을 흔들어 환영한다. 거리에 다니는 사람들 몸짓이며 표정이, 새로 나기 시작한 가로수 이파리처럼 싱그럽다. 날마다 짙어 가는 연한 것들이 순간순간 모습을 드러내는 시간. 마법처럼 세상이 홍해인이 되고, 나는 그 세상을 걷는 백현우가 되기도 하는 꿈의 세트장, May. 5월이 기지개를 켰다. 그리고 비가 내렸다.

5일 어린이날에 어디나 비가 내렸다. 대체 휴일인 6일 날씨를 찾아봤다. 구례, 날씨 흐림, 강수확률 30%, 미세먼지 좋음, 초미세먼지 좋음. 시간대별 날씨도 확인했다. 큰 구름 앞에 작은 구름이 그려진 구름 두 개가 쭉, 예쁘다.

어제 6일 지리산 19코스, 오미에서 방광까지 걸었다. 비가 잠시 멈춘 날, 하루를 거기에서 보냈다. 7일 오늘 아침에는 다시 비가 내린다. 거리는 축축하고 도로 건너 아파트도 안개에 싸였다.

아이들과 길을 걷는 부모들은 작전을 잘 짜야 한다. 전술에 능해야 부대를 이끌고 전쟁에서 지지 않는다. 그동안 걸어온 거리를 보면 아내와 나는 이기기 위해서 싸웠다기보다 지지 않기 위해 머리를 맞대고 지냈던 듯하다. 5일 아침, 빗소리를 들으면서 둘이 입을 맞췄다. 애들이 일어나면 내가 밖에 나가 있을 테니까, 셋이 차분하게 이야기하는 거야. 표정이며 목소리를 낮추고, 너희들도 알다시피 엄마하고 아빠가 오늘 걸으려고 준비했잖아. 아빠는 한의원에도 가서 침도 맞고, 너희들 시험 끝나기만 기다렸는데, 시험 끝났다고 친구들하고 실컷 놀았으면서 이렇게 깨워도 안 일어나니까……'.

가능한 뜸을 들이면서! 화난 것처럼 말고, 실망한 듯한 분위기가 더 효과적일 거라고 서로 끄덕였다. 우리는 한껏 너그러운 사람임을 강조하기 위해, '기, 다, 리, 고' 있었다는 것을 강조하기로 했다. 원래 계획은 6일이 출발이었지만 5일로 하루 앞당겼던 터다. 그날 공교롭게도 비가 내렸다. 비가 내려서 어차피 밖에 나가지 못하는데, 6일 날씨도 장담할 수 없으니까 일단 마음을 다잡을 필요가 있었다. 이대로 6일도 지나 버리면 간격이 벌어지게 된다. 한 번 멈추면 그대로 그만두고 싶은 것이 바로 걷는 일이다. 그렇지 않아도 설 연휴 이후로 두 번이나 걷지 못하고 계획을 수정했다. 그때마다 몸이 아프거나 사정이 생겼다. 언제나 상황은 불리하게 돌아가기 마련이다. 누가 일부러 걷겠는가, 살기도 바쁜 세상에.

"아, 미안하네."

엄마 말을 듣고 산이가 먼저 했던 말은 고맙게도 미안하다는 것이었다. 그런 말이 얼마나 다행스럽게 들리는지 잘 모를 것이다. 약속을 지키고 규칙을 지키려는 마음을 나는 배우지 못했다. 그래야 하는 줄은 아는데 잘 지키지 못했고, 지켜지지 않았다. 배움이야말로 능동적이어야 한다는 사실을 이제야 나는 깨우치고 있다. 아무리 강조하고 아무리 훌륭한 사람이 했던 말이라도 내 안에서 반응하지 않으면 바람처럼 흘러갈 뿐이다. 울림이 없다면 소리가 아니다. 미안하다는 말을 있는 힘껏 소리 내야 한다는 것을 배우고 있다. 5일 아침 작전은 그렇게 성과가 있었다. 덕분에 6일은 일찍 움직일 수 있었다.

2024년 5월 6일, 현재 시간 오전 9시, 하늘 흐림. 부대원 4명 지리산 둘레길 구례 센터 앞 도착. 작전 지역까지 6분 소요 예정. 목적지 운조루 입력. 알파 작전명- 구름 사이로, 오메가 작전명- 새 네 마리. 이상.

'타인능해(他人能解)'-배고픈 사람은 누구라도 쌀을 가져갈 수 있도록-라고 쓴 쌀독이 운조루 대문 밖에 있다. 아무나 열어도 좋다는 저 말은 얼마나 다부지고 선하냐. 내가 가진 구례에 대한 인상은 두 가지다. 그 두 가지가 하나로 엮어지는 신기를 목격했던 어느 해를 아직 기억한다.

양쪽이 산으로 막힌 고속도로를 달리다가 갑자기 넓어지는 시야, 여기가 어디냐는 물음이 터졌다. 탄성이 담긴 물음은 사람을 확 끌어당긴다. 구례 읍내에서 천은사로, 천은사에서 화개로 달렸던 날은 하늘이 맑았던가, 바람이 불었던가. 그리고 언젠가 오미에서 들었던 여기가 하늘에서 금가락지가 떨어진 명당이라는 이야기. 그제야 뚫리는 것이 있었다. 하늘에서 보는 것처럼 땅을 살피고, 하늘을 나는 것처럼 땅을 걷는 이치. 거기에 풍수가 있구나. 하늘에서와 같이 땅에서도 이루어지소서. 그 마음으로 구례의 길들을 꼭꼭 채웠다. 누구든지 하늘이다.

세상에 머무는 동안 어떤 이는 풀고, 어떤 이는 얽어맨다. 풀 것을 풀고, 묶을 것은 묶는 것이 이치다. 하지만 풀 것을 묶고 묶을 것을 푸는 사람이 있고, 풀 것도 풀지 못하고 묶을 것도 묶지 못하는 사람이 있다. 나는 어느 쪽인지 스스로 묻게 하는 거기가 명당이다.

농사도 손으로 짓고 밥도 손으로 짓는다. 사람을 살리는 그 밥을 생각한다. 사람을 살리는 저 타인능해가 모락모락 김을 내며 밥이 되는 곳, 여기가 명당이다. 금환락지(金環落地)에서 내가 쓰는 글이 누군가의 밥이 되기를 소망한다. 구례를 지날 때면 늘 그 마음에 두리번거린다. 저 쌀독처럼 나도 머물고 싶다. 내 안에 든 것들이 글이 된다면 나는 가벼워서 날 것이다. 내가 보고 싶은 경계는 그 어디쯤인 것을 구례는 상기시킨다. 여기는 명당이 맞다.

스무 걸음만 떼면 운조루가 보이는 곳에 차를 멈추고 부대원 4명이 내렸다. 저 무공의 달인들, 복장은 허술하고 눈빛은 아직 새벽어둠이 걷히지 않았다. 기꺼이 힘을 숨기는 그대들은 어느 시대, 어느 나라의 군사들인가. 오미에 왔다. 곡전재와 운조루가 바로 근처에 있는 선한 기운이 가득 고여 있는 지점에 섰다. 손바닥에 침을 뱉어 방향을 보았다. 오미에서 난동으로 가는 둘레길은 구례 들판을 휘돌아 나간다. 거리는 19km가 되지만, 평지라서 걷기에 그다지 힘들지는 않을 것이다. 남쪽으로 화살표가 나 있고, 서쪽을 가리키는 화살표는 12.4km짜리 오미에서 방광으로 가는 길이다. 어린 군사 둘을 먼저 주의시켰다. 오늘은 길에서 웃지 마라. 어린 군사들이 웃는다. 방광이 어떻다고 그러냐. 그래도 웃는다. 방광이 무슨 잘못이냐. 그래도 웃는다. 자꾸 방광, 방광, 그러니까 더 웃긴다며 방광, 방광 그러지 말라면서 웃는다. 나도 그러고 싶지 않은데 어쩌란 말이냐. 거기가 방광인 것을.

방광(放光)은 빛을 쏟아 내는 곳이다. 그러니까 이 부근은 온통 내어 주는 양지다. 풀어 주고 놓아 주는 것을 발견했다. 오, 신비여. 구름에 가린 하늘에서 빗방울이 떨어졌다. 군사들의 기세를 드높일 절호의 기회다. 봐라, 오늘을! 하늘도 우리의 수고를 돕는구나. 우리가 흘릴 땀을 미리 씻어 준다. 땅에 그림을 그렸다. 군사 셋이 머리를 조아리며 내 그림을 내려다본다. 이쪽 타인능해에서 저쪽 방광으로 간다. 우리는 해(解)에서 방(放)으로, 풀어 주고 놓아 주러 간다. 그렇게 우리는 오늘 해방이 된다. 어떠냐, 와룡 선생도 울고 가지 않겠냐! 우리의 전진을 저 비구름에게 맡기지 말자, 우리의 해방은 우리 손으로, 어떠냐! 어린 군사들이여.

멀뚱거리는 저 게슴츠레한 눈빛이야말로 내가 믿을 그것이다. 너희 중에 가장 약한 이에게 해 준 것이 바로 내게 해 준 것이라는 약속과 사명을 두 어깨에 얹고 빛나게 걷기로 했다. 우리 어린 군사들은 숫자로 계산하는 데 뛰어나다. 생각할 것도 없이 12km짜리 이 길을 샀다. 지도를 보면 방광 다음에 난동으로 이어지고 있다. 그러니까 이 길이 원 둘레길이고, 19km짜리는 추가된 길이다. 지난해 늦가을에 걸었던 하동읍에서 서당, 그 코스와 흡사하게 여기도 오미에서 난동 코스를 곁들인 셈이다. 아마도 근처 풍경이 그냥 두기에는 아까운 것이리라. 임무를 수행 중인 우리는 더 감상에 빠질 수가 없다. 오늘 못 간 길은 다른 날에 걷기로 한다. 그때는 한결 해방된 너와 나로 만나기로 한다.

왜 비는 내리지 않을까. 어째서 걸음은 가벼울까. 모처럼이라면 모처럼이고 오랜만이라면 오랜만인데, 척척 맞아 가는 이 모양새는 누구의 주제런가, 맑고 고운 여기, 수수만 년 아름다운 곳. 노래를 불렀다.

가능한 등산객처럼 행동했다. 사람들 눈에 이상하게 보이면 안 된다. 우리가 작전 중인 것을 들키면 안 된다. 비구름이 잔뜩 내려앉은 날, 풀숲을 헤치며 노래를 부르며 나아갔다. 넷이 비엔나소시지처럼 걸었다. 사람들이 전혀 낌새를 치지 못했다. 차들이 지나치는 도로를 후다닥 건넜다. 우리는 특공대.

그러다가 만난 민간인, 아니, 등산객들. 마침 오르막이 시작되는 곳에서 숨을 고르고 있던 참이다. 그동안의 산행으로 날다람쥐 같던 어린 부대원들이 학교에 다니느라 체력이 저하된 것이 눈에 보였다. 방심하고 있었다. 별안간 눈앞에 나타난 3인조, 아니 세 사람은 어딘가 특별해 보였다. 이렇게 궂은 날씨에 산에서 내려오다니, 그것도 여자 셋이서. 가만히 그들이 지나가기만을 바랐다. 침을 꿀꺽. 우리 부대원들은 반대쪽 하늘로 시선을 뒀다. 그렇지, 어떤 상황에서도 얼굴이 노출되면 안 된다. 역시 기본에 충실한 군사가 실전에서 실수가 없다. 그런데 뜻밖의 일이 벌어졌다. 이렇게 사방으로 노출된 곳에서 역시 쉬는 것이 아니었다.

"둘레길 걷고 계시나요?"

맨 앞에 여인이 먼저 말을 걸어왔다. 눈빛은 맑고, 음성은 더 맑았다. 순간 망설였다. 부대원들이 일제히 돌아보며 경계 태세를 취하려는 것을 표정으로 말렸다. 가만, 지금은 아니야. 워워, 아니야.
긴장을 늦추지 않되 긴장을 드러내서는 안 된다. 상대는 셋, 우리는 넷이다. 그러는 사이 나머지 두 사람도 가까워졌다. 여차하면 백병전이라도 벌어질 수 있을 만큼 순식간에 거리가 좁혀졌다. 심장이 요동

쳤다. 어금니를 물었다. 그래도 우리는 한 명이 남는다. 내가 허리를 마음껏 쓰지 못하는 것을 상대는 알지 못한다. 먼저 공격하는 쪽이 유리하다. 하지만 그만큼 우리도 위험해진다. 섣부른 판단은 모두를 위험에 빠뜨린다. 주변에 보이는 것이라고는 산밖에 없다. 저들은 어디 소속의 대원들인가. 현실판 아마조네스?

이런 순간을 수없이 반복하며 이미지 훈련을 해 왔다. 반달곰이 덤비는 장면도, 목줄도 없이 따라오는 동네 개들도 우리는 이겨 내지 않았던가. 해방으로 가는 길이 쉽지는 않구나.

"네, 토지면 오미에서 광의면 방'광'으로 가고 있습니다."

혹시 웃을까 봐 똑똑하게 스타카토로 말해줬다. 방'광'으로 갑니다. 상대는 담담하게 대답을 듣고 있는데 또 뒤에서 킥킥거린다. 우리 부대원들은 이 상황이 두렵지도 않은 것 같다. 역시 훈련은 사람을 강하게 만든다.

이번에는 안경을 쓰고 머리에 두건까지 두른 여인이 물었다. 혹시 오는 길에 벅수 보셨냐고? 그래, 벅수! 저 화살표를 벅수라고 하는 사람도 있고 표지판이라고 그러는 사람, 우리 막내 부대원은 작은 십자가라고도 부른다.

"저 위에까지 갔는데 길이 없어요. 아무리 찾아도 길이 없어서 다시 내려오는 거예요."

누가 내 발자국을 따라올지 모르니까 눈밭에서라도 함부로 걷지 말라던 초대 우리 부대장님의 말씀이 떠올랐다. 둘레길을 다니면서 몇 번이나 길을 잃었다. 그때마다 어떻게 다음을 이었는지 때때로 우리는 순례자가 된 듯한 착각도 들었다. 시선을 바꾸고 세 사람을 다시 바라봤다. 중학생으로 보이는 아이와 그 아이의 엄마, 그 엄마의 나이 든 엄마. 평화로운 사람들이었다. 모녀 3대가 길을 걷고 있다고 그랬다. 잠깐이었지만 우리는 함께 길을 찾았고, 19코스가 다 끝나 갈 때까지 서로를 지나가면서 손을 흔들었다. 경기도에서 왔다면서, 둘레길 걷기 시작한 지 5년 됐고, 2개 코스가 남았다는 멋지고 용기 있는 팀이었다. 저 모습이 우리에게도, 우리의 모습이 저기에도 깃들어 있는 거울 같았다. 평화는 서로를 비추는구나.

그렇게 산길을 걸었다. 절정을 향해 생명력을 뽐내는 초록 세상이었다. 아름드리나무를 타고 오르는 담쟁이의 기세하며 바위 뒤편에 핀 이끼들도 5월에 내린 비에 흠뻑 취해서 제 세상이다. 풀이며 잎들이 어찌나 싱싱한지, 길마저도 생기로웠다. 우리 부대원들도 궤도에 오른 탱크처럼 앞으로 나아갔다. 저 앞에 가는 막내 부대원이 아직 초등학교 4학년이었을 때, 그러니까 우리가 처음 둘레길을 걸었던 해에 높다랗게 솟아 있던 하늘문 아래 고갯길에서 했던 말이 무엇이었는지 아는가. 그 이름도 잊히지 않는 등구재 아래에서 겨우 내뱉던 말. 어쩌면 그 말 한마디가 우리 모두를 걷게 했는지도 모른다. 처음부터 여기까지 그리고 마지막까지.

"어버이날 선물이라고 생각하고 걷는 거야."

우리도 그렇게 5년 걸었다. 그 힘이 어디에서 났을까. 오늘만큼은 진지해지고 싶지 않았는데, 걷다 보면 사람이 저도 모르게 고마운 생각이 든다. 세상이 고마워지면 왜 반성이 될까. 스물한 개의 코스를 다 걷고 나면 모두 그리울 것들이다. 사실 허리가 좋지 않은 상태에서 어느 길을 갈까, 가도 될까, 망설이며 나섰다. 날씨도 좋지 않은데 가만있는 것이 백번 낫겠다는 생각을 우리도 했다. 하지만 돈키호테처럼 나섰다. 때로는 그가 내 스승이 된다. 뻑뻑해서 돌아가지 않는 기계에 기름을 칠하는 것처럼 우리도 작전을 짰다. 특공대가 되어 추격하고, 정찰하고, 임무를 완수했다. 산을 일구어 매실을 키우는 농가를 지나면서 응원했다. 지난번 원부춘에서 가탄 15코스를 걸을 때는 녹차밭이 펼쳐졌었는데, 지리산 하나를 둘러싸고 다양하고 많은 것들이 길러진다. 아픈 허리를 자극하지 않기 위해 힘든 코스는 뒤로 미루고 19코스를 골랐다. 모든 선택에는 내가 있었다는 것을 시간이 가르쳐 준다. 냉정하게도 보이는 그 가르침이 나는 이제 편해졌다. 탓할 것이 없다는 것을 안다. 아이들이 따라와 주는 것이 우리가 가진 복이다. 내가 가진 것을 소홀히 하는 사람에게 과연 무엇이 더 줄 수 있을까. 길은 오늘도 나를 도왔다.

노고단에서 화엄사 계곡을 따라 물이 불어 있었다. 집중 호우로 마산천을 지나갈 수 없었다. 부대원을 이끌고 우회했다. 돌아가면 멋진 것이 있더라는 내 경험칙이 또 한 번 적중했다. 돌담이며 집들이 다정한 마을, 황전 마을을 그냥 지나쳤을 것을 생각하니 정말이지, 인생은 새옹지마다. 부대 전체가 쉼을 가졌다. 걸으면서 쉬는 표정들은 언제 봐도 흐뭇하다. 돌담 옆에서 포즈를 취하고, 낮은 담장 너머로 잘 가꾼 뜰을 바라보았다. 뜰이란 말이 절로 나왔다. 알뜰살뜰, 사는 것이 그래 보였다. 마을 골목길을 유람하고 둘레길 이정표를 발견했다. 물

소리 좋은 곳에서 챙겨 온 빵이며 떡을 먹었다. 치즈크림을 발라먹는 옥수수빵은 입에서 녹는다. 고마워서 사진으로 찍었다. 고마운 것들은 잊지 않기로.

처음으로 산이가 내 배낭을 짊어졌다. 고등학교 2학년이 된 아이가 팔씨름할 때도 힘이 세졌다. 황전 마을 간식을 먹던 곳, 나는 그것을 기억할 것이다. 앞으로 산이가 자주 배낭을 멜 것이다. 남자가 맨 배낭은 오랜 세월 그와 함께할 것이다. 아직 알지 못하겠지만 그도 언젠가는 부대를 이끌고 먼 길을 가야 할 것이다. 그의 첫날이 우연처럼 온 것을 나 혼자 알아챘다. 산이가 그 길 끝까지 내 짐을 들었다.

바빠서 여유가 없다면 여기 이 길이라도 한 번 걷기를 권한다. 힘들이지 않고 넉넉하게 걸을 수 있으며, 내 몸을 위해서도 좋을 것이다. 길이 다 와 가는 아쉬움이 들 무렵에 수한 마을이 나왔다. 본래 물이 차다 해서 물한리였던 것이 수한 마을이 되었다고 한다. 물은 지혜를 상징한다. 정화수 한 사발 떠 놓고 소원을 비는 어머니, 할머니가 연상되는 오래된 산골이었다. 예스럽다. 감나무도 뻐꾹새 소리도 부대원들의 하품도 모두 가지런했다. 당산나무도 실컷 올려다보고, 길이 끝나가는 즐거움을 만끽하며 들녘으로 나왔다. 2시 55분, 방광 마을 표지석 앞에서 넷이 사진을 찍었다.
치즈 대신, 김치 대신, 방'광'이었다.

아팠던 것을
생각한다

2024년 6월 6일,
둘레길 18코스

    2020년 봄에 걷기 시작한 지리산 둘레길이다. 일 년에 두 번, 기회가 되면 한두 번 더 찾아와서 아이들과 함께 걸었던 길이다. 맛있는 떡을 아껴 먹듯이 두고두고 걸었던 것 같다. 그 길이 얼마 남지 않은 것을 슬슬 실감하고 있다. 맑고 고운 물소리가 들리는 듯하다. 어디쯤에서 들었던지, 그 물은 늘 청량하다. 발 여덟 개가 계곡물에 나란히 잠겨 찰방거리던 날은 꾀꼬리가 멀리서 울어 대지 않았을까. '뛰띠띠, 째째째째' 그러면서 울던 새들은 벌써 어미 새가 다 되었겠다. 가만히 가만히 움직이던 세상을 거닐었던 듯싶다. 꿈속이었던 듯하다. 어제는 18번째 코스, 남은 길 하나를 아내와 걸었다. 둘이 걷는 길이 마치 예식장 같았다. 걸을 때는 몰랐는데 어제 걸었던 길을 하나하나 돌이켜 보니 꼭 그 느낌이다. 하루 동안 행진한 기분이다. 길 양쪽으로 펼쳐진 강물과 들판을 하객으로 두고 걸었다. 잘 익은 보리밭도, 머리를 가누기 시작한 무논의 벼, 나무에 달린 채 술이 되어 가는 매실도 한껏 분위기를 도왔다. 우리는 그 사이로 난 오솔길을 걸었다.

    출발 전에 오미에서 난동까지 지도를 보면서 고도와 거리를 살핀다. 머릿속으로 그림을 그린다. 본 적 없는 집들과 마을을 그 풍경화에 그려 넣는다. 애정은 그렇게 보이지 않는 것들을 챙기게 한다. 삶에는 애정이, 욕심 말고 애정이 있어야 한다. 그래야 순하다. 물로 그리는 그림은 농담(濃淡)을 넣을 줄 알아야 재미있고 그것이 그림을 살린다. 세상에 물맛을 따라올 맛이 없듯이 사람에게는 물빛이 아른거려야 한다. 애정은 사람에게서 사람에게로 흐르는 물이지 않던가. 물이 흐르는 길이었다. 평범하면서 특별한 길이었다. '배우는 특별한 일을 하는 평범한 사람'이라던 배우 유해진이 생각나기도 했던 길이었으며, '끝이 좋으면 다 좋다'라고 독일 속담을 연신 말씀해 주시던 요셉피나 수녀님도 그 길에 계셨다. '내 말에 속지 말라'던 성철 스님도, '그물에 걸리지 않는 바람처럼' 텅 빈 충만을 가르쳐 주셨던 법정 스님도 모두 거기 계셨다. 결혼 행진이 몇 킬로미터나 되는지 내내 오붓했으며, 줄곧 아기자기했다. 벚꽃이 피면 정말 예쁘겠다는 말이 '오늘'로 들렸다. 오늘 정말 예쁘다고 들렸다.

마을 소개를 봐 가면서 이런저런 이름들도 대충 봐 둔다. 구례 센터에서 한 번 쉬고, 광의 면사무소에서 한 번, 그렇게 난동 마을로 향하면 되겠다. 버스는 어떻게 되는지, 도중에 들러 봤으면 싶은 데는 없는지 다른 사람들의 블로그도 한 번 둘러본다. 좋았다는 말보다 특히 힘들었다는 말이 있으면예를 들어, 길을 잃거나 헤맸다는 눈을 감고 잘 새긴다. 그러고도 길을 놓치고 종종 곤란해지는 경우도 있지만, 더 어려워지지 않기 위해서라도 잘 챙긴다. 무엇인가를 챙길 때 꼭 그 지점이 중요하지 않더라는 것, 항상 조짐이란 것이 있기 마련인 것을 길에서 배울 수 있었다. 길이 헷갈리는 삼거리에서 벅수가 없어서 저만치 갔다가 돌아와야 하는 길도 있지만, 벅수 날개가 가리키는 방향을 내가 잘못 읽은 탓에 없는 길 아닌 길로 들어서는 일은 될수록 만들지 않기로 한다. 벅수를 의지하되 믿을 것은 자신이다. 사람들이 실수한 이야기는 곱게 접어서 주머니에 챙겨 넣고 같이 걷는다. 그런 것들을 배운다. 알고도 안 배운 것들, 모르고서 못 배운 것들을 길에서 배운다. 여행이란 말은 그래서 좋다. 우리의 여행은 기본적이어서 좋다. 두 발과 심장으로 움직이는 자동차, 매연은 없고 들를 데는 다 들러보고 가는, 생각보다 멀리 가는 사람 차.

4월에 아팠던 것을 생각한다. 길에서 나는 아팠을 때가 잘 생각난다. 몸이 아프면 걷고 싶어도 걷지 못하는 것을 떠올린다. 그것도 생생하게. 허리를 굽히지 못하고 세수를 하는 일은 난감하기도 하고, 처량하기도 하고, 때로는 원망스럽기도 하지만, 길을 걷고 있으면 더 잘 살고 싶어지고 오래 다니고 싶어진다. 산이는 며칠 전에 감기를 앓았고, 우리가 걷는 길은 구례읍을 외곽으로 빙 둘러 가는 길이라 멀고 심심하다. 나는 아직 이력서를 쓰는 듯하다. 내 이력서에는 그 문장을 넣고 싶다. '저는 멀고 심심한 길도 다닙니다.' 어디에 가면 나를 쓸까, 어디에서 나는 쓸모가 있을까. 생각에 빠져 혹은 무엇이든 상상하며 걷다 보면 자유롭다는 것이 어떤 상태를 말하는 것인지 조금은 알 것 같다. 걷기가 일상인, 일상이 걷기가 되는 모습은 의젓해 보이는 것도 같아서 좋다.

산이와 강이는 늦게까지 잠을 자고 천천히 하루를 지내라고 그랬다. 심심한 길은 엄마하고 둘이서 다녀올 거니까 너희는 재미있게 보내라고 메모를 남겼다. 금요일에도 우리는 일을 해야 하니까 목요일을 집에서 그냥 보내고 싶지 않았다. 우리도 아이들을 조금씩 놓아 주기 시작했다. 그래도 남은 4개 코스는 다 같이 끝마치고 마지막 날에는 '만세'라도 부르면서 함께 축하했으면 좋겠다. 우리 정말 잘 걸었다고 우리끼리 축하하고 싶다. 어제 아침 출발하면서 이것저것이 걱정스러웠는데, 저녁에 본 얼굴들이 다들 흡족한 표정이었다. 너희도 자유로웠구나. 좋았구나.

 덥지 않고 구름이 많아서 걷기에 편했다. 금가락지가 떨어진 명당, 금환락지 앞에 다시 섰다. 저쪽에는 운조루, 이쪽으로는 조선 후기 전통 가옥이라고 소개되어 있는 곡전재(穀田齋)가 있다. 지리산이 펼쳐지고 앞으로 섬진강이 흐르는 곳, 전체가 명당 같은 구례에 도착했다. 몇 걸음 걷지 않고 마주한 곡전재는 대문 앞에서부터 정취가 있었다. 입구에 난이며 꽃이 손님을 맞이하는 것처럼 맑고 향기롭게 자리하고 있었다. 여기에 들어서면 걸음이며 숨소리 하나하나에 옛날이 달라붙을 것 같다. 잠시 선비가 되어 보기로 한다. 일본식 정원을 둘러보며 연못이며 거기 사는 코이¹⁾를 물끄러미 바라보던 것과 또 달랐다. 여기는 연못인 듯 샘인 듯, 물이 수로를 따라 돈다. 곡전재에는 꽃이며 나무가 많았다. 집안에 대나무 숲까지 있었으니까. 5채 51칸으로 된 이 집에 볕이 드는 데는 꽃이 있었다. 사랑채와 안채 사이에 너른 마당을 제외하고는 울타리 안에 눈길 가는 데에는 온갖 꽃들이 색색으로 조화로웠다. 한가로워서 거기 쓰여 있는 글자들도 눈에 들었다. 동쪽 행랑채였던가 싶은 데는 거연당(居然堂). 작은 연못이 그 곁에 있었다. 그렇게 머문다. 심심한 것도 저 정도면 운치가 된다. 광풍동춘(光風動春)도 있었고, 내가 걸음을 멈춘 곳은 화위귀당(和爲貴堂), 그 옆에 작은 글씨도 힘닿는 데까지 올려다봤다. 누군가의 결혼을 축하했던 것 같다. 계해 정월이라고 썼다. 무엇보다도 '조화로운 것이 귀한 것'인 줄 당부하는 말 같아서 마음에 들었다. 여기 들던 사람은 그 뜻을 잘 새겼을 것이다. 사람은 오며 가며, 나며 들며 그렇게 변해 가지 않던

---

1) 코이(錦鯉): 비단잉어를 뜻하는 일본어 단어.

가. 장독대도 사진 한 장 찍고 곡전재를 돌아 나왔다. 부자는 거드름 피우지 않아도 부자인 것이 드러난다. 부자의 마음 씀씀이가 달달해서 여기가 명당인 것을 새삼 또 알아봤다. 갑시다. 우리 나그네는 저기 구름이 흘러가는 데로 걸어갑시다.

마을을 벗어나 마을을 돌아본다. 그렇구나, 오미 마을 앞에 있는 산은 오봉산, 저 모양이 엎드려 절하는 신하를 닮았다는 거구나. 그 뒤로 지리산 자락은 알겠다. 그래 오던 길에 작은 시내도 있었다. 그리고 저기 둑길 건너에는 섬진강이 흐르고, 우리는 섬진강 길을 걷는다. 이순신 백의종군로라는 표지도 곳곳에 보였다. 그 길이 이 길이고, 이 길이 그 길이었다. 그때까지도 몰랐다. 우리가 걷는 길이 내가 늘 구례에 들어서면 가리키던 그 왼쪽에 나 있는 길이었다는 것을. 구례는 높은 데에서 보면 참박으로 만든 바가지처럼 둥그렇게 분지형이다. 포근하게 감춰져 있다고 할까, 숨어 있다고 할까. 그 포근함 속에 깃들고 싶어 구례로 들어서면 맨 처음 눈에 들어오는 것이 길 왼편으로 흐르는 물과 그 물가를 따라 가로수가 줄지어 서 있는 산책길이다. 마음에 두면 언젠가 인연이 닿는다. 따로 조급할 것도 없는 그런 약속을 좋아한다. 지켜도 지키지 않아도 좋은 약속이 사람에게는 필요하다. 그러다 만나면 반가움이 더 커지니까, 미안함은 아예 처음부터 없이 시작하니까, 가볍고도 깊은 약속이 나는 좋다. 그게 비록 길이나 숲, 도시나 건물에 두고 하는 약속이더라도 말이다. 스코틀랜드 끄트머리, 아르헨티나의 끝, 또 어디 끝에 두고 약속했던가. 오로라를 보러 가겠다는 약속은 해마다 갱신한다. 두고 볼 일이다. 내 약속들, 약속의 땅에서 깊이 숨을 들이마시는 상상을 오늘도 여기서 열심히 갈고 닦는다. 제법 날렵하고 노련한 나그네가 될 것만 같다. 아, 좋다.

밥 짓는 장면이 평화로워야 밥 먹을 때 다정한 말들이 오가고, 밥 먹고 나서 편안하다. 그래서 토대가 되는 것들은 신중하게 고르고 다져야 한다. 시작도 중요하고 그다음도 역시 중요하다. 사는 데 한시도 중요하지 않은 때가 없다. 생존 확률이란 것처럼 무너지는 것은 정말이지, 한순간이니까. 그 순간들을 어떻게 쌓아 갈 것인지 삶이 묻는다. 언제나 그다음을 물어 오는 삶에게 아무 할 말이 없을 때, 그러고도 말하고 싶지 않을 때, 그때 우리는 지친 것이다. 우리가 지쳐 쓰러져도 삶은 계속된다. 나 없이 내 시간이 흐르는 것을 바라보는 것, 그것이 절망의 얼굴이다. 그래서 나는 뛰지도, 쉬지도 않는다. 다만 걷기로 한다. 무엇을 하든 걷고 있으면 삶이 물어 오는 질문에 어떤 말이라도 해 줄 수 있으니까. 묻고 답하는 것이 삶이니까. 그것만 잘하면 되니까. 꿀 먹은 벙어리가 되지 말자. 삶은 어려운 것을 묻지 않는다. 둘레길에 서 있는 벅수를 볼 때마다 삶이 저렇다고 생각한다. 날개를 펴서 양쪽 길을 가리킨다. 가리키는 것이 질문이면서 동시에 답이다. 질문은 단순하고 답은 저마다의 몫으로 남겨 두는 것이 삶이 펼치는 퍼포먼스다. 벅수 앞에 서 있는 사람은 언제나 나였으며, 앞으로도 그럴 것이다. 길이 서 있는 것이 아니라 내가 서 있다. 우주는 길이고, 삶은 묻고, 나는 하나의 순간이다.

용호정을 지나서 구례 군민 체육 시설 앞에 도착했다. 그늘 없이 걸어왔다. 날이 좋았다면 더 힘들었을 것이다. 흐려서 좋은 날이다. 글쎄, 밥을 뭐 먹으러 갈까. 점심 먹을 시간에 정확히 맞춘 듯하다. 주변에 건물들이 보이고, 공원에 나와 휴일을 즐기는 사람들이 보였다. 맨날 국밥만 사는 것 같아서 먼저 말을 꺼냈다. 저기 숯불갈비 있네, 애들도 없으니까 맛있는 거 먹자고 꼬셨다. 낮에 고기 먹는 것이 별로였는지 아니면 비싼 물가 때문에 선뜻 내키지 않았는지 아내는 다른 것 먹자고 한다. (생각해 보면 그래도 한 번 더 권했어야 했다.) 건너편에 딱 좋은 간판이 보였다. 지리산 밥상. 아마 지리산 밥집이라고 했으면 다른 곳으로 향했겠지. '밥상'이란 말에 솔깃해져서 한방에 결정. 저기!

글을 자주 쓰다 보니까 몇 번 '식당 운'에 대해서도 언급했었는데, 확실히 선견지명이 있다. 그날도 운이 좋았다. 우스개로 일부러 '특'을 시켰다며 많이 먹으라고 아내에게 권했다. 고생했으니까 지리산 '특'정식 드시지요. 식탁에 차려진 찬들이 맛깔스러웠다. 배고프니까 뭐든 맛있겠지만, 반찬이 골고루 맛있었다. 나그네라서 좋은 것 하나가 여기저기 다니면서 밥을 먹어 보는 재미다. 함부로 품평을 하지는 않겠지만 맛만큼 다른 것이 있을까. 내 마음속에는 맛 지도라는 것이 업로드되고 있다. 맛은 머리가 아니라 가슴으로 느끼는 것이 맞다. 지리산 밥상, 우리 둘 다 만족했다.

점심을 먹고 우리가 걷던 코스로 돌아왔다. 새로 길을 다듬은 흔적이 보였다. 넓지도 좁지도 않게 오솔길이 정비되어 있다. 벚나무도 간격이 좋게 즐비해서 그늘도 자연스럽다. 저쪽 가외는 맨발로 걸을 수 있게 황토를 깔았구나. 시시껄렁한 농담이 시작됐다. '어떻게 맨발을 벗나? 신발을 벗어야지', '그러네', 그러면서 웃었다. 웃으니까 또 생각났다. '문 닫고 나가라, 그러면 안 되지. 문 열고 나가야지!' 그러면서 웃고. 그러다가 돼지와 되지로 이야기가 번졌다. 길에서는 자꾸 번져가는 것들이 생겨난다. 무엇이 번질지, 그건 모른다. 마침 노래가 들린다. 어디 스피커에서 나오는 노래가 이렇게 절묘할 줄이야. 얼마나 좋을까, 좋을까, 거기서부터 들렸다. '그리고 난 참 바보처럼 살았군요. 난 참 바보처럼 살았군요. 바보처럼, 바보처럼, 바보처럼.' 왜 그렇게 귀에 쏙 들어오는지, 올가을에는 이 노래를 들어야겠다.

 황창연 신부님이 해 준 유머도 꺼내 들었다. 2.5가 3한테 깍듯했대. 그런데 어느 날 2.5가 3한테 반말하고 거드름 피우더래. 3이 너 환장했냐? 그러면서 달려드니까 2.5가 뭐라 그런 줄 알아? 나, 점 빼고 왔다고, 왜 불만 있냐고 그러더래. 밥을 맛있게 먹고 나니까 사람이 여유로워진다. 그래, 그래야 돼. 백성은 밥이 하늘인 줄 알고 임금은 백성이 하늘인 줄 알아야 한다는 말씀, 옳은 말씀이다. 물을 보면서 걸어서 그런지 지혜로워지는 느낌이었다. 오른쪽으로 냇가에 수풀이 무성하고 물결이 잔잔하다. 싱그럽다. 한 시간쯤 걷다가 길가 정자에서 멈췄다. 여기 좀 앉았다 가자고 그런다.

 쉬는 날 일찍 챙기고 나왔으니 피곤하지. 시간에 쫓기지 말자고 나온 길인데 마치 내 지갑에서 시간을 꺼내 주는 것처럼 인심을 썼다. 거기 누워서 잠깐 눈을 붙이기로 하고, 나도 신발을 벗었다. 끈을 풀다가 그만 다리에 경련이 일어나고 말았다. 아는 사람은 안다. 꼼짝할 수 없다는 것을. 경련이 가라앉을 때까지 악 소리도 내지 못하고 눈을 꼭 감고 기다렸다. 어차피 지금은 바로 걷지 못하니까 여기서 괜찮아질 때까지 기다리기로 했다. 아내는 벌써 잠들었다. 나도 살살 졸음이 왔다. 들판에서 배낭을 베고 잠드는 맛, 사이다 같다. 숭늉 같고 식혜 같다. 노래 같기도 하고, 편지 같은 것도 같다. 말의 갈기가 이처럼 부드러울 것이다. 스르르 잠이 들었다. 또 웃음이 났다. 얼마나 좋을까, 좋을까.

 감정은 순하고 연해서 쉽게 마르고, 부르트고, 갈라진다. 곧잘 상처

입고 피를 흘리다가 쓰러진다. 제아무리 육중한 철문 같은 몸을 가졌어도 감정이 시드는 것은 막아 내질 못한다. 감정이 출렁이면 몸은 어지럽고, 감기라도 들면 몸은 자리에 눕는다. 감정은 꽃잎처럼 얇고 투명해서 질식한다. 어느 날 여고생에게 물었다. 감수성이란 말 알고 있냐고. 아이들 사이에서는 '갬성'이라고 해야 알아듣고 통한다. 갬성은 알겠는데 감수성은 모르겠다고 고개를 젓는다. 그 마음이야, 싶은 것이 감수성이라고 말해 줬다. '네 마음이 그랬구나' 싶을 때가 누구에게나 있다. 거기에 가 본 적 없는 사람은 내 밖에 있는 존재를 존재로 인식하지 못하는 것이지. 감수성이 어디만큼, 얼마나 커질 수 있을까 상상해 보라고 했다. 감수성이 커지면 나라가 사라지고, 인종이 사라지고, 급기야 우주가 하나의 놀이터 안에서 놀지 않겠냐고 떠들었다. 아이가 웃었다. 그러겠다며 딴 세상 같다고 그런다. 누가 오는지 알아보지 않고 급하게 문을 닫아거는 사람들에게 감수성은 오지랖으로 해석된다. 지금은 좋지 않은 뜻으로 쓰이지만, 풍신(風神)은 원래가 사람의 외양을 가리키는 말이다. 풍신이 좋다는 것은 사람이 썩 좋아 보인다는 말이다. 감수성은 그렇게 바라보는 마음이다. 세상이 좋아 보이는 바탕이다. 올해는 프랑스에서 올림픽이 열린다. 작품이 만들어지는 데 중요하지 않은 대목이 없다. 길 하나를 걷는 데도 필요한 것들이 조화를 이뤄야 하고, 모든 선수들이 잘해야 올림픽도 빛나는 것이다. 조화의 틈새에는 감수성을 발라야 한다. 그래야 비가 새지 않고, 튼튼하고 오래간다. 배고픈 것을 알아보고, 힘든 것을 받아줘야 오래간다. 나도 배고파지고 힘들 때가 있으니까. 내 감수성이 상대를 돕고 그대의 감수성이 나를 살린다. 그것이 배려가 되고, 사랑이 되고, 희생으로 번져 가는 것이다. 전쟁 없는 세상을 원한다면 감수성을 키워야 한다. 종교가 감수성을 잃어버리면 팍팍해진다. 중세가 암

혹시대였던 것은 종교가 거칠었기 때문이다. 법이 거칠면 사람이 떠나고, 밥이 거칠어지면 사람이 살지 못한다. 학교가 감수성을 잃으면 경쟁이 돌출하고, 아이들은 날카로운 칼날이 된다. 그 칼날이 어디로 향할지 우리는 기후 문제를 바라보는 것처럼 무방비다. 낮잠을 자면서 나라를 걱정하다니, 길에서 자면 감수성도 충만해지는 것인지…….

나도 아내도 한결 편안해졌다. 종아리도 처음보다 좋아졌다. 절반 정도 왔으니까 걸어온 만큼 걸어가면 이 길 끝에 닿는다.

공부는 왜 하는 것 같아?

그렇지 않아도 1등을 한다는 아이에게 괜한 질문이었을까. 며칠 전 일이 떠올랐다. 정말 잘하는 공부하고 그냥 잘하는 공부는 차이가 있어. 정말 공부를 잘하면 사람이 평화로워져. 그냥 잘하면 불안해. 불안한 사람은 잘하고 있는 거야. 그런데 정말 잘하고 있는 것은 아니지. 독보적인 1등이 되라는 뜻이 아니야. 나는 소설가도 아니고 작가도 아닌데 매일 글을 써. 잘한다는 것은 틈틈이 한다는 뜻도 되잖아. 내가 믿는 것은 아마 그런 거야. 좋아하는 것을 자주 들여다보는 것, 그러면 평화로워지는……. 나는 네가 평화로워졌으면 좋겠다. 아이가 그렁그렁해졌다.

길에서 배운 것을 길에서 실천한다. 광의 면사무소 앞에서 목을 축이고 남은 6km를 걸었다. 계속 평지였다. 가물었는지 세심정 앞은 물이 말랐다. 시절이 좋았을 때는 여기에서도 제법 풍류를 읊었을 것이다. 세심정이란 이름도 곳곳에 많은 편이다. 국사봉, 향로봉이 우리나라 산 이름에 많다고 그러는 것처럼.

세심정 뒤로 산이 나와서 반가웠다. 그런데 3분짜리 산행이었다. 옳

거니 했다가 헛웃음만 나왔다. 그만큼 걸었으면서 산이 나오길 바라는 마음이라니, 점점 녹아드는 것이다. 재미있는 욕심이다. 꽃들이 많다 했는데 코스모스도 한 무더기 피어나고 있었다. 검붉은 양귀비부터 금계국이며 접시꽃, 베고니아, 능소화도 있었다. 할아버지가 자전거를 타고 갔으며 젊은 부부가 애완견 한 마리씩 데리고 거닐고 있었다. 나이 든 부부는 뒤를 돌아보면 우리를 쳐다봤으며, 낚시하는 남자 둘도 있었다. 오후 4시, 6시간이 지났다. 버스가 다니는 길가에서 초롱꽃 사진을 찍는 것은 지리산 자락이니까 가능한 일이겠지. 1km 남은 길이 홀가분했다. 모처럼 나에게 걸려 온 전화, '산'이라고 뜬다. 엄마한테만 연락하더니 어쩐 일이냐. 어디냐고 묻고, 괜찮냐고 묻는다. 너도 나에게 묻는구나. 내 삶이 물어 온다. 여기는 길 위다. 지금 길 위에 있다.

걸으면서
비 맞은 적 없잖아?

2024년 10월 3일,
둘레길 16코스

현재 온도 12.6도, 어제보다 3.3도 낮다. 미세먼지, 자외선 모두 좋은데 습도 94%, 오전 11시부터 비가 내릴 확률 60%다. 태풍의 영향이다. 새벽 4시 30분 바깥공기를 살핀다. 아직 어둡고 벌써 차갑다. 한 시간 후에는 산이와 강이를 깨워서 예정대로 출발한다. 우비를 챙겨야겠다. 상황이 불리하게 바뀌면 도중에라도 철수할 수 있도록 해야겠다. 지난 5년 동안 출발 전부터 불안했던 적은 없었는데, 둘레길 종주를 얼마 남겨 두지 않은 시점에서 우리가 만나는 최고의 난코스다.

혹시라도 비가 일찍 내리면 구례와 하동 근처에서 시간을 보낼 것이다. 우리는 섬진강을 느긋하게 즐겨도 좋을 시간을 갖게 되는 것이다. 길을 걷느라 늘 멀리서만 바라봤던 경치 속으로 들어가 지나온 길들로 서로 이야기 나눠도 좋을 것이다. 우리에게는 기뻐할 권리가 있으니까. 정말이지, 이제 마지막이란 단어가 자주 등장한다. 어제도 조카와 밥을 먹으면서 그런 말을 했다.

"한 번이라도 걸어 본 사람은 공감하는데, 한 번도 걸어 본 적 없는 사람은 반신반의하거든."

내일 몇 명이 출발하냐고 묻는 조카의 표정에 나도 진심이었던 듯하다. 냉장고에 있던 반찬들로 비빔밥을 만든 것뿐인데, 밥이 맛있다며 나한테 칭찬을 아끼지 않는다. 그와 같은 것 아닐까……. 무엇을 먹느냐보다 어떻게, 누구와 먹느냐 하는 문제. 우리에게 지리산이 지리산일 수 있는 것은 우리가 거기를 한 걸음씩 걸었다는 것, 그때 서로 다정했다는 사실 때문이다. 생각하면 포근해지고, 언제 다시 그럴 수 있을까 싶을 만큼 아득한 기분이 드는 것을 무엇으로 대신할 수 있을까. 곧 대학에 가는 조카한테 말을 늘어놓았지만 내가 해 줄 수 있는 말은 그런 말이었다. 별거 아닌 것을 놓치지 않기를 바란다는 그런 말.

04:40.
좌우 대칭이 되는 숫자가 나란히 보기 좋다. 새벽 4시 40분이다. 스물네 시간 전에 이 자리에 앉아 '출발 한 시간 전입니다', 하면서 썼던 작고 소박한 출사를 간직한 채 하동과 구례를 잇는 산길 10km를 다녀왔다.

내비게이션에 입력된 주소는 '구례군 토지면 송정리 산 62-13'. 집에서 1시간 45분 걸리는 곳에 8시 10분까지 도착할 계획으로 출발했다. 비가 내린 뒤라 새벽 풍경이 가지런한 데가 있었다. 오랜만이다, 새벽 어스름! 색을 가지고 노는 사람들은 저 하늘빛을 얼마나 그리고 싶을까. 차에 시동을 걸고 식구들을 기다리면서 몸을 풀었다. 고개를 젓고 으스름달이 저 위에 보이는 것이…… 반가웠다. 비는 오지 않겠구나.

또 다른 조카 장연이가 차에 탔다. 장연이 배낭에는 김밥이 들었다. 산에서 먹을 우리 점심밥을 맡고 있는 소중한 사람이 앞자리에 앉았다. 처음으로 둘레길 여정에서 우리 식구 이외에 다른 사람이 동행하는 날이다. 한참 오르막을 오르면서 농담처럼 했던 말이지만, 5년을 걸으니까 알아주는 사람 한 명 생긴 것 같아서 괜히 즐겁다. 저도 5시부터 깼다고 그런다. 장연이는 산이와 동갑내기 이종형제다.

가능한 모든 소음을 줄이고 달렸다. 네 사람이 차 안에서 골고루 쌕쌕거리는 소리를 들으면서 순천 방향 고속도로에 올라탔다. 관촌, 임실, 오수, 아래로 내려갈수록 산이 가까워진다. 시야가 밝아지고 산들이 눈앞에 펼쳐진다. 등줄기, 산등성이는 힘을 잔뜩 숨기고 웅크린 모습이다.

춘향이 휴게소에서 아침을 먹고 다시 출발한 시각이 7시 40분, 음식을 기다리는 데 시간이 걸렸다. 가탄 가는 버스 타는 것이 아슬아슬해졌다. 차를 주차하고 버스 타는 곳까지 700m. 식구들을 먼저 버스 정류장에 내려 주고 이른 아침, 가을 들판을 전속력으로 달렸다. 늦지 않게 버스 탑승. 화개면 가탄이 맞지요? 네!

8시 40분. 언제였냐, 저기 저 길 보이지, 저 위에서 아래로 쭉 내려왔잖아. 다리 건너에 슈퍼 있었고. 버스에서 내리니까 가탄교 앞이었다. 화개천은 오늘도 맑다. 올해 2월에 가탄교 앞까지 걸었던 날이 벌써 추억이 됐다. 꽃이 피면 예쁠 거라고 그랬었잖아. 그때 힘들었다며 산이와 강이도 말을 보탠다. 그때 엄마는 아프기도 했어. 고생했다는 이야기는 왜 시절이 지나면 구수해질까. 몰래 쥐어 주는 누룽지처럼 살가운 구석이 있다.

일부러 그랬다면 그거야말로 신의 한 수지만, 일부러 그럴 리는 없다. 길을 걷는 사람이 '일부러' 잘못 드는 일은 정말 없다. 우리는 들떠서 화살표 하나만 보고 너무 쉽게 어련히 이쪽이겠거니 하고 그 유명한 벚꽃길을 걸었다. 쌍계사로 올라가는 길을 따라 20분쯤 걸었을 때 비로소 이 길이 아닌 것 같다며 뒤돌아 걸었다. 그런데 이 '헛수고'가 결과적으로 우리들 일행을 도왔다. 어떤 벅수는 무너지고 작아서 깜빡 놓치고 마는 경우가 있다. 버스에서 내린 지점까지 되돌아와서 건너편에 초라하게 서 있는 벅수를 보고 손뼉을 쳤다. 여기를 놓쳤네! 그리고 그 길을 따라 올라갔다. 법화 마을이라고 부르는, 예전에 '사하촌'이었던 곳이다. 그러니까 쌍계사 아래에 있는 마을이다.

작은재로 올라가는 오르막도 만만찮았다. 종아리가 순식간에 팽팽하게 당겨 온다. 긴장하는 것이다. "왜 그래. 나한테 왜 그러는데!" 하고 외치는 것이다. 그러니까 우리 몸 풀라고 그랬던 것 같다며 슬쩍 헛걸음한 것을 좋게 해석했다. 다들 수긍하는 표정이다. 10분 전까지 삐죽이던 입들이 숨을 몰아쉬느라 누구 탓할 여유가 없었다. 오르는 거야, 그건 힘든 거야. 그런데 좋다. 하늘도 좋다. 비가 올 것 같더니만 이게 뭐냐. 우리 보고 오늘 즐기라는 것 같잖아. 아직 어려서 '즐기는' 것을 모른다. '힘든 것'을 즐기려면 얼마쯤 더 세상을 살아야 한다.

나와 아내는 둘레길이 끝나가는 것을 아쉬워하고, 아까워하고, 대단하게 여긴다. 이쯤 되면 아내도 훌륭한 선생님이다. 금쪽이라고 그러면서 방송에 나오지만, 나는 길에서 아내가 어떤 식으로 아이들을 대하는지 본다. 엄마는 너희와 같이 있어. 힘들 때, 지칠 때, 목마를 때 늘 엄마가 뒤에 있어. 나는 한참을 앞서서 걷고, 아내는 강이 손을 잡고 걷는다. 산이 뒤에서 걷는다. 그래서 실컷 만만한 사람이 되지만, 그 모습이야말로 높은 사람의 모습이란 것을 안다. 아이들에게 불안이 없다. 엄마가 오롯이 저희 편이다. 그런 배경을 하나쯤 갖고 산다면 세상 어디에 가서도 중심을 잡고 살 것이다. 바퀴살,『장자』 외편의 「천도」에 나오는 대목이다.

> "70평생 바큇살이 모이는 구멍을 깎았는데 조금이라도 더 깎으면 헐해지고, 작게 깎으면 빡빡해져서 들어가지 않는다. 이런 일은 손짐작으로 맞출 뿐 결코 자식에게조차 말로는 전수할 수 없는 것이다."

책을 읽으면서 살지만, 책도 그다음이다. 밥을 먹고 살지만, 밥도 따라오지 못하는 것이 있다. 법으로 둘러쳐진 세상에서 법보다 더 가치 있는 것을 궁리할 때도 많다. 아이들과 그저 걷는 것뿐인데 아내와 나는 가벼워지고 있다. 세월이 가서 가벼워지는 것도 좋고, 아이들에게 줄 것을 주고 비어 가는 가벼움, 편안하다. 이제 산이는 나머지 두 코스만 걸으면 우리와 함께 걷는 길은 졸업이다. 그동안 오래 많이 걸어 줘서 고맙다.

언덕바지에서 가쁜 숨을 고르면서 쉬고 있을 때 우리 앞을 지나가던 아저씨들이 한마디씩 덕담을 건넸다. 한 분이 길을 멈추고 캐러멜을 주시며, "나는 꼬마들한테 칭찬해 주고 싶네, 우리 집 애들은 한 번을 안 따라오는데……"라고 하신다.

또 저 말을 들었다. 둘레길에서 가장 많이 들었던 말이 바로 저 말이다. 어느 길에서든 지나가는 어른들은 물었다, 아이들이 따라오더냐고. 그리고 응원했다, 좋은 일 한다고. 나이가 든 탓인지 누군가의 진심이 내게 와닿는 순간들이 이제는 저절로 기록된다. 기분 좋은 말을 듣고도 시큰해지는 것은 정말 나이 탓일까. 삶이 가끔은 지리 가는 시합 같을 때가 있다. 그래서 '정말' 괜찮다고 말해 주는 사람이 우리한테는 필요하다. 그런 일이 좋은 일이라고 믿는다.

가스라이팅이란 말도 유행이다. 가만 생각해 보면 가스라이팅 아닌 것이 없다. 존재하는 것은 무엇이든 어딘가에 영향을 미친다. 아이는 어른에게 의존한다. 그런 면에서 나는 아이들을 복종시키고 있다. 하지만 내가 바라보는 곳은 그렇게 끝나는 세상이 아니라, 아이가 나 없이도 너무나 잘 살아가는 세상이다. 그래서 우리는 주종 관계에 빠지지 않는다. 그럴 필요가 없다.

'지러 가는 시합'이라는 말, 아이들 읽으라고 줬던 『완득이』에 나오는 말이다. 그 말이 김연수의 산문집, 『지지 않는다는 말』과 너무 닮아서 좋아한다. 어쩌면 우리는 그 마음을 배우러 걷는지도 모르겠다. 힘들게 뭐 하러? 그럴 때마다 할 말이 없어서가 아니라 말로 다 이야기할 수 없어서 웃는다. 아직은 우리가 어려서 다 알지 못하지만 그리고 끝내 알 수 없겠지만, 그 지점을 사랑하고 싶은 것이다. 몰라서 여기까지 오고 말았다는 그때를, 나 혼자라도 기다렸다가 그때를 보듬어 주려고 하는 것이다. "우리 걸었잖아?" 그 말이 하고 싶은 것이다. 말이 나온 김에 『완득이』에서 인상적이었던 대목을 하나 더 적어야겠다. 가끔은 이런 기분으로도 걷는다. 완득이 담임 선생님이 하는 말이다.

"새끼야, 쪽팔린 줄 아는 가난이 가난이냐? 햇반 하나라도 더 챙겨 가는 걸 기뻐해야 하는 게 진짜 가난이야. 햇반 하나 푹 끓여서 서너 명이 저녁으로 먹는 집도 있어!"

- 김려령, 『완득이』, 창비, 2008, p.136

가난을 모르는 것이 과연 좋은 일인지 헷갈린다. 길을 걸으면서 『완득이』에 나왔던 저 말이 나를 찌를 때가 있다. 내가 '쪽팔려'하는 것들은 무엇인가. 혹시 그것을 감추려고 이렇게 걷고 있는 것은 아닌가. 한 번도 진짜를 가져 본 적 없다는 사실을 또 몰래 감추고 걷는 것 같아서 하늘 아래서, 땅 위에서, 그 너른 데에서 외로울 때가 있다. 역시 길이 선생이다.

작은재를 넘었다. 11시 40분, 조금 이따가 점심을 먹기로 했다. 혼자서 고개를 내려오면서 생각했다. '작은재가 이 정도면……' 목아재 가는 길이 살짝 걱정됐다.

"저기 펜션들 많이 보이지? 저 골짜기 따라서 올라가면 피아골이야."

아내도 반가워했다.

"아, 여기가 피아골이었구나!"

곧 단풍이 들기 시작하면 여기, 저 반대쪽 뱀사골은 차 댈 곳이 없을 정도로 사람이 몰리는 곳이다. 올해는 단풍이 가늠되지 않는다. 이렇게 무더위가 길었던 여름도 처음이라 산에 있는 모든 것들도 지금 당황스러울 것이다. "도대체 이게 뭐야?" 그러면서 난감해할 것이다.

다리 이름이 추동교였다. 계곡 이쪽과 저쪽을 이어 주는 다리 아래로 물이 맑았다. 나는 산이 좋은가, 물이 좋은가. 성우가 선생님은 어느 계절이 좋냐고 물었을 때, 다 좋다고 그랬다. 일주일에 한 번 함라

산에 같이 다니는 우진이 아빠도 늘 묻는다. 점심은 뭐가 좋겠냐고. 내 대답은 일정하다. 뭐든지 좋아요. 올여름은 정말이지, 한참 뜨거운 햇볕 속에 앉아 있는 기분이었다. 수건으로 땀을 훔치며 꿀꺽꿀꺽 물을 마시던 성우가 어느 계절이 좋냐고 물었던 것은 이런 여름 싫지 않냐는 맞장구가 듣고 싶었던 것 아니었을까. 나처럼 대답하면 재미없다. 그런데 성우가 묻는 말은 이상하게 사람을 진지하게 만드는 구석이 있다. 진짜로 답해 줘야 할 것 같고, 어쩐지 그러는 것이 맞을 것 같은 눈빛이다. 너는 궁금하구나. 내가 궁금하구나!

"나는 그런 것 같아. 특별히 싫어하는 것이 없는 느낌? 여름 온다, 겨울 온다. 그러면서 가을이 오면 '가을이다' 싶고, 봄에는 '봄이다' 싶고⋯⋯. 정말 그래. 너, 이거 꽤 특별한 거다? 싫어하는 것이 없으면 좋아하는 것도 없다!"

'어?' 하는 것 같았다. 아이 눈이 몇 개의 층으로 나뉘지는 듯했다. 그 눈에 오색 무지개가 떴다. 무지개를 보면 누구나 아이가 된다. 나도 너처럼, 성우처럼 깜빡이면서 이야기를 이어 갔다.

"좋아하는 것이 없다고 싫은 것일까? 아니지, 꼭 그런 것은 아니지. 내가 '블랙핑크'를 좋아하지 않는다고 해서 싫어하는 것은 아니거든. 좋아하는 것이 따로 없으면 이것은 이래서 좋고 저것은 저래서 좋은 것 같아."

추동교 아래 흐르는 물이 너무 맑아서 점심을 거기 냇가에 앉아서 먹었다. 김밥으로 충분히 천국이 됐다. 커피도 한 잔, 아이들 셋과 조약돌을 던지면서 500원짜리 내기도 했다. 물론 내가 이기고 말았다. 거기부터 제대로 된 오르막이 나온다. 만약 가탄에서 송정리를 걷고자 한다면 호흡을 깊게 들이마시고 당분간 뒤도 돌아보지 않을 생각으로 앞만 보고 그리고 땅만 보면서 올라야 한다. 우리도 그렇게 그 길을 올라갔다. 오르막을 만나면 설악산 공룡능선으로 대청봉에 올라 오색으로 내려오는 상상을 한다. 하나의 훈련이 되기를 바라는 것이다. 젊었을 때 못 가 봤던 그곳을 가는 연습이라고 생각한다. 더 나이 먹기 전에, 숨이 가장 가빠지는 순간에 저 말이 나온다. 머리가 아니라 마음을 열고 나오는 말이 있다. 더 나이 먹기 전에-그것은 늙고 기운 없어지기 전에 그 말 아닌가- 아내와 다녀와야겠다는 마음이 송골송골 맺힌다. 우리가 두 발로 걸을 수 있을 때, 그때까지가 이 영화의 러닝 타임이다.

목아재에 닿았다. 처음 동행하는 장연이도 하고 싶은 말이 많은 것 같다.

"힘들기는 하네요, 이것은 뭐 거의 절벽 수준인데요. 죽을 것 같아도 쉬면 금방 또 괜찮아지고……"

마지막 말이 웃긴다. 그런데 산은 체질이 아닌 것 같아요. 한번에 좋아하기 어렵지. 아마 게임도 그럴걸? 서두를 것 없다. 너희는 아직 어리니까.
다섯이 씩씩하게 걸었다. 산이와 강이도 어딘가 비교가 됐을 것이다. 그동안 다녀 본 산이며 길에서 배운 것들이 모두 자기 안에 쌓여 있으니까, 여기가 어떤 맛인지 가늠해 볼 수 있었을 것이다.

아이들은 무엇을 기억할까. 기억도 사람이 살아가는 방식을 흉내 내며 재구성된다던데 산이, 강이, 장연이는 오늘을 어떻게 간직할까. 비가 내렸다. 비라고 할 만큼도 아니었지만, 비가 내려서 좋았다. 만약 아침 버스에 올라탔을 때 비가 내렸더라면 과연 우리가 여기를 걸었을까. 사람이 하는 일과 하늘이 하는 일이 따로 있다는 것을 구석구석에서 깨닫는다. 이제 장연이도 알 것이다. 길을 하나 걷는데도 이렇게 많은 조건들이 합을 이뤄야 한다는 것을.

"우리 걸으면서 비 온 적은 없었잖아? 이거 둘레길 다 끝나 가는 데 기념이 되겠는데!"

"그러게요. 정말 비도 예쁘게 오네."

그냥 걸어도 좋을 비를 일부러 피했다. 비를 긋고 무엇인가를 기다리고 싶었다. 목련이 꽃만 좋은 것이 아니었다. 널따란 잎으로 비를 다 막아 줬다. 그 그늘 아래서 우리는 제각각 시간을 보냈다. 5분만, 5분만 더! 비가 그치기를 기다린 것이 아니라 비가 내리기를 더 기다렸던 것 같다. 빗물이 자작하게 땅으로 졸아드는 것을 보고 일어섰다. 실컷 가벼워지고 고요해진 몸으로 길을 내려왔다. 여뀌가 보였다. 저것이 여뀌라고 턱으로 가리키니까 산이와 장연이는 한번에 알아듣지 못한다. 그건 명아주, 지팡이 만드는 거. 그것은 깻잎이 아니라 차조기, 약초야.

장연이와 산이, 둘이 앞서가더니 송정리가 보이는 곳에서 드러누웠다. 그렇게 보는 하늘이 최고다. 아이들 모르게 사진을 찍었다. 어쩌면 이 사진이 유명해질지도 모른다. 둘레길이 다 끝나면 기념으로 책

둘레길 175

을 만들기로 했다. 장연이는 운이 좋은 거다.

　오늘도 고생했다는 말, 수고 많았다는 말, 그 말이 많은 사람에게 위로가 된다. 라디오 음악 방송을 들으면서 매번 놀란다. 오늘 하루도 수고 많았다는 말 한마디가 이렇게나 감동적이라니. 남원에 들러 저녁을 먹고 라디오를 들으면서 집에 오는 길, 비가 내리고 우리는 평화로웠다. 밤이 국화처럼 향기로웠다.

행여
견딜 만하면

**2024년 10월 12일,
둘레길 17코스**

아마 그럴 것이다. 훗날 지금을 떠올리면 지리산이 먼저 보일 것이다. 하얗게 안개에 갇혔던 길이 서서히 드러나며 어느 순간 파란 하늘이 배경으로 펼쳐진 곳에서 이쪽을 보며 웃고 있는 얼굴들이 떠오를 것이다.

토요일에 둘레길을 걷고, 일요일이 지났다. 그리고 월요일, 아직 동이 트기 전에 하나씩 밝아 올 세상을 기다리고 있다. 멀리서 차가 달리는 소리가 들린다.

10월은 다들 좋아하니까. 그러고 보면 나하고 강이는 닮은 구석이 있다. 몇 살이었을까? 저녁 약속 장소에 따로따로 도착했던 날이었다. 그 식당이 어디였는지 다 잊었지만, 어쩐지 마당이 넓었던 공터가 생각난다. 처갓집 식구들이 하나둘 돌아가고 우리도 집으로 출발하려던 때에 강이가 나한테 걸어왔다.

"왜, 강이야?"

"오빠는 엄마 차에 타고, 아빠만 혼자 가니까 내가 왔어."

누가 물으면 나는 11월이 좋다고 그런다. 11월이 좋다고 하는 또래를 본 적이 없어서....... 누가 11월이 좋다고 그러면 다시 돌아본다. 정말? 초코와 바닐라 맛이 반반씩 담긴 아이스크림을 떠먹는 것처럼 천천히 그 사람의 11월을 듣는다. 어디에서 그런 마음이 들었는지, 무엇이 반짝였는지 상상하고 음미한다. 차고 부드럽고 달콤한 맛이 녹아서 사라질 때까지 따라가 본다.

11월은 연극이 끝난 뒤에 사람들이 빠져나간 객석 같아서...... 아낀다. 그러니까 10월은 무대 위에서 배우들이 펼치는 동작이며 대사다. 10월은 어디를 가도 야외극장이며 콘서트 현장이다. 우리의 연극, 지리산 둘레길 '송정에서 오미'도 막을 내렸다. 2024년 10월 12일. 토요일 이른 아침 6시에서 오후 3시 30분까지. 이틀 지난 공연 팸플릿을 본다. 장소, 연출, 등장인물을 소개하는 사진도 없다. 줄거리를 요약해 놓은 설명도 없는 그것을 오래 손에 들고 있다.

> 아이는 두 가지 모두 마음에 쏙 들었는데, 그중에서도 엄마와 아빠가 함께 노래를 부를 때 둘 사이에서 엄마와 아빠를 만지는 게 제일 좋았다.
>
> - 제임스 에이지, 『가족의 죽음』, 테오리아, 2015, p.380

집으로 가는 길, <All the Way Home>이라는 제목으로 연극과 영화로 각색되어 무대와 스크린에 올려졌던 6살 난 아이의 이야기다. 어느 날 세상을 떠난 아빠를, 아빠가 앉았던 의자에서 익숙한 냄새를 맡으며 기억한다. 내 왼쪽으로 그 책이 보였다. '내 이야기 한 줄 써 줄래?' 그러는 것 같아서 옆에 앉으라며 자리를 내줬다. 음악도 틀어 줄까 싶다. 우리는 10월에서 11월로 가고 있다고. 우리 아이들은 벌써

18살, 15살이 됐다고. 내일은 강이 생일이라고 알려 준다. 세상이 환해졌다. 커튼을 걷어야겠다.

눈물이 났다. 운전대를 잡은 채 손이 자꾸 흔들렸다. 손에 힘을 주고 정면을 주시하며 달렸지만, 역시 눈앞이 흐려서 계기판도, 황색 선도, 신호도 자꾸 놓쳤다. 눈을 뜨고 있어도 가슴이 자기 자리를 지키고 있지 않으면 사람이 우스워지는구나. 빨간불 앞에서 대기하고 있었다. 그러다가 눈물이 났다. 이런……. 병원이 보였다.

생각하면 어처구니없는 일이지만 그때는 그것만도 다행이라고 얼마나 굽신거렸는지, 되돌려받고 싶다. 다른 것은 다 그만두고 '고마워하던' 나를 다시 찾아가 싹싹 지우고 싶다. 간단하다던 수술이 도중에 중지된 채로 살이 봉합되었다. 그리고 얼른 서울 큰 병원으로 가 보라는 말을 왜 고마워했을까. 산이도, 강이도 그 병원에서 낳았으니까 그래서 이해하겠다는 뜻이었을까. 가끔 멱살을 잡고 따지는 나를 상상한다. 상상만으로도 시원해지는 것이 있다. 하지만 다시 그 현실 앞에 나를 데려다 놓는다고 해도 상상처럼 그러지 못할 것이다. 한순간의 실수를 세월이 지나서 다시 꺼내 놓고 빛바랜 지적을 하자는 뜻이 아니다. 열어 보니까 크더라니, 그렇게 큰 혹이 들어 있을 줄 몰랐다는 말은 너무 무책임하지 않은가.

암 수술을 받고 누워 있는 나, 또 어떤 수술을 받을지 모르는 아내가 나란히 누워 있는 집 안에 강이는 크레파스로 머리가 긴 공주를 그리고 있고, 산이는 나눗셈 숙제를 하다 말고 TV에 시선을 뺏긴 채 조용히 시간이 흘러가고 있는 모습. 상상만으로도 그 정적이 두려웠다. -하지만 현실이 될지도 모를 것 같아서- 손이 떨렸다.

아내는 경사가 진 코스를 걷다가 온 날이면 수술받은 부위가 당긴다며 고생한다. 뜨겁게 찜질도 하며 사나흘쯤 살살 다닌다. 내가 산티아고는 못 갈 것 같다고 그러면 거기는 산이 아니니까 괜찮다며 물러서지 않는다. 저만큼의 힘도 그동안 둘레길을 다니면서 생긴 힘이다. 미안하다, 연했던 사람을 질기게 만든 것 같아서.

그 와중에 웃었던 날이 있다. 서울에서 다시 수술을 받고 집에 내려와 산부인과에 입원했던 날, 산이와 강이는 차 뒷자리에서 저희끼리 까불고 있었다.

"아빠, 지금 어디 가?"

"엄마가 병원에 입원했어. 거기 가는 거야."

"병원, 어디?"

병원 이름을 알려 주고, 거기는 산부인과라고 일러 줬다. 그다음 순간, 강이가 생각지도 못한 말로 나를 웃겼다. 좀처럼 웃음이 멈추지 않았다.

"엄마 또 아기 낳아?"

그런 것들이 '빛깔' 같다. 고유한 분위기를 띄우는 화면, 화면 속 인물, 그 인물의 대사, 대사가 만드는 분위기, 분위기를 기억하는 다른 상대, 상대에게서 전해 듣는 옛날이야기 속의 나, 파동처럼 같은 동작으로 연신 어떤 틈을 밀고 들어오는 찰나(刹那), 찰나가 입고 등장하는 드레스, 그 얼굴의 화장 같은 것들이 나에게 남는다. 빛깔이라고밖에 부를 수 없는 입 모양이며 눈웃음 같은 것들이 차 안을 채웠다. 또다시 맑은 하늘이었다.

자, 출발해야지! 안개가 도로 위로 내리고 있었다. 앞자리에는 민환이-민환이도 조카다, 강이와 산이한테는 이종사촌 오빠이면서 형이다.-가 앉았다. 산이와 강이는 엄마 양어깨에 머리를 기대고 아직 다 깨지 않은 잠을 잔다. 음악도 끄고 더 운전에 집중했다. 구례로 향했다. 안갯속으로 달렸다.

"여기 먼저 내려. 내 배낭도 꺼내고!"

오미 마을버스 정류장, 8시 12분. 버스는 20분에 온다. 주차장에 내려서 도로까지 걸어오면 늦을 것 같아서 먼저 아내와 아이들을 거기 내리게 했다. 운조루 유물전시관 주차장에 차를 세우고 달렸다. 어정쩡하다. 하지만 달렸다. 달리니까 금방 숨이 차고 차라리 걷는 게 낫겠다는 생각이 들었지만, 버스 오는 데까지 달리고 싶었다. 뼈는 굳고 근육은 엷어져서 영 자세가 나오지 않는다. 그런데 아침에, 들판을, 혼자서, 그것만으로도 충분히 달릴 만했다. 정류장에 도착하자마자 버스가 왔다. 소년도 오고, 버스도 오는구나.

소설가 한강의 노벨상 수상 소식은 보고도 믿어지지 않았다. 나처럼 사람들이 만지작거리며 스스로에게 미안해하는 감정이 하나 있을 것 같다. 영화 〈설국열차〉 끝부분에 이런 대사가 나온다.

"It's been frozen shut for 18 years, now you might take it as a wall."

이게 오랫동안 닫혀 있어서 당연히 벽인 줄 알았을 테지만 사실 문이었다는 그 대사가 그대로 차창 밖 들판에 반짝였다. '언젠가 노벨상을 받겠지', '누군가 받겠지', 야릇하고 나른한 타협 같은 것이 내 무의식을 차지하고 있었다는 사실에 경종을 울렸던 소식이었다. 정신까지도 지배하는 그런 것들은 위험하다는 사실도 함께 깨닫게 해 준 빅 뉴스였다.

한강이 '강이'로 불린다는 이야기가 반가워 강이 일기에 그 이야기도 적어 놨다. 한강도 자기 이름이 싫었다고 한다. 그러나 그 이름을 잘 받아들이게 됐다며 웃었다.

금방 송정에 왔다. 우리가 지난번에 버스를 탔던 곳, 반가움이란 잠시라도 내가 거기에 속했었다는 자기 확인이다. 여기 앉아서 버스 기다렸는데, 누군가 먼저 말을 꺼냈다. 반갑지? 길도 정류장도 반가워지는 마법. 매직 타임이 시작된다.

송정 마을이라고 쓴 마을 표지석 앞에서 단체 사진을 찍고 '파이'팅을 외치면서 웃었다. 산이는 일부러 표정을 일그러뜨린다. 후드티를 안에 입고 점퍼까지 걸쳤다. 산이도 웃기는 구석이 많다. 좀처럼 키가 자라지 않아 아내는 애가 탄다.

"산이야, 이렇게 키가 안 커서 어떡하냐?"

"엄마, 괜찮아."

"뭐가 괜찮아. 키가 커야 여자 친구도 사귀고 그러지."

그다음 말이 제법 쓸 만했다.

"엄마, 나한테 고백하는 여자는 그래서 '진심'이고 '찐'이야."

길을 따라 올라갔다. 700m 정도 걸어가면 왼쪽 오르막을 가리키는 벅수가 나오고, 거기부터 본격적으로 송정-오미 구간이 시작된다. 의승재로 오르는 1km가 이 구간에서는 승부처다. 그러니까 초반에 승부가 갈리는 경기다. 의승재를 지나서부터는 줄곧 내리막이 이어지고 간간이 오르고 내리는 구간이 반복된다. 안개가 많이 걷혔지만 강이 말대로 '저승길'이 나오는 장면처럼 앞이 뿌옇게 흐렸다. 아내는 힘들다가도 아이들의 그런 말 한마디에 웃겨 죽겠다고 웃는다. 옆에서 그렇게 웃으면 덩달아 웃고 만다. 웃음은 전파력이 세다. 오르고 또 오르면 점점 발아래가 넓어진다. 운해(雲海)라고 부르는 거야. 아래에서는 아마 구름처럼 보일걸. 저승길을 지나오니까 앞이 환하고 밝았다. 여기는 천국이겠다, 그렇지? 고개를 하나 넘고 계곡을 향해 내려 걸었다. 송정계곡의 형세는 깊었지만 물은 많지 않았다. 편백나무가 숲을 이루는 곳도 지나왔다.

산이와 민환이가 앞장을 섰다. 이제 산이도 길을 잘 찾는다. 화살표가 안 보인다 싶으면 멈춰서 두리번거릴 줄도 알고, 벅수를 소중하게 대하고 또 먼저 지나갔던 사람들이 나뭇가지에 매달아 놓은 리본이나 띠, 줄의 도움도 받는다. 길을 잃기 쉬운 곳에서 발견하는 인정(人情)은 온기를 품고 있다. 석주관 갈림길을 지나서 원송계곡으로 내려가던 중에 봤던 '등산로'라고 쓴 그것은 둘레길에서 봤던 수많은 화살표들을 생각나게 했다. 고마운 것들. 우리 삶에는 정말이지, 저런 표시가 꼭 필요하다. 아무것도 없이 산길을 헤매는 것은 얼마나 두려운 일인가.

밤나무와 감나무가 번갈아 10월의 어느 멋진 날을 만들어 줬다. 아내의 유전자를 거슬러 올라가면 수렵과 채집으로 살아가던 인류를 만날 것이다. 떨어진 밤만 주워도 가방이 불룩하다. 어찌나 열심히 줍던지, 가만있을 수 없었다. 나는 땅에 떨어진 것도, 나무에 달린 것도 관심을 끌지 못하는 것이, 아무래도 내 유전자에는 밤도 감도 없는 듯하다. 그래도 하나씩 주웠다. 그것이 한 주먹이 되면 아내에게 바쳤다. 또 좋아한다. 좋아하는 것을 좋아하는 것이 어떤 것인지 새로 배우는 느낌이었다. 그 틈에 아이들은 쉰다. 휴대폰 없이 멀리 바라보고 있는 것이 건강해 보였다. 쉬어도 길에서 쉬니까 그림 같았다.

'행여 지리산에 오시려거든 / 천왕봉 일출을 보러 오시라 / 삼대째 내리 적선한 사람만 볼 수 있으니 / 아무나 오시지 마시고 / 노고단 구름바다에 빠지려면 / 원추리 꽃무리에 흑심을 품지 않는 / 이슬의 눈으로 오시라'

이원규의 시, 「행여 지리산에 오시려거든」 첫 마디가 아른거렸다. 앞에 가는 저 아이들이 '행여' 지리산을 찾게 되거든 자기 마음 하나를 오늘같이 잘 데리고 오르기를 바랐다. 반야봉, 피아골, 불일폭포, 벽소령, 세석평전에서 바라다보는 아이들의 세상이 평화롭기를 바란다. 섬진강이 흐르는 쪽을 가리키며 그 옆으로 길이 있고, 그 길을 같이 걸었던 자기 그림자한테도 인사를 건네기를 바란다. 오래 즐거웠다고, 그런 날이 있었다는 게 꿈같다고 말해 주면 좋겠다.

원송계곡에서 벗어나니까 시야가 트이고, 구례 전체가 멀리까지 보였다. 한동안 평지가 이어졌다. 떠들면서 걷기 좋은 길이다. 이렇게만 가면 끝날 것 같은 예감은 늘 기분 좋다. 4km 정도는 가볍게 상대해 주겠다는 마음이 된다. 지나가는 동네 사람들에게 아이들이 먼저 인사를 건네는 것이 뒤에서도 다 들렸다. 어른들이 대견해하는 것을 저희도 즐기는 것 같다. 누군가 응원해 주는 것, 필요한 일이다.

누군가 나를 위해 기도하고 있다는 성가는 언제 들어도 뭉클한 데가 있다. 기도를 하나 꺼냈다. 손가락에 낀 묵주 반지를 한 칸씩 염주처럼 돌리면서 하늘도 땅도 바람도 올려다봤다. 길에서 하는 기도에는 하늘, 바람, 땅 같은 것들이 나도 모르게 들어간다. 고마운 것밖에 없다. '감사합니다', 그 말이 춤을 췄다. 강이가 저게 뭐냐고 물었다.

길에서 한 걸음 떨어진 허공으로 기다란 콘크리트 구조물이 지나간다. 저것은 '수로'다. 저게 뭘까? 내가 다시 물었다. 로마인 이야기를 아내가 읽기 시작한 날, 그걸 다 읽으려고 그러냐며 믿지 않았다. 1권을 손에 든 지 일주일은 더 지난 것 같다. 아마 올해가 다 갈 때까지⋯⋯. 이 뒷말은 상상에 맡기겠다. 고등학생이 "수로!" 그런다. 너무 쉬운 거 아니냐는 투다. 로마는 도로와 물을 관리할 줄 알았다. 그게 로마의 힘이었다. 아내도 놀랄 것이다. 지금 우리가 누리는 많은 것들이 2천 년도 훨씬 전 그 세계에서 시작되었다는 사실을 페이지를 넘길 때마다 만나게 될 것이니까. 그리고 로마가 우리가 익숙하게 알던 그 로마가 아닌 것을 미안해할지도 모른다. 수로 이야기가 다리 이야기가 됐고 건축으로 번졌다. 나는 의식적으로 산이 앞에서 건축의 위대함, 즐거움, 필요성 같은 것들을-알지도 못하면서- 늘어놓는다. 과연 산이는 무엇이 될까?

재미있는 장면도 하나 있었다. 그 집은 단층이었고, 회백색과 붉은색 벽돌이 인상적이었다. 집보다 마당이 넓었고, 마침 아주머니가 뒤로 돌아서 빨래를 널고 있었다. 처음에는 아주머니가 거기 있는 줄 모르고, "야, 이 집 예쁘다." 다들 정말 그렇다며 그 집 앞에 서서 집을 구경했다. 따로 특별한 것도 없었는데 어째서 특별하게 보였을까. 글을 쓰는 지금도 그 생각 그대로다. 급기야 "집에게 박수!"라고 외쳤다. 웃긴 것이, 나머지 네 사람이 정말 박수를 짝짝짝 치더라는 거. 그때, 아주머니가 허리를 들고 일어섰다. "고맙습니다." 하며 낯선 곳에서 낯선 인사를 받았다. 그런데 그 우연한 것이 좋았다. 둘레길을 돌면서 좋은 집들을 많이 봤는데 우리한테 박수받은 집은 그 집이 유일하다. 그렇게 평지가 끝났다.

둘레길에서는 마음을 놓지 마시라. 노인 요양원이 보이고 화살표가 위쪽으로 향했다. 아래로 내려갈 것만 같은, 그만 아래로 내려갔으면 싶은 곳에서 둘레길은 꼭 위쪽 길로 사람을 이끈다. 이번에도 어김없이 끝이 보이지 않는 아스팔트 오르막이다. 만약 혼자 걷는다면 그쯤에서 털레털레 아래쪽으로 걸을지도 모른다. 이만큼 걸었으면 됐다고 대충 마무리할지도 모른다. 함께하는 것들은 그래서 힘이 세다. 함부로 포기하지 않고 쉽게 타협하지 않는다. 정말이지, 같이 걸었기에 걸을 수 있었던 둘레길이었다. 그 둘레길 끝이 다가오고 있다. 한 구간, 한 구간에서 시작과 끝을 경험하고 또 그렇게 경험한 길들이 전체 하나의 길을 완성하는 이 구조가 새삼스레 마음에 든다. 오늘도 완성이고, 다음에 21번째 구간을 걸으면 지리산 둘레길 한 편이 완성이다. 아이들이 완(完)이라는 글자를 개념이 아니라 실재하는 장소로 기억할 것이다.

솔까끔 마을부터 내죽 마을로 이어지는 산길은 형세가 좋아서 그런지 고급 전원주택들이 많았다. 이런 곳에서는 수돗물이 어떻게 공급되는지 그런 것도 궁금했다. 내죽 마을로 내려가는 길가에 생긴 지 한 달 됐다는 카페에 들어갔다. 강이는 망고스무디, 산이는 남자의 로망, 민환이는 블루베리스무디, 아내와 나는 아이스아메리카노, 달콤하고 시원하고 맛있는 맛이 머리끝에서 발끝까지 퍼졌다. 녀석들도 좋아한다. 아무리 걷기가 좋은 거라고 그래도 힘든 것은 힘든 것이다. 미안하고 고맙고 대견하다. 풍경이 좋은 곳에 오면 말이 많아지거나 말이 없어진다. 거기에서는 말이 스르르 잠겨 들었다. 나도 피곤했던 것 같다. 저 들판이 익어 가고 있다. 10월, 많이 온 거라며 끄덕였다. 아내는 카페 안을 구경하고, 아이들은 저희끼리 키득거리고, 나는 평화로웠다.

다음에 다시 들르겠다고 카페 사장님에게 인사했는데, 과연 나는 그 약속을 지키게 될는지. 그때는 아내와 둘이 오기로 했다. 저녁해가 지는 것이 장관이라던데 ,오래 해가 지는 날을 기대한다. 내죽 마을에서 하죽으로 이어지는 길가에 설악초도, 백일홍도, 과꽃인가 싶은 꽃들도 한창이었다.

'그러나 굳이 지리산에 오고 싶다면 / 언제 어느 곳이든 아무렇게나 오시라 / 그대는 나날이 변덕스럽지만 / 지리산은 변하면서도 언제나 첫 마음이니 / 행여 견딜 만하다면 제발 오지 마시라'

'행여' 견딜 만하더라도 그대, 가시라. 나는 그 말을 건네야겠다. 오지 말라는 말이 아니라, 잘 견뎌 내라는 저 마음을 나도 나누고 싶다. '행여'에 맡기지 말고, 그대가 '행여'가 되지 말고 눈에 잘 보이는 길을 따라 지리산에 오기를 바란다. 어디에서든 지리산이다. 걸으면 거기가 지리산이다. 잘 왔다고, 오기 잘했다고 등 두드려 주는 이들이 지리산이다. 우리는 모두 그런 사람이다. 우리는 그런 지리산이다.

아침 안갯속에 세워 뒀던 차가 보인다. 저도 맑은 공기를 실컷 마셨을 것이다. 오랜만에 가을 들판을 보며 뭔가를 떠올렸을지도 모른다. 다섯 사람이 손을 모아 사진을 찍었다. 약속처럼 다시 이런 날이 오면 그때 또 손을 모아서 찍어 보자. 누구 손이 더 예뻐졌는지 겨뤄 보자.

여기서부터
시작

**2025년 2월 5일,
둘레길 21코스**

　이제 길을 잃거나 보이지 않은 곳에서도 덜 당황한다. 여전히 불안한 것은 있지만, 적어도 길을 탓하지는 않는다. 예의가 생겼다. 수화(手話)를 배웠던 적이 있는데, 그때도 그게 예의라고 생각했다. 알아듣고, 알아본다는 말은 마음이 배우는 언어다. 길에서는 될수록 차분하게, 그 언어가 새싹처럼 돋아나고 있다. 길을 풍경처럼 바라본다. 원래도 풍경이었던 것을, 왜 나는 실망하고 원망하고 탓했을까. 그림을 그려야겠다. 저 길에 드는 빛을, 부는 바람을, 넘실대는 파도를 온몸으로 맞이하고, 바라보고, 거기 올라타야겠다.

　지리산 둘레길 마지막 21번째 코스 산동에서 주천까지, 그러니까 우리는 지리산 둘레길을 완성했다. 그리고 벌써 한 달이나 지났다. 매번 한 코스씩 다녀올 때마다 이번에도 잘 다녀왔다며 잔잔한 감동에 빠져 다녀온 이야기를 서둘러 적었다. 생생하게 남기고 싶어서, 조금이라도 흐트러질까 봐. 그 길에서 나눴던 눈빛이며 공감, 이야기 같은 따스한 것들이 시간의 틈 사이로 잔잔히 스며들기를 바라면서.

　그런데 더 늦추고 싶었다. 이러다가 미끄러지고 말아, 점점 그날의 표정이 희미해지잖아, 내 속으로 파고드는 강아지같이 속살거리는 것을 한편 다독이면서, 한편 그 부드러움에 녹아들면서, 하루하루 겨울이 지나는 것을 세고 있었다. 깨끗한 A4 용지에 파란색 볼펜으로 그 날 걸었던 이름들을 적었다. 그리고도 일주일을 책상에 올려놓고 기다렸다. 그 사이에 눈이 내리고, 설날이 지났고, 입춘이 지났다.

산동면 사무소 - 현천 - 계척 마을 - 유스호스텔 - 주천 센터까지, 총 16.4km.

'죽은 자가 살아 있는 자를 구하고 과거가 현재를 돕는다.'

이제는 누구나 다 아는 소설가 한강의 말은 길을 걷는 데 물 같았다. 첫발을 떼었던 그 걸음으로 걸어가면 나는 늘 길에 머물 수 있겠다고 한강의 말이 나를 울렸다. 한 모금의 물이 사람을 일으키고, 그 힘이 울림이 되는 공간이 모두 길이다. 내가 좋아하는 곳이다. 쓱 입가를 닦고 일어섰다. 빛이 좋은 1월 1일, 첫날이었다.

새해 첫날에 둘레길 마지막 여정에 나섰다. 12월은 기말고사 시험으로, 학교마다 일정이 바쁜 탓에 2024년에 끝마치기로 했던 둘레길 완주가 잠시 뒤로 미뤄졌다. 그것도 괜찮겠다. 오늘은 시작과 끝이란 말이 멋지게 들어맞겠구나. 그것으로 우리를 장식하겠구나. 한 해가 오늘 시작하고, 길은 여기서 끝난다. 그러나 시작과 끝이 영 다른 것이 아니라 하나인 것을 우리는 출발점이자 도착점에서 목격하게 될 것이다. 늘 그렇게 시작하고 마칠 수 있기를, 그 순간 문득 깨달을지도 모른다. 우리를 반겨 줄 겨울 정적이 거기서 기다리고 있을 것이다. 오랜만이네, 잘 지냈어? 늘 생각했다며 인사할 것이다. 속삭이듯 건네는 말들이 정겨워서 듣고만 있어도 좋을 것이다. 우리는 얼마나 자랐을까.

새벽 공기를 가르며 달렸다. 우리도 해맞이할 수 있기를 바랐다. 생각해 보니 1년 전 오늘도 순천만에서 해맞이를 하고 대축에서 원부춘 14코스를 걸었었다. 지나간 것이 우리를 돕는다. 우리가 했던 것들이 우리가 된다. 함께 걸어서 좋았다고, 함께여서 걸을 수 있었다고 어디쯤에서 아이들에게 말할까. 운전대를 잡은 손이 가볍게 떨렸다. 스쳐 지나가는 것들에게 고마운 정이 솟았다.

설 명절에 처가 식구들이 모인 자리에서, 새벽에 눈을 뜨고 그다음 한 시간 동안 내가 하는 동작 하나하나를 이야기했다. 다들 지리산 300km를 걷고 온 것을 '대단하다'라며 칭찬하던 참이었다. 칭찬도 좋지만 놓치고 싶지 않은 것이 있었다. 잠이 깨면 우선 가만히 있어. 그대로 못 일어나거든. 맨 처음 하는 것이, 발가락 끝에 힘을 주는 거야. 발가락에 힘이 들어갈 때 편안해. 종아리가 당겨지면서 허벅지, 허리로 의식이 차오르면 가슴께에서는 저절로 숨이 한 번 쉬어지거든. 후, 그러면서 숨을 길게 뿜으면 온몸이 이완되는데, 그때 그 말이 나와.
'감사합니다.'
나는 종교가 있으니까 당연히 '하느님 감사합니다' 그러는데, 거기서부터가 좀 웃겨. 웃기는데 그게 또 괜찮은 것이…….
'신기해', 그 말이 차마 나오지 않고 입안에서 돌았다.
옆으로 몸을 비틀고, 몸을 비튼 반대쪽 손으로 바닥을 짚고, 그야말로 슬로비디오로 일어나거든. 아무도 몰라. 옆에서 자는 사람도 몰라. 허리 아픈 사람은 그래. 어떤 날은 그렇게 일어났는데 허리가 영 내 허리 같지 않은 날이 있어. 그런 날은 화장실에 가는 것도 살짝 겁이

나서 양손으로 허리를 받치고 거실을 서성거리는 거야. 어둠 속에서 건너편 불 켜진 집들이 몇이나 되나 하나씩 세면서 말이지. 그게 전부 한 30분 걸려. 그래서 사실은 내가 이것을 다 걸을 수 있을까, 의심했다니까. 갈 수 없을 것 같으니까 다녔던 것 같아. 갈 수 있을 거라고 믿었다면 아마 쉽게 생각했을 거야. '날도 추운데 나중에 가지' 그러면서.

그런 게 있더라고. 하루 다 걷고 걸어온 길을 돌아보면 한 가지 사실이 남아. 걸음이라는 것이 겨우 30cm 될까 싶은 것이 정말 대단한 거구나. 누구의 걸음이든 그 힘이 있구나. 내가 걷고도 정말 여기를 내가 걸었나 싶어서 놀라거든. 뿌듯하다. 그런 게 있어.

산수유 마을은 어디에서 어디까지를 부르는 이름일까, 봄기운이 막 싹을 틔울 무렵에 남원을 지나다 보면 늘 궁금했다. 생기 있는 것, 꽃만 봐도 반가운 시기에 동네 하나를 환하게 밝히는 노란색 봄덩이들, 복덩이들. 저 노란빛을 신호로 연분홍 꽃들이 차례대로 피어나지. 둘레길 어디에선가 봤던 매화는 올해도 향기가 그윽하겠지. 새해 아침에 떠올리는 것들로 사람 소원이 이루어진다면 올해 우리의 소원은 꽃이다. '꽃이어도 좋으냐', 산신령이 묻는다면 망설이지 않고 끄덕이고 싶다. 꽃이 좋다고.

"다니면서 꽃도 많이 봤네."

아무 맥락도 없는 내 말에 아내는 끄덕인다. 어떤 끄덕임은 그걸로 충분해서 다음 장면이 비현실적이다. 음이 소거되고, 시간이 꿈처럼 흐른다. 예컨대 수고로움을 알아보는 수고로움이 있다. 오래된 나무는 자기를 찾아오는 것들에게 쉴 자리를 내준다. 사람도, 새도, 가끔 바람도, 거기 머물다 간다. 그저 편안할 뿐이다. 문득 세상이 전하는 안부를 잘 듣고 있는지, 그 인사에 나는 뭐라고 답하며 살고 있는지 묻는다. 차창 옆으로 스치고 지나는 풍경 하나하나가 가깝게 다가왔다. 오늘 이 길이 다 이루어지는구나.

산동이란 지명은 친숙하다. 하나 말해 두자면 남원에도 산동면이 있고, 구례에도 같은 이름이 있다. 두 산동은 겨우 고개 하나를 사이에 두고 나란히 있다. 길을 찾을 때 주의해야 한다. 밤재를 지나-우리는 저 아래에서부터 이 고개를 거꾸로 걸어 올라올 거야- 구례군 산동면 사무소에 도착했다. 봄이면 산수유 축제로 유명해지는 거기, 온통 노란 꽃으로 덮이는 곳이다.

미용실 옆에 두부집, 골목 하나가 있고, 난로 연통이 보이는 피아노 교습소가 있다. 구름 한 점 없는 겨울 하늘을 배경으로 서 있는 시골 마을에 내렸다. 훈련되고 단련된 사람들처럼 각자의 짐을 어깨에 메고 몸을 푼다. 한적한 면사무소 마당이 잠시 소란스러웠다. 사진을 찍으면서 장난도 치고, 오늘이 마지막이란 것을 반기는 것처럼 다들 건강한 표정이다. 나만 허전한 것이 어쩐지 불공평하다. 다음 페이지를 궁금해하는 사람들은 해맑은데, 방금 읽은 페이지가 남긴 여운에 갇혀 있는 사람. 그게 나 같았다.

도로를 따라 걷는다. 하늘만 파랗고 모두 겨울 색이다. 빼꼼히 눈만 내놓고 지내는 겨울나무처럼 전봇대도 단출하게 보였다. 저 논도 쉬어 가는구나. 모처럼 텅 빈 공간과 마주했다. 겨울은 쉬게 한다. 저것이 쉬는 모습이다. 보기 좋게 비어 있었다. 창공 가득히 비어 있었고, 창공과 내가 있는 사이가 투명했으며, 거기 무엇이든 그려 넣을 수 있었다. 아무리 사진을 찍어도 이 청량감은 담지 못하잖아. 산수유를 아무리 책에서 많이 봤어도 저 가지에 남아 있는 저 붉은 열매를 알까. 서리도 눈도 다 맞은 산수유 열매가, 다 따지 못한 붉은 것이 하나씩 보이더니 눈앞에 갑자기 많아졌다. 한 알을 따서 오물거렸다. 바람이 사람들에게 남긴 맛, 사람들 손에 닿지 않은 맛이 났다. 겨울 맛이 났고, 머릿속으로 내가 아는 맛이 아닌 맛이었다. 그것은 물맛이었을 것이다. 혀에 닿은 눈송이가 번지는 맛. 음미(吟味)라고 쓰면 적당할까. 듣는 것이, 보는 것이, 행하는 것이 다 맛이 된다는 저 말이 붉은색이었을지도 모른다. 내가 무엇인가를 음미할 때는 나를 거기에 보내는 것이다. 음악이 그렇고, 어떤 순간이 그렇다. 객체와 주체가 하나로 어우러진 맛의 정체가 음미다. 그것은 무엇으로 분리할 수 있을까. 정(情) 같은 것이어서 따로 떼어 낼 수가 없다. 말로 다 할 수 없는 것, 그것이 음미다.

마을 한가운데 아름드리 느티나무가 서 있었다. 한 아름이 넘는 덩치를 저만큼 예쁘게 표현한 말을 본 적이 없다. 그런데 현천 마을에 들어서서 바라본 저수지는 꼭 그 말을 가져다 쓰고 싶게 한다. 비단 한 폭에 담길 것 같은 수면이 고요하게 흔들렸다. 여기는 날이 따뜻해질수록 선경(仙景)이겠다. 물에 비친 마을이 평화로웠다. 물 밖의 마을도 그러리라고, 그랬으면 싶었다. 둑길을 한 사람씩 걷는 모습이 정겨워서 그 뒷모습을 찍었다. 오늘은 뒤에서 사진을 찍는다.

'A Latte is a horse'.

이 말이 가진 웃음가는 얼마나 될까. -주가(株價)라는 말이 가치(價値)라는 말을 대신하는 시대다. 사람에게 가격을 매기는 일이 인류의 역사에서 한 번이라도 모습을 감춘 적 있던가. 과연 우리에게는 신분제가 존재하지 않는가. 사람이 모인 거의 모든 곳에서 사람의 주가를 따지고 그것을 챙긴다. 그 와중에 나는 시장에 상장되지 못한, 그러니까 주가라고 불리지 못하는 종이 쪼가리다.- '라떼는 말이야', 이렇게 말해 줘도 금방 알아듣지 못할 수도 있다. 나이가 많을수록 저게 무슨 말인지 갸우뚱거리며 생각에 잠길 것이다. 강이가 우스개를 종종 터뜨린다. 자기가 어른이 되면 '라떼는 말이야' 그러면서 지리산을 가져다 쓸 거란다. 남자 친구는 먼저 여기 와서 걸어야 한다며, 일종의 테스트라고 그런다. 하루를 같이 걸어 보면 생각보다 많은 것을 알게 된다고. 저 말은 평소에 우리가 했던 말이다. 처음 듣는 것처럼 세 사람이 그 말도 잘 들어 준다. '라떼'가 시시각각 줄어드는 것이 눈에 보였다. 모래시계 속의 모래가 점점 더 빨리 사라지는 기분이다. 하늘은 정말이지, 왜 저렇게 파랗냐.

산 아래에서 연기가 피어난 곳이라는 마을 유래비가 있었다. 연관마을 입구에 당산나무 두 그루가 근사하게 가지를 펼치고 있었다. 그 길 따라 건너편으로 갔어야 할 것을 당연하다는 듯이 위쪽 길로 걸었다. 건너가야 했던 곳을 올라간 것이다. 어느 오르막이든 힘들지 않은 곳이 없다. 오르막이 나오면 본능적으로 앞에 선다. 이쯤에서 벅수가 보일 법도 한데 안 보인다 싶을 때, 산이가 소리쳤다.

"이쪽이 아닌 것 같아."

옳거니, 내심 반가웠다. 어느새 마을이 끝나고 길이 산으로 이어지던 참이다. "그래?" 그때 알았다. 자식이 성장하는 것만큼 부모에게 의지가 되는 것이 없다는 것을. 저도 미심쩍었는지 휴대폰으로 길을 찾아봤던 모양이다. 그렇게 길눈이 생기는 것이다. 무작정 따라가기보다 살피면서 가는 것이 살아가는 데 도움이 될 것이다. 잘했다. 덕분에 고생을 덜었다. 길을 되돌아 내려오는데, 할머니 한 분이 나오셔서 저 아랫길로 가야 한다며 오래 서서 지켜보셨다. 산이는 두 번, 세 번 돌아서서 고맙다고 인사를 한다. 봄을 품은 겨울이 할머니에게서, 산이에게서 보였다. 서로에게 예의가 있어 보였다. 그 힘으로 우리가 사는 것 같았다.

중국 말 중 방심(放心)은 안심이다. 방심해서 길을 놓쳤지만, 그것을 탓하거나 다그치지 않고 편하게 대했던 것이야말로 둘레길을 다 걸을 수 있었던 비결이었을 것이다. 역설이 아름다운 까닭은 터무니없이 끝나지 않고 끝내 감동을 안기는 데 있다. 우리는 실수하면서 잘 걷고 있다.

산골은 조용하다. 풍광이 좋은 계척 마을을 지나면서도 집을 지키는 개들이 우리를 맞았다. 컹컹, 모처럼 낯선 사람들을 봐서 그런지 짖는 소리도 맹렬하다. 주천까지 10.6km. 2025년 1월 1일 수요일 낮 12시 12분. 21코스를 3분의 2 정도 남겨 놓고 임도를 벗어나 숲에 들어섰다. 여기에서 곧장 편백숲이 나올 때까지 오르막이다. 하지만 가파르지 않게 오를 만하다. 여기 그리고 다음에 나오는 밤재가 오늘의 하이라이트다.

두 사람이 노를 젓는다 / 한 척의 배를 / 한 사람은 / 별을 알고 / 한 사람은 / 폭풍을 안다

- 라이너 쿤체, 「두 사람」 중

젊었을 때는 옆에 폭풍을 아는 사람이 필요했다. 나는 별을 아니까, 그 사람이 필요했다. 그 사람만 있으면 내가 바다를 지나서 파란색에 닿을 것만 같았다. 하지만 나는 별을 알지 못했고, 폭풍을 아는 사람도 만나지 못했다. 그래서 바다는 바다, 끝도 없는 바다. 이제 나이를 먹고 한 사람은 별을 알고, 한 사람은 폭풍을 안다는 말을 매만진다. 한 사람, 한 사람이 아니라 내 안에 있는 두 사람인 것을 제법 근사하게 맞이한다. 하늘이 바다다. 파란 지중해가 머리 위에서 넘실거린다. 두 사람이 하늘을 건너는 배를 향해 손을 흔든다. 지나온 길들이 한 컷, 한 컷 되살아나는 내 망막에 물을 준다. 거기에서도 꽃밭을 가꾼다. 계절마다 색색으로 바람이 불어오는 곳에는 무엇이 더 필요할까. 기다리며, 내게 오지 않는 것들, 끝나지 않은 것들을 기다리면서 꽃씨를 심는다.

강이가 찍어 준 사진을 오래 바라본다. 편백숲은 시원했고 서늘했다. 감각이란 게 있었을 것이다. 편하다며 웃는 것들이 있었을 것이다. 오늘이 편한 것이 아니라 '그동안'이 너희를 편하게 한다. 강이는 걷고 난 이후로 천식이 많이 좋아졌다. 환절기마다 앓았던 비염도 약해졌다. 아내는 둘레길이 끝나도 강이하고는 종종 어디라도 다녀야겠다고 앞지른다. 재미를 안다면 하지 말래도 하니까, 우리는 아이들에게 재미밖에 줄 게 없다. 음악을 듣는 재미와 석양을 바라보는 재미, 초록과 풀 내음, 발은 아픈데 입이 재잘거리는 즐거움, 목이 마를 때

온몸으로 원하던 물 분자들, 멀었는데 다 왔다는 거짓말, 그 거짓말에 속이 상하는 즐거움 말이다.

편백숲에서 밥을 먹고, 밥을 먹다가 내가 자리에서 일어서면 우리 식구들은 씹던 것도 멈추고 눈동자도 멈춘다. 일부러 나를 보지 않고 자기들끼리 동그라미를 그리는 것을 안다. 아마 먼 훗날 산이와 강이는 그 모습이 떠올라 눈시울이 젖을지도 모른다. 그래서 여기 따뜻하게 남겨 둔다. 자꾸 토해서 미안했다. 그런데 너희가 생각하는 만큼 괴롭지는 않아. 토할 수 있을 때 토하고 나면 속이 편해진다. 잘 참아 줘서 고맙다. 너희들은 한 번도 밥숟가락을 놓고 자리를 뜬 적도 없다. 아무렇지 않게 태연한 척하는 것도 알고 있었다. 하여튼 우리 잘 지낸 듯하다. 다툰 적도 없이······.

편백숲을 나와 물이 흐르는 계곡을 따라 한동안 걷고 밤재, 거기가 구례와 남원의 분기점이다. 2km 고갯길을 오른다. 고갯길이 이만하면 양반이다. 노래도 나오고-이상하게, '울려고 내가 왔던가, 웃으려고 왔던가', 옛날 노래 〈선창〉을 가끔 나도 모르게 흥얼거린다. 나는 전혀 그 노래를 모르는데, 아마도 어릴 적 어른들이 부르던 것을 듣고 자란 탓일 것이다.- 엉덩이도 흔들면서 슬랩스틱 코미디 같은 것을 한다. 며칠 전에는 피곤했던지 초저녁에 일찍 잠이 들었다가 10시 무렵에 깼다. 거실에서 아내와 강이가 이야기를 나누는 소리가 들렸다. 몽유병 환자처럼 거실로 나섰다. 아직 잠이 덜 깬 사람처럼 부스스하게 정면만을 게슴츠레 응시하면서 힘없이 걸었다. 인기척도 없이 그렇게 나타나니까 두 사람이 잠시 어리둥절해하는 것이 내 왼쪽 머리로 느껴졌다. "여보?" 부르는 말도 무시하고 현관문을 열고 나갔다. 맨발로. 그제야 두 사람이 "아빠, 나갔다!" 그러면서 뛰어오는 소리가 들렸다. 문밖에서 큭큭 웃음이 났다.

자주 쉬고 자주 웃어야 한다. 오르막이니까. 사진이 많은 것을 말해 주고 있다. 사진 찍자고 그러면 어른답지 못하게 뒤로 빼는 편인데, 강이가 찍어 준 사진은 마음에 든다. 사진 속에서 아내와 나는 멀리 보고 있다. 거기 노고단이며 반야봉, 만복대 같은 봉우리가 있다. 두 사람이 있다.

그런 말을 찾는다. 전쟁과 평화, 진보와 보수, 흑과 백처럼 사람들에 의해 양쪽으로 갈라지는 말. 결국은 그 사람들을 다 삼켜 버리는 블

랙홀 같은 말들 말고, 하나인 듯 둘이고 둘인 듯 하나인 말을 구한다. 머리에서 발끝까지 촘촘히 깔린 혈관을 따라 다정한 피가 돌듯이, 길이 되는 말. 사람이 오롯이 담길 수 있는, 사람을 거기 살포시 얹어 놓아 보기 좋게 하는 접시 같고 그릇 같은 말들을 찾는다.

높고 깊은 사람들이 있다. 온갖 색에 온갖 향이 있다. 무색도 있고, 무취도 있다. 어떤 색은 향이 난다. 모든 향을 향이라고 하지 않는다. 향기롭다는 말은 은은하더라도 쉬운 말은 아니다. 그것은 물질과 정신, 두 세계를 드나드는 여행자의 신발이며, 모자, 배낭이다. 향기는 촛불 같아서 새끼손가락만 한 것으로도 사방을 가득 채울 수 있다. 그러고도 비워 놓는다. 향기를 찾아가는 탐험가가 필요하다. 신대륙을 발견했던 인류에게 이제 향기를 선물할 사람이 필요하다. 그래서 아이들의 걸음을 살핀다. 걸음 하나에도 '향(香)'이 나기를 발원한다.

밤고개, 밤재를 내려오면서부터는 후반전이다. 내려갈 때는 더 빨리 지나고 더 조심하라고 그런다. 하지만 거기에도 오르막이 있고, 끝나야 끝난다는 말이 여전히 적용되는 구간이다. 그러니까 건강해야 한다. 겉과 속을 잘 다스리는 일이 승부수가 된다는 사실을 경기 내내 명심한다. 응달에 쌓인 눈, 미끄러운 빙판이 딱 한 군데 남아서 유난히 따뜻했던 날에 트레킹 하는 우리에게 별미를 선사했다. '여기 조심', 그러면 '여기 조심' 그리고, '여기 조심' 그런다. 그것은 돌림노래였을까, 메아리였을까. 올라올 때보다 내려가는 길이 길었다. 내리막은 아무리 오래 걸려도 편하다. 이대로만 가면 될 것 같아서 몸도, 마음도 저절로 걸음을 걷는다. 굴러간다.

관악산에도 설악산에도, 무너미가 있다. 무너미라는 고개 이름도 군데군데 있었던 것 같다. 그러고 보니까 산동에서 주천 가는 길은 어쩐지 다른 길들을 조금씩 닮았다. 가던 길을 멈추고 몇 번을 돌아봤다. 방금 걸었던 길은 낯설어 보이고, 앞에 걸어갈 길은 어디서 본 듯한 것이 사람을 미소 짓게 한다. 미시감과 기시감이 혼재하는 이 순간이 나한테는 문장이며 낭만이다. 아직도 눈망울로 남아 있는 존재가 있고, 어떤 말 한마디는 여전히 정갈하게 속삭이며, 프루스트의 마들렌처럼 떠오르는 기억도 나에게는 있다. 길을 걷고 있으면 그것들과 이별하지 않는 것을 안다.

내 힘은 거기에서 샘솟고 있다는 것을 깨닫는다. 오래 걸을 수 있기를 소망한다.

유스호스텔이 지나고 한동안 차가 다니는 도로를 왼편에 두고 걸었다. 아침에 우리가 차 타고 달렸던 길이야. 무너미 마을로 들어선다. 이제 3km 정도만 가면 이 길도 끝나고, 지리산 둘레길도 끝난다. 가지가 두 갈래로 벌어진 300년이나 된 배롱나무는 무엇을 기다리고 있을까. 효자 비각을 지키는 배롱나무가 효자 같았다. 무너미가 전라도 방언으로 문지방이었다니. 나는 문지방을 어느 쪽으로 넘는 중인가. 밖에 나가려던 것인지, 안으로 들어섰는지 궁금하다.

산이는 고등학교 3학년이 된다. 한발 앞서서 지리산 둘레길을 졸업한다. 우연히 걷기 시작했던 지리산 둘레길. 이렇게 계속 걸어 다닐 줄은 몰랐다. 그래서 우리는 3코스를 선명하게 기억한다. 인월에서 금계까지 갔던 5월을 잊지 않는다. '한두 시간만 걸어 보게' 그러면서 시작했던 길. 그 길에 바람 쐬러 나왔다가 바람이 되어 버린 기분이다.

나는 강이의 그 말도 생생하다.

"어버이날 선물이야."

그 작은 아이 입에서 나온 말이 씨앗이 될 줄이야. 그것이 이렇게 자랄 줄이야.

무너미를 건너서 내용궁 마을을 관통했다. 산으로 둘러싸인 용궁은 처음 구경했다. 여기서는 토끼가 자라가 되고, 자라가 토끼가 되는 이야기가 전해질 것 같다. 배경이 바뀌면 사연도 달라지고, 주인공도 바뀐다. 배경은 겉이다. 그러면서 속이다. 그래서 어느 하나만 영원히 사는 세상은 없고, 그래서 서로 돕는 겉과 속이 가장 좋은 배경이 되고, 그 배경에 어울리는 사람이 된다. 그것이 길조다. 나라도, 집안도, 사람도 모두 같은 이치로 통한다.

다 왔다. 1코스 주천. '여기서부터 지리산 둘레길 시작점입니다'라고 적힌 벅수가 서 있다. 너를 다시 보는 것이 얼마 만이냐. 저쪽으로 갔다가 이쪽으로 왔다. '만세'를 불러도 좋을 만큼 서로 좋아했다. 아이들이 자랐다. 길에서 훌쩍 자랐다. 기도처럼, 입김처럼, 탄성처럼 그 말이 흘러나왔다.

걷기에 얼마나 행복한가.

마실길

진짜는 안과 밖이
편안한 것

**2020년 4월 1일,
마실길 1, 2코스**

어디부터 이야기를 시작할까. 마실길, 마실이라는 말은 엄마나 아빠한테는 익숙한데, 너희 둘에게는 낯설겠다. 그 말이 마음에 들었을 거야. 아마 엄마는 그랬을 거야, 내가 그랬으니까. 요즘 가게 이름에 '마실'이란 말이 간혹 보이는 것을 너희는 알까? 마실 간다고 그랬다. 옆집에 옆 동네에 놀러 가는 것을 다들 그렇게 말했거든, 마실 간다고.

부안에서 격포를 지나가는 이 길을 만들면서 사람들이 그 추억을 꺼냈던 것 같다. 마실 갔다가 돌아오던 달밤, 마실 가는 흥겨움, 가벼움, 반가움 같은 것들을 떠올렸을 거야. 어떤 기억은 사람을 그 시절로 몰아가는 힘이 있거든. 양 떼 알지? 목동이 몰고 다니는 양들. 그런 기억들이 사람들에게는 있어. 스스로 양 떼가 되어 이리저리 몰려다니고 싶은, 따라다니고 싶은 기억들. 우리는 마실길을 걷기로 했다. 아직 바람이 차가운 달, 그렇지만 시작하는 3월에!

예술 같았고, 낙서 같은 시간이었다. 빨리 걷고 싶어도 그럴 수 없었다. 그것이 더 좋았다고도 여기 써 놓을 테니까 나중에라도 '꼭 그렇지는 않았잖아!' 그러면서 따지러 오면 좋겠다. 그때 내가 다 갚아 줄게. 우리가 걸었던 모든 걸음에 값을 치르기로 하자. 그 시간을 어떻게 갚을 수 있을까. 바다와 하늘과 섬이 온통 하늘색이었던 날을 우리는 그때에도 기억할 수 있을까. 나는 그때에도 천천히 이야기해 줄 자신이 있다. 될수록 천천히 걷고 싶었다고. 2코스가 다 끝나 갈 때는 힘들었어도 아쉬웠다고. 계속 우리 네 사람이 거기 돌아다니는 환상 같은 것이 있었다고 말해 줄 것이다.

4학년 강이는 엄마 어깨까지 키가 자랐다. 그 옆으로 매는 가방은 누가 만들어 줬냐. 거기 앞에 달린 고양이는 너처럼 동그랗게 눈을 뜨고 있구나. 너는 어디에서 그렇게 앞니를 예쁘게 내밀고 사진 찍을 줄 알았는지, 눈하고 입이 같이 웃는 너를 보면서 나도 믿는다. 웃음이 기적이라는 말을.

중학생이 된 산이는 엄마 귀밑에 머리가 닿는다. 너희는 엄마가 늘 뒤에서 그렇게 눈금이 되는구나. 세 사람의 표정이 휴대폰 카메라에 그대로 들어온다. 천연색이란 색은 지금 아닐까. 왼쪽 다리를 살짝 구부려 짝다리를 짚고, 허리춤에 왼손을 갖다 붙인 그 포즈가 보기 좋다. 바람이 화음을 넣어 노래 부르는 듯 차갑고 시원하고 상쾌하게 부는 '지금'이라는 저 색깔이 마음에 든다. 세상이 우리를 따라 빙그르르 돌아가는 것인지, 우리가 세상을 도는 것인지 희미해졌다. 여기 나오니까 바다와 하늘이 하나로 이어진 것은 아닐까. 저 끝까지 자꾸 시선이 간다. 선을 긋고 살아야 한다면 수평선을 닮은 선이기를. 정확하다고 올바른 것은 아니니까. 올바른 선 하나를 긋는 데도 하늘은 바다가, 바다는 하늘이 필요하구나. 우리들 안쪽으로는 지평선이, 우리들 밖으로는 수평선이 올바르게 서 있다. 하늘과 땅이 긋고, 하늘과 바다가 긋는 저 바른 선을 향해서 우리는 걷는다.

마실길 207

나도 할아버지의 시계처럼 할아버지가 되고, 시계도 하나 걸어 놓고 살까. 너희 다음에 또 너희와 닮은 다른 너희들이 옛날이야기 하나 들려달라 하면 오르골에서 흘러나오는 할아버지의 시계를 먼저 들려주어야겠다. 옛날에 이 오르골 소리처럼 그렇게 좋은 날이 있었어. 너희들처럼 귀여웠던 아이들이 바닷가를 걸었지. 그것이 시작이었다. 내가 아는 옛날이야기는 그날 시작했거든. 그리고 아직도 끝나지 않고 여전히 계속 돌고 있지. 길에서 길로, 계절에서 계절로, 나에게서 너희에게로.

산이와 강이에게.
마실길에 다녀온 지 벌써 사흘이나 지났다. 둘 다 몸은 어떤지 모르겠다. 아빠도 어제까지 시시때때로 피곤해서 힘들더니, 오늘은 한결 가벼워졌구나. 이번에 걷고 깨달은 것이 하나 있다. 입버릇처럼 산티아고에 가야겠다고 그랬었는데, 그게 생각같이 쉬운 일이 아니라고 받아들였다. 몸이 따라 주지 않으면 내가 아무리 가고 싶다고 외쳐도 소용없다는 것을 알았다. 너무 당연한 이야기를 이렇게 깨닫다니, 아빠도 한참 멀었다. 그렇지?

사람은 흥미로운 존재인 것 같아. 정말 잘 잊어버리고 산다. 자신의 처지를 잊고서 좋았던 때만 기억하고 걷다니……. 그런데 그래서 힘들 때도 있지만, 무사히 잘 지나오면 통쾌하잖아. 어떤 것은 잊고, 어떤 것은 기억하는 우리들 시스템이 재미있는 것 같아. 너희는 어떤 것을 놓아 주고 어떤 것을 남겨 놓을까. 그리움이란 말은 언제쯤 알게 될까. 아빠도, 엄마도 이렇게 시원하게 걸었던 적이 언제였던가 싶었다. 그동안 병원에 다니고 누워 지내고 이래저래 많이 무거웠었는데, 훌훌 털고 자리에서 일어난 것 같다. 창문을 다 열어 놓고 집 청소를 싹

싹 해 버린 거 있지. 그 기분이야.

잘 기억하면 그게 희망이 될 수도 있겠다는 생각이 들었다. 좋은 일을 잘 보관했다가 꺼내는 일, 그게 우리에게 필요했던 거야. 그러니까 서로 마음이 통했던 것이고. 마음이 통하니까 잘 걸었잖아. 날씨도 좋았고. 사람에게는 희망이 필요해. 그래, 그래, 그래, 그래.
 아빠는 그렇게 희망을 봤으면서도 욕심을 내는 것이 아직 수준이 미달이야. 앞으로 기본부터 새로 배워야 할 것 같다.

속이 편한 만큼만 먹어야 하는데, 먹고 싶은 만큼 먹고 배가 아프다고 그러잖아. 그건 실수야. 실수를 반복하면 더 이상 실수가 아니지. 내가 오늘 새로 쓴 희망은 이런 거다.
 '진짜 희망은 안과 밖이 편안한 것.'
 수고가 수고롭지 않고 다정하게 보일 때 편안함이 묻어나는데, 그 순간 희망이 막 기지개를 켠다는 것을 알겠어. 삶이 좋아하는 것이 바로 희망이지. 희망이 생기면 사람이 달라지거든. 삶은 사람의 스토리잖아. 스토리에 생기가 돋는 것이지.

우리는 더 잘하려고 애쓰지 말자. 애쓰려고 또 애쓰지 말고, 더 편한 것도 적당히 거리를 두자. 얼마 전에 그런 말을 들었거든. 사랑할 것을 사용하고, 사용할 것을 사랑한다고. 그 있잖아, 돈! 돈은 사용해야 하는데 사랑한다고. 사람은 사랑하는 존재인데 마구 사용하고 버린다고. 그래서는 안 된다고. 그렇지, 그 말이 맞지.
 사용하지 말고, 사랑하는 그 말을 더 넓게 펼쳐 놓고 거기에 담아 보는 거야. 지도에는 세상이 다 들어가 있잖아. 그렇게.

볕이며 꽃, 길이며 물, 너희들 걸음 하나하나도. 그것들을 지도에 그려 넣고 세상을 다니는 것이지. 그렇게 사는 것처럼 살아 보기로 우리의 희망을 삼는 것은 어떨까. 없어서 즐기지 못하는 것이 아니라 있어도 즐기지 못하는 것을 살피며 사는 거야. 시간을 죽게 내버려 두지 말고, 우리가 할 수 있는 한 살리는 거야. 우리가 살린 시간이 우리와 함께 살아가는 모습은 꽤 근사하잖아.

너희와 함께 걸었던 길을 어떻게 1코스, 2코스 그렇게 부르겠니. 어떻게 그것을 한마디로 부를 수 있을까. 아빠는 그게 작품 같았다. 하얀 민들레 신기했지? 노란 꽃만 봤었는데, 하얀 꽃이 예쁘더라. 우리가 걸었던 마실길에는 상사화도 많이 핀다잖아. 노란 상사화란 말을 듣고 믿어지지 않았다. 그 꽃을 볼 수 있을까? 상사화가 언제쯤 잘 피는지 적어 놓고 기억하기로 하자.

고사포 해수욕장에 다 올 즈음에 우리 모두 힘들었잖아. 아빠도 신발이 꽉 끼더라도, 발이 부었던 것 같아. 그날 그렇게 4시간 넘게 걸었어. 정말 수고했다. 그런데 왜 그렇게 편안하던지. 아직도 그 느낌이 사람을 포근하게 하는 거 아는지 모르겠다. 시간 같았다. 다시 돌아갈 수 없는 길에 서 있다는 느낌이 서늘하게 불어오더라고. 고사포 솔숲에 부는 바람은 아이스크림보다 백 배 더 좋았어.

영국인이 가장 살고 싶어 하는 코츠월드는 다른 풍경, 다른 시대를 간직하고 있는 곳이래. 양 떼가 많은 마을이라는 뜻이라는데, 거기도 우리가 방문할 수 있을까. 이 길을 따라 계속 걸으면 거기도 갈 수 있을까. 길은 어디까지, 얼마나 많이 있는 거야. 이거 참, 아무리 먹어도 줄어들지 않는 맛있는 베이커리 빵이구나. 완벽한 여행으로 우리 속도를 내어 볼까.

매일 같은 생활을 해야 하는 것도 스트레스라며, 밖에 나오니까 좋다고 엄마는 내내 잘 걷더라. 가장 태연하더라. 월요일에도, 화요일에도 회사에 잘 다녀오더라. 엄마가 제일 건강한가 봐? 그거 알았으면 좋겠다. 엄마가 건강하고 아빠가 잘 걸었던 것도 모두 너희들 덕분이라는 것. 너희에게서 애정을 볼 수 있었다. 아빠하고 엄마한테 보여 주는 애정뿐만 아니라 길에게도 전하는 마음을 볼 수 있었다. 느낄 수 있었다. 그게 얼마나 좋았는지 모른다.

산이가 엄마 배낭을 대신 메고 가겠다고 나서고, 강이가 엄마 몰래 사진 찍어 주고……..

하늘색 꽃이 달린 꽃들이 땅에 가깝게 피어난 풀밭을 지나면서 발소리를 들었을 거야. 온갖 풀들이 들었을 거야. 나도 듣고, 엄마도 듣고, 너희도 듣고, 시간도 그 소리를 들으면서 지나갔을 거야.

엄마는 아주 대담하게 이번 기회를 살려 더 걷자고 나선다. 그래도 될까? 그래도 괜찮겠어? 다음 코스는 성천에서 격포항까지, 마실길 중에서 가장 긴 거리다. 적벽강에서 찍는 사진은 말할 것도 없이 멋질 것이고, 격포항에서 맛있는 것도 먹자. 기분 내키면 위도에 배 타고 다녀올까. 이래저래 재미있는 일들뿐이다.

아, 맞다. 마실길에는 그늘이 없더라. 챙이 넓은 모자를 써도 볕이 뜨거운 날에는 견디기 힘들 거야. 그래도 마실길은 걸어 봐야 할 길이 된 것 같다. 우리 남은 6개 코스도 선물처럼 걸어 보자. 어때, 젊은 그대들!

겸손이
자격이다

**2020년 9월 27일,
마실길 3코스**

저 하늘을 그리고 저 바다를 코발트블루라고 부를 것이다. 블루는 푸르고 맑다. 건너편이 사라진 것처럼 투명한 것이 물이 가진 맑음이라면 하늘과 바다는 거기에 무엇을 더 넣었을까. 고흐가 그린 그림에도 수백 종류의 노랑이 있다던데, 맑음도 그럴까. 이 맑음은 저 맑음과 출신이 다르고, 배경이 다르고, 생김새가 다른 것일까. 하늘이 맑으니까 바다도 맑다. 서로가 서로를 비추며 즐거워하는 모양이, 보는 사람까지도 가볍다. 눈이 부시게 푸르른 날은, 그래, 우리는 거기 마실길에 있었다.

러브가 들리는 해변, 러브가 파란색 잉크에 찍힌다. 콕, 만년필이 있었으면 좋겠다. 이렇게 파란 물이 출렁거릴 줄이야. 나한테서 먼 하늘은 더 옅고, 나한테서 먼 바다는 더 짙다. 나에게서 가까운 하늘은 청(靑)하고, 나에게서 가까운 바다는 벽(碧)하다. 그러데이션, 층층대-계단을 층층대라고 불렀던 꼬맹이들은 다들 어떻게 자랐을까- 지평선이 보고 싶을 때가 있고 수평선이 보고 싶을 때가 있다. 땅이 하늘과 맞닿은 곳에서 바다가 하늘에 맞닿은 곳으로 걸어가는 상상 속에 모든 것들이 희미해지고, 번져 가고, 물들고, 어두워지고, 밝아진다. 물빛이란 말을 처음 들었던 날에 눈이 아플 때까지 강가에 앉아 있었다. 불빛을 보면 어디서든 반가웠다. 별빛은 그중에서도 친근하고 잊지 못하는 눈빛이 있고, 잊지 못하는 달빛도 있다. 빛은 점점, 점에서 점으로 살아간다. 빛이야말로 순간 속에 영원을 간직한 보석이다. 빛을 잃으면 다이아몬드도, 별도, 사랑도 그리고 사람도 폐허가 되어 갈 것이다. 수평선이 선(善)하다. 선한 것들은 사람을 물큰하게 적시거나 울린다. 아프리카 꼬맹이들도 '충충대' 그러면서 놀러 다닐까. 내가 어렸을 때보다 더 가난하게 자라는 아이들을 TV로 보면서 천사가 굶는 세상을 어쩌면 좋을지 몰라…… 점점 그리고 말았다.

"모국어에서 흰색을 말할 때, '하얀'과 '흰'이라는 두 형용사가 있다. 솜사탕처럼 깨끗하기만 한 '하얀'과 달리 '흰'에는 삶과 죽음이 소슬하게 함께 배어 있다. 내가 쓰고 싶은 것은 '흰' 책이었다."

- 한강, 『흰』, 문학동네, 2025, p.174

빛나는 것들을 눈에 넣고 하얗게 내리는 것들을 떠올린다. 하얗고 하얗다가 더 희어진 것들, 더 희어질 것이 없어서 가물거리며 남아 있는 무수한 점들. 수평선은 그래서 쉽게 말이 나오지 않는다. 수평선 앞에 서면 가만있는 것이 최선이다. 저기 수평선이 보인다, 얘들아.

이 가을에 우리는 걷고 있다. 존 레넌의 노래 〈oh my love〉가 빛나고 있다. 러브, 러브, 러브, love를 만져야 할 것 같았다. 그것으로 숨 쉬고 그것으로 머리도 감고 그것을 신고 오늘은 러브가 되어야겠다.

여기, 책 『나니아 연대기』에 나오는 주인공들이 있다. 수잔은 아내가, 루시는 11살 강이, 당연히 에드먼드는 강산이가 어울린다. 나는 흔쾌히 피터가 되고, 우리는 옷장 안으로 들어간다.

나니아로 가자!

산이가 길동무를 만났다. 후박나무가 군락을 이룬 곳에서 계란처럼 생긴 거울을 들여다보듯 후박나무 이파리 하나하나를 살피고 있었다. 러브는 잠시 잊고, 후박나무에 어울리는 집을 하나 짓는다면 어떨까 상상하던 참이었다.

그때 길을 가던 아저씨가 저기서부터 봤는데, '싸드락, 싸드락' 걷고 있던 산이가 기특하다며 말을 걸어왔다. 처음으로 산이를 모르는 사람에게 맡겼다. 두 사람이 저만치 뒤에서 발을 맞춰 걸어오는 모습이 다정해 보였다. 길에서 누군가와 동행할 줄 아는 것도 중요하다. 색다른 경험을 하는구나, 산이야.

걸음이 경쾌하다. 가벼워야 물에 뜨는 것처럼, 그러나 가볍기만 하면 물속을 모른다. 걸음은 끈기가 있어야 한다. 동시에 부드러워야 멀리 갈 수 있다. 적어도 가고자 하는 데까지 가려면 걸음이 매끄럽고 편안해야 한다. 아저씨의 걸음이 보기 좋다. 오래 걸어온 걸음이다. 그러면서도 수줍은 걸음. 속삭일 줄 아는 걸음을 걷는다. 나그네를 여기에서 만났구나. 보폭에도 관심이 간다. 보폭은 하나의 단계다. 상투를 올리고 성인식을 치르는 것처럼 걷는 사람은 보폭과 걷는 속도로 어른이 된다. 자유롭게 하나로 고정되지 않고 풍경에 따라, 마음에 따라 자율 주행을 하는 걸음, 무공해 걸음을 봤다.

'걸음을 보고 아이를 맡기다.'

하늘이 물을 것만 같은 선문답에 바람의 문장으로 답했다. 산이와 아저씨가 어울린다. 그 맑은 공간에 서로 어울리지 않는 것이 없을 정도였다. 어울리면 다 시원해 보인다. 막혀 있지 않으면 통하고, 통하면 어울린다. 우리는 서로 통해야 한다. 마음이 통하면 유쾌하고, 바람이 통하면 상쾌하다. 쾌(快)는 뻥 뚫리는 것이다.

봄날에 새만금 방조제가 시작되는 마실길에 첫발을 떼고 나서 우리는 굽이굽이 잘 다니고 있다. 산이와 강이는 학교에 가고, 아내는 회사에서 바빴으며, 나는 병원에도 다녀와야 했다. 지리산에 갔다가 하루를 다 걸으면서 우리가 누렸던 것은 무엇이었을까.

 그게 다 『나니아 연대기』가 사람들에게 말하려던 가치 아니었을까. 우리가 길을 걸으면서 하나씩 주워 담은 것들, 거기에는 어떤 것들이 들어 있을까. 무엇이 우리를 튼튼하게 해 주고 있을까. 이제 먼 것을 멀다고 싫어하지 않는다. 뜨거운 날씨라고 겁먹지 않는다. 비가 오는 날도, 구름이 끼고 바람이 부는 날도 얼마든지 그럴 수 있다고 생각한다. 침대에 누워 꿈을 꾸면서 나니아에 갈 수는 없다는 것을 안다. 거기에도 상사화가 피어 있고, 대나무숲을 지나는 길이 있을 것이다. 우리는 마실길을 걸었을 뿐인데 나니아에 도착한 것처럼 설렌다. 강이는 오늘 걸었던 길이 힘들었지만 예뻤다고 그런다. 길이 예쁠 수도 있다고 저 조그만 입이 쫑알거린다.

 나그네 아저씨는 지금쯤 어디를 걷고 있을까. 아저씨한테 수업을 받은 산이가 옆에서 걷는다. 너는 오늘을 어디에 넣어 두고 나이를 먹어 갈까. 네가 잊어버릴 것들을 내가 보관해 두기로 하자. 너 혼자 길을 갔던 것이 아니라 다른 많은 사람들이 네 길을 함께했다는 사실을 내가 사진처럼 간직해 둘게. 언젠가 보고 싶을 때 언제든 찾아가라. 모두 네 것이다. 네가 걸은 그 걸음들 하나하나는 모두 네 것이다.

 믿음이 없다면 빈 껍데기와 같다. 내 믿음은 푸르러서 좋다. 거기 바람이 불어서 심심하지 않다. 내가 믿는 것은 하늘, 모든 색이 시작한 곳, 흰 곳에서부터 깜깜한 곳까지 점점이 박혀 있는 곳, 하늘만 믿어도 너그러워지는 마음을 믿는다. 길에서는 하늘이 보인다. 하늘을 보고 사는 것이 길이다. 하늘과 길 사이에 우리가 서 있다. 우리는 땅이 전하는 말을 하늘로 보내고, 하늘에서 내리는 말들을 땅으로 전달한다. 그것이 도리(道理) 같은 거 아닐까 싶다. 사람이 간직하고 살아야 할 도리 같은 거.

"아빠가 잘 걷는 거래. 아빠처럼 걸어야 오래 걸을 수 있대."

우스운 녀석이다. 그동안 걸으면서 내가 했던 말들은 다 어디 두고 30분 같이 걸었던 아저씨의 말을 새긴 것을 보면 하여간 재미있는 인생이다. 나그네 아저씨 덕분에 내가 돋보였다. 누가 나를 이렇게 보이지 않는 곳에서 칭찬해 주는 거, 기분 좋은 일이다. 더군다나 잘 걷는다니, 그 이상 멋진 말이 어디 있나.

우리는 서로에게 삶이 되어 가고 있다. '어느덧 세월이 이만큼 흘렀습니다' 그러면서 서로의 얼굴을 바라보면 얼마쯤 닮아 있을까. 오늘 가장 수고로웠던 11살 강이, 걸음걸이가 안쪽으로 모이는 것이 더 불편하게 보였다. 아이가 잘 걸어 준다. 강이에게 무슨 말을 할까. 11살짜리가 지은 밥으로 우리 세 사람이 시간을 살찌울 수 있는 것이다. 그 밥이 목에 멘다. 걷지 못하겠다고 그러면 우리도 거기서 멈춰야 하는 것이 운명 공동체 아니겠는가. 늘 너에게 감사한다.
캐스피언 왕자가 아슬란에게 나니아의 왕으로서 자기는 자격이 안 된다는 말을 할 때, 아슬란이 했던 말이다.

"그 겸손이 자격이다."

강이는 무엇이 되든 항상 문장을 품는다. 강이의 문장은 아이 같으면서도 어른 같아서 애틋함이 있다.
 '내가 잘 걸으면 다들 좋으니까. 나도 좋고, 엄마도 좋고, 아빠도 좋으니까.'
 혹시라도 내 바람이 너를 힘들게 하지 않기를, 그러지 않도록. 『나니아 연대기』의 주인공들에게 유혹에 강해지라고 부탁하는 아슬란의 그 마음을 우리 서로 잊지 않기로 하자.

 어디가 좋았었냐. 무엇이 사라지지 않고 남았느냐.
 어둠이 내리면 빛은 사라진다. 빛이 사라진 바다는 무엇을 비출까. 우리가 걸으면서 나눈 이야기들이 거기 남아서 소곤거리고 있을 것이다. 파도 소리를 들어 가면서 모닥불을 피워 놓고, 밤하늘에는 별이 흐르고, '러브, 러브, 러브' 그러는 줄도 모른다. 낮에 반짝이던 것들이 쉬고 낮에 쉬었던 것들이 반짝이는 밤. 세상은 쉬지 않고 돌고 있다는 말을 이제 믿어도 될 것 같다. 점점 우리는 나그네가 되어 가고, 빛은 광활하고, 물큰하고 애틋하다. 믿음은 그렇게 오래 계속될 것이다.
 하룻길을 마치고 버스에 앉아 바라보는 시골 경치를 러브 한다. 그것은 사랑일 것이다. 피할 수 없는 마음을 숨길 수 없는 길을 걸었다. 모든 것들이 러브 하고 있었다. 잘 익어 가고 있었다.

바다 맛이 나는
소금빵

2020년 10월 4일,
마실길 4, 5코스

인후가 좋아했다는 말에 흐뭇했다. 얼마나 걸었을까. 그것은 과연 몇 킬로미터였다고 말할 수 있을까. 바람 따라 우리가 걸었던가, 바람이 우리를 따라 날았던가. 어제 길에서 우리는 하나의 팀이었다. 바람도, 인후도 '우리'였다.

우리가 쏟아 놓고 반짝거렸던 것들-그중에서도 '이 아이들' 같은 '이야기들'-이 나는 좋다. 다들 만담가(漫談家)다. 재주꾼이다. 누가 말만 하면 다들 귀를 기울이니까 어느 것 하나도 버릴 것이 없었다. 모든 말이며 표정들이 찌개에 넣고 끓이면 감칠맛 나는 우렁 같고 바지락 같았다. 듣는 것도, 말을 하는 것도 즐거웠다. 가끔 쑥갓을 넣어서 끓이는 내 이야기도 아이들이 받아 주니까 놀이공원에라도 놀러 온 기분이었다. T익스프레스만큼 굉장하거나 짜릿한 것은 아니지만 적어도 회전목마를 타고 오르내리면서 어지럽지도 않고 그저 평화로웠다.-이 자연이라는 한 바구니에 담겨 그네를 탔다. 파도에 철썩이고 바람에 흔들리고 아이들이 지저귀고 더 이상 마실길에는 없는 것이 없었다.

걷는 내내 파도와 파도가 짓는 파랑과 거기에 등장하는 달이며 지구의 중력이라든지 그런 이야기와 모래 한 줌을 손에 쥐고, 여기 원래 바위가 몇 개였으며, 그 바위들은 얼마나 컸을까 싶은 상상이 버무려져 반죽이 된다. 강력분 250g, 박력분 50g, 오늘 빵 한번 만들어 보자. 바다 맛이 나는 소금빵 만들자, 그래!

   그림 같은 솔섬. 소나무 몇 그루가 전부였는데, 그래서였을까. 어디에 있는 무슨 섬이든 배경이 된다. 무엇이 섬에게 그 독특한 운명을 부여했을까. 떨어져 있다는 것, 떨어져 산다는 것이야말로 가장 근본적인 불안일 텐데……. 불안을 외면하고 피하려는 지금은 불안을 모르는 시대, 불안하지 않아서 평화를 잃어 가는 것은 아닌지. 나는 저기와 몇 걸음 떨어져 있을까. 여기서 저기까지는 마음먹고 헤엄치면 닿을 것 같은데……. 회색 하늘 아래로 바다도 어두워지는 시간에 가만히 눈 감고 있는 저 능청스러움에 애상(愛想), 마음이 들붙는다. 서귀포가 아니라, 오늘 밤은 솔섬에 들어가 나 혼자 밤을 꼬박 지새우고 싶은 생각. 삶에 소금이 되어 주는 그 알토란 같은 것을.

   남자아이 둘, 여자아이 하나가 흰건반과 검은건반 사이를 번갈아 가며 뛰어놀았던 하루를 내 마음속에 걸어 두고 보고 싶다. 너희가 만들어 준 '어제'라는 펜던트는 사시사철 나를 보여 주는 작은 거울도 되고, 그 거울 속에서 다른 많은 것들도 흘러갈 것이다. 빵 굽는 냄새가 번지는 이른 아침을 거기에 마련해 볼까, 그럴까, 어쩔까. 또 무엇을 더 넣어야 하지? 더 넣고 싶은 것이 없을 때 자유로워진다. 아마 세상을 하나씩 지워 나간다면-내게 남은 세상은- 그렇게 보이지 않을까. 나는 사라지는 꿈을 계시처럼 바라본다. 창작은 인간에게, 소멸은 신에게. 파도 소리가 다 사라졌어도 어디에서 이렇게 퍼지는 것일까. 내가 부른 파도의 첫 음, 내가 들었던 파도의 마지막 울림, 모두 peace,

peace, 평화.

늘 우물 하나 거기 있다. 기억인지 동경인지 모르는 풍경에는 피아노 소리를 샘물처럼 퍼 올리는 장면이 있다. 향기와 소리가 자기를 완성하는 데 있으면 늘 노을이 진다. 향기를 퍼 담는 장면이 있다. 우물은 저기 아래에 있고, 내 머리 위로는 구름이 떠 가고 있다. 내가 주인공이 아닐 때 삶이 위대해 보인다. 나는 물을 떠 올리는 사람이면 좋겠다. 나는 향기를 맡아서 키우고, 소리를 모아서 그것으로 우물가를 청소하고, 우물을 지키고 우물과 함께 늙어 간다. 거기 물이 찰랑거린다.

맑고 차가운 물을 한 두레박 받아 놓고 12살, 14살 너희를 기억하기로 한다. 하늘처럼 오래 바라보기로 한다. 손이 좋아한다. 삶이 숨 쉰다. 때맞춰 바람이 와서 우리를 밀어 준다. 높이 그네가 뜬다. 머릿속에 지끈거리던 것들도 날아가고, 커피도 생각나지 않는 것이 제대로구나. 짐 노페디 1번 〈느리고 비통하게〉. 설탕, 버터, 우유, 거기다가 드라이이스트를 살짝 넣어서 손으로 치대며 몇 번이고 뭉치고 늘렸다가, 접고 다시 편다. 매끈해질 때까지, 예뻐질 때까지. 그것이 신호다. 달콤한 것을 기다리는 사람들이 주고받는 몸짓과 손짓, 눈짓. 바닷가 마을에서는 평소 잊었던 그 신호들을 꺼내 불어 보고 날려 본다. "Roger." 그러면 "알았다, 오버." 그런다.

고기도, 술도, 감식초도 그리고 인생도 달콤해지려면 발효되고 숙성되어야 한다. 잘 기다려 준 것들이 넉넉해지고, 넉넉한 것들이 제 몸을 내어 준다. 그것이, 그것이 부풀면 빵이다. 마음이 풍선처럼 부푸는 빵, 세상이 달달해지는 빵, 빵이 만들어지는 순간들이 있다. '빵' 하고 터지는 순간이 있다. '빵'은 사람을 놀래키지만 '빵'은 행복하게 한다. 예수님도 빵이 되고서 웃으셨다. 우리 빵을 좀 먹어 볼까, 이 꼬맹꼬맹꼬맹꼬맹이들아.

나이가 반백이래도 상관없이 덤비고, 웃고, 까불고, 재잘거리던 너희야말로 웃음꽃이었다. 제비꽃이 바닷가에 피었다고 그러면 아무도 믿지 않겠지만, 너희가 걸었던 자리마다 제비꽃이었다는데 누가 시비를 걸까. 소금기 머금은 짠 내를 맡으며 발밑으로 집게 달린 개가 숨어드는 마실길 4코스와 5코스에서 우리는 서로에게 빵이 되었다. 그것도 세상에 하나 남은 빵을 용케 찾아 나눴다. 그 빵 이름을 뭐라고 하면 좋을까.

10월 초 서해 격포항. 바다에도 곧 가을이 들 것이다. 그때 파란 바탕에 빨갛게 물든 단풍은 얼마나 예쁠까. 어쩌다가 우리가 길을 걷는 동행으로 만났을까. 인후는 산이보다 한 살 어리고 강이보다는 한 살 많은, 그러니까 아는 동생이면서 성당 오빠다. 그 유명한 교회 오빠 같은 존재는 아닌 듯하다. 대충 그런 관계로 우리 아이들과 친하다. 보기 좋은 '대충'이다. 서로가 서로를 편하게 생각한다. 꼼지락거리면서 옆을 떠나지 않는 저 친근함을 어른이 되어 가면서 잊어버리다니, 나는 벌써 그것이 아까웠다. 더 걸어라, 더 웃어라, 오래 기억해라. 인후는 얼마 지나지 않으면 부산 근처로 이사를 간다. 헤어짐을 아는 나는 서러운데, 꼬맹이들은 아랑곳하지 않고 그대로 까분다. 바람 같다.

물 한 모금 건네고 얻어 마시는 사이가 따로 기쁘거나 슬프지 않아도 되는, 홀가분한 맛이 있어 좋구나. 저희끼리는 진지한 것도 있겠지만, 내가 보는 저희는 얼마큼은 이기적이고 얼마큼은 동화적이면서 또 어느 정도는 모양을 이루는 면이나 꼭짓점 역할을 부지런히 해 댄다.

이런 것을 올망졸망이라고 불러야겠다. 알콩달콩은 신혼에게, 올망졸망은 꼬맹이들에게.

아웅다웅 이별 여행, 그것도 좋다. 어른들은 내일 걱정 때문에 오늘을 무겁게 지내는데, 아이들은 오늘만 사는 사람처럼 옆 사람한테 충실하다. 티격태격, 쫑알쫑알, 그 많던 의태어들을 오늘 다 목격한다. 영상이라도 찍어 놓아야 할까. 나는 이런 날이 사랑스럽고 좋아서 흐물거린다. 손가락 사이로 빠져나가는 모래알 같은 시간들, 어쩌면 좋으냐.

다시 보기 어렵다는 말이 이분들 사이에서는 통용되지 않는 화폐 같다. 전혀 아쉬움이 없는 표정으로, 대신 조금 힘든 얼굴로 5시간을 걸었다. 함께 있어야 하나의 모양이 갖춰지는 트랜스포머 스타일의 인간관계론을 열 페이지쯤 읽은 느낌이다.

아빠는 무슨 생각인 줄도 모르면서 생각하느라 더 웃지도 못하고 어른이 되었는데, 너희는 생각 따위는 던져 놓고 바람보다 먼저 웃고, 바람보다 훨씬 더 많이 까불거린다.

'나 그리고 우리'라는 말을 만지작거리면서 걸었던 마실길이었다.

강이는 나선형 계단을 오르던 전망대에서 본 바다가 좋았다고 그런다. 거기가 꼭 중간이었구나.

격포항은 무질서했고 배들은 어지러웠다. 아무 데나 쓰레기를 쌓아 놓고 강태공 닮은 낚시꾼은 보이지 않았다. 서둘러 그곳을 벗어나고 싶었지만, 길마저 헷갈렸다. 어수선한 것은 피곤하다. 간신히 격포항을 빠져나와 한적한 산길로 들어섰다. 안심이 되는 것은 무슨 조화인가.

격포항에서 해넘이 공원으로 빠져 산 하나를 넘어오는 듯하더니 드라마 세트장이 나왔다. 전라좌수영 세트장이라고 하기에는 삐거덕대고 정리되지 않은 모습이었다. 일부러 여길 보러 왔더라면 골탕을 먹었다고 그랬을 것이다.

궁항 앞 바다에 있는 자그마한 등대를 바라보면서 아쉬움은 떨치고 다시 여행자가 되었다. 마실길은 걸을수록 기대하게 만들던데, 많이 말고 대충, 가볍게만 다뤄도 좋을 것을 어쩌다가 손을 놓고 말았는지. 공사를 멈춘 건물들을 지나면서 여기는 그러지 않기를 바랐다. 코스모스가 빨갛고 하얗게 그리고 분홍으로 흔들어 주는 가을이다.

이탈리아의 나폴리나 스위스의 몽블랑이 아니더라도 마실길을 응원하기로 한다. 나와 같은 길 아닐까, 마실길?

모항으로 간다. 모항까지 간다.

5시 50분 격포 가는 마지막 버스를 타려고 우리 부지런히 걸었다. 4시 20분에 오늘 장사를 마칠까 했었는데, 그러고도 한 시간을 더 걸었으니 우리도 대단하다. 길은 차분해졌고, 우리는 지쳤다. 모항에 다 왔다. 마실길 5코스가 끝났다.

인후야, 오늘 어땠냐. 항상 건강해라.

'인생은 초콜릿 상자와 같은 거야. 네가 무엇을 고를지 아무도 모른단다.'

내가 젊었을 적에 영화 〈포레스트 검프〉에서 들었던 그 좋은 말을 인후에게 선물로 건넨다.

추신, 2020년 10월 멋스러운 가을날이었다. 우리 다섯은 함께 걸었다.

참회가
되는 길이다

2020년 10월 29일,
마실길 5, 6코스

아이스크림만큼 아이들의 혼을 쏙 빼놓는 것이 없다. 좋아하는 것 앞에서 하도 정신이 없으니까 이것도 먹고, 저것도 먹어 보라고 그 초롱초롱한 눈망울을 살살 건드리며 나온 것이 두 가지 맛, 세 가지 맛이 나는 아이스크림 아닐까. 어른들도 짜장면, 짬뽕을 다 먹고 싶으니까 짬짜면을 시키는데 아이들이야 오죽할까. 국민 간식이라는 치킨도 반반이다. 양념 반, 프라이드 반! 하프앤하프, 콤비네이션 피자는 거의 대세다. 한 번에 하나로 살아왔던 인류가 한 번에 두 개 이상을 바라는 것은 무리도 아니고, 이상할 것도 없다. 하나에서 둘로, 곧 둘에서 셋, 넷으로 옮겨 갈 것이다. 나도 길을 걸으면서 음악을 듣고, 운전을 하면서 통화를 하지 않는가. 심지어 화장실에서 보는 휴대폰은 꿀맛이지 않던가. 아내가 결혼했다는 제목이 베스트셀러가 되는 세상이 되었다. 한 번에 하나는 따분하고, 싱겁고, 유치한 관념이 되고 말았다. '멀티 플레이어'가 아니면 짝도 찾지 못하는 세상이 되었다. 이 세계에서 더는 살아남지 못하는 것은 아닐지, 더 빠른 토끼를 잡기 위해 더 빠른 늑대가 나타나고, 더 빠른 늑대에게서 살아남으려고 더 더 빠른 토끼가 생존하고, 그 살아남은 토끼를 또 잡아먹기 위해 늑대도 더 더 더 빠른 것들이 남는다. 그 유명한 '붉은 여왕 효과'는 이렇게 설명한다. 그렇게 달려야 우리는 지금 이 자리를 유지할 수 있다고.

부안 마실길을 걷는 도중에 '서해랑길'이라는 푯말이 군데군데 보인다. 찾아보니 부안 마실길을 포함해서 서해안을 전부 잇는 둘레길이 서해랑길이다. 서해랑길이 하나의 구(區)라고 한다면 마실길은 동(洞)이 되는 것이다. 통영에 다녀온 사람들은 동파랑길이 좋았다고 이야기한다. 그러니까 동쪽은 동파랑길, 서쪽은 서해랑길, 그렇게 부르는 것 같다. 우리는 2주 전에 마실길 5, 6코스를 다녀왔다. 길이 인생을 닮았다는 말을 길을 걸으면 걸을수록 공감한다. 5코스를 걷기 시작하면서 길이 좋지 않다며 투덜댔었는데, 6코스에서는 그랬던 나를 반성했다. 정확히 말하자면 스르르 저절로 반성이 됐다. 좋은 것만 좋아하는 나, 좋을 때만 좋아하는 나를 그 길 위에서 깨우쳤다. 이런 거 배우자고 걸었던 것은 아닌데, 덤으로 얻은 것이 무엇보다도 값지다. 도랑을 청소하다가 가재를 잡은 격이다. 이런 것이 일석이조다. 일석이조는 처음부터 두 마리 새를 잡겠다고 나서는 것이 아니라, 하나를 열심히 하다 보니까 뜻밖의 결과가 함께 따라온 것이지 처음부터 두 마리 토끼를 잡겠다고 팔 걷어붙이고 나선 것은 아니다. 그러나 더 이상 일석이조는 감흥이 없다. 그것으로 만족하지 못한다. 사람들은 두 마리 토끼가 아니라 한 방, 대박을 노린다. 신기하게도 길에는 대박이 없다. 절대 없다. 그래서 길에 사람도 없다. 사람이 떠나간 길을 바람이 쓸고 간다. 이제 길을 걸으려면 바람에게 허락을 받아야 한다. 바람이 여기 주인이다. 마실길 주인장은 '이상하다, 왜 이리 조용하지?' 그러지도 않고 허랑하게 허무하게 허송으로 지내느라 바쁘다. 없는 것을 지킨다는 것은 그렇게 어렵다. 괜스레 눈물 난다.

마실길을 걷고 그 길에서 보냈던 시간을, 매번 바다와 산이 함께 등장하는 장면을 어떻게 전달하면 좋을지 궁리한다. 언어는 부족하고 사람은 연해 빠져서 저 파랑을 다 받아들이지 못하고 머뭇거린다. 과연 초록이냐, 푸르름이냐, 진득함이냐. 가도 가도 바다, 봐도 봐도 하늘, 온통 파래서 기가 죽었다. 그래도 좋았다. 그래도 가을이었다. 나는 비로소 고백한다. '서늘한' 한 가슴을 쓸 수 없어서 길을 걷는다고. 이 밝은 낮에 어두운 그림자를 생각하고 나를 지탱해 준 사람들을 떠올린다고. 공간이었던 사람, 시간이었던 그 사람도 보인다고. 무수히 지나쳤던 그 사람이 모두 보이는 하늘, 선생님 같았던 배경이 이제 보인다고.

6코스는 따로 이름을 지어 주고 싶었다. 시간이나 여건이 허락하지 않아 먼 거리를 걷지 못하는 날에는 여기를 걸어 보라고 나에게 권한다. 밖에 있는 것들은 수고롭게 보이고, 안에 있는 것들이 따스하게 다가서는 기분이 드는 곳이다. 참회가 되는 길이다. 모퉁이를 돌 때마다 '우리를 불쌍히 여기소서' 그 소리가 났다. 풀어진 신발 끈을 묶어 주고, 물을 권하고, 땀을 닦으라고 수건을 건네주고 싶은 길이다. 그런 것들만 할 줄 알아도 사는 것이 더 나빠지지 않을 텐데. 여기는 이래저래 마음이 편해지는 길이다.

실컷 좋은 하루를 살았다는 느낌에 사람이 바보가 된다. 시골 버스를 하염없이 기다린다. 아무 불평도 없이 시간을 쬐고 앉았다. 바보들, 그렇게 걷고도 기다린다. 쌩쌩 지나치는 차들을 구경한다. 우리는 우리끼리 튼튼하게 기다린다. 우리가 기다리는 것은 버스일까, 무엇일까. 초조하지 않은 것은 무엇 때문일까.
튼튼한 것들은 하늘이나 바람을 건든다. 하늘이나 바람이 건든다. 서로 장난치고 서로 웃는다. 〈베사메 무초〉같이 제목만 아는 노래를 홍얼거리면서도 입에 착착 감기는 여운이 좋다. 잘 걷고 난 다음은 호젓하다. 마음껏 편안하다. 그런 것들이 사람을 돕는 것 같다. 그런 것으로 사람이 크는 것 같다.

오지 않을 버스를 기다리고 있구나 싶었던지 지나가던 택시가 방향을 틀었다. 우리는 그럴 줄 다 알았다. 바람하고 지내면 이런 일쯤은 식은 죽 먹기다. 안녕하세요, 아저씨.

곰소 소금을 비싸게 받는다고 한마디 하시는 아저씨는 우리가 얼마나 멋진 길을 걷고 왔는지 모르는 것 같았다. 곰소에서 고창 쪽으로 다리를 놓거나 땅을 메꾸는 일이 영 허튼 일은 아닐 거라는 이야기도 해 주셨다. 그렇다면? 이렇게 생긴 길을 걸어 보는 일은 지금뿐이겠다는 생각도 들었다. 하긴 쉰 살이 계속 쉰 살일까. 산이가 언제나 열네 살일 턱이 없다. 열한 살 강이는 금방 스물, 서른 살이 되고 말 것이다.

6코스 소감을 어떻게 써야 할지 망설이고 미뤘다. 10월이 다 지나가 버리면 바닷가 대나무 숲길에 불던 바람이 그 맛을 잃을 것 같았지만, 서두르고 싶지도 않았다. 다음 주 11월에는 남은 7코스와 8코스를 다녀올 생각이다. 언제 시작했는지 흐릿해졌다. 흐릿해져야 선명해진다. 허물어져야 쌓아 올리고, 죽어야 산다. 떠나고 돌아오고, 길에서 우리는 그렇게 어른이 되어 간다.

여기까지 올 것을 생각하고 걸었던 것이 아니듯 삶이란 것은 사람의 생각보다 더 높거나 넓은 흐름 아닐까. 물길을 따라 걷는 기분이다. 보이지 않는 물길이 우리들 삶에는 흐르고 있는 것 같다. 누군가에게는 강물처럼, 누군가에게는 시내처럼, 사막에서도 그 물길은 흐르고 있을 것이다. 사람이 죽으면 강을 건넌다고 그러는 것처럼, 존재는 늘 결을 따라 흐른다. 시간도 하나의 결이다. 바탕이 되는 것들은 결이 있다. 그 결 하나 잡고서 내가 가고 있다. 나그네처럼 배처럼 가고 있다. 내 뒤로, 거기에는 무수히 많은 파랑이 따라오고 있을 것이다.

해찰하기 좋다

**2020년 11월 8일,
마실길 7코스**

   11월, 하늘에서 떨어지는 것들로 땅이 포근해지는 달, 낙엽이 밟히는 날이었다. 기세 좋던 넝쿨을 따라 힘껏 자라던 칡 이파리도 몇 장 남지 않은 채 가을볕에 몸을 맡기고 있었다. 지나 버린 시절을 추억하는 이파리 위로 햇살이 내린다. 저 빛이 내리는 서쪽 하늘에도 겨울이 올 것이다.
   하루도 좋지 않은 날이 없었다고 땅에 대고 속삭였다. 봄날 첫걸음을 떼고 가을, 오늘까지 덕분에 좋았다고 토닥거렸다. 〈Autumn forever〉이라는 노래를 들으면서 걸었다. 갈대가 무성한 곳에서 처음 알았다. 푸른 갈대를 보고 싶어 한 적이 없다는 것을.

   2주 만이다. 길이 맛있어지는 계절 11월에 우리는 1시간 반을 달려왔다. 그리고 4시간 동안 길 위에서 놀았다. 가을이 연주되는 마실길 레스토랑에서 하루를 보냈다. 기다리는 시간이 짧아서 좋았고, 바로 나온 음식이 맛도 좋아서 두 배로 즐겼던 부안 마실길 7코스 아니었을까. TV에 나왔다는 왕포 마을에서 곰소항을 지나 곰소 염전까지 이어진 곰소 소금밭 길을 다녀왔다.
   11월 첫 주, 여기 남쪽에 단풍이 절정이다. 토요일 오후가 빛이 난다. 지난번에 택시를 탔던 변산 중학교도 반갑고, 갯내음도 정겨웠다.

그곳에 가을 물이 짙어 가고 있었다. 여기 마실길 7구간은 해찰하기 좋다. 바다를 보고 걷다가 내변산으로 뻗어 내린 긴 산줄기에 시선을 빼앗기기 십상이다. 그러다가 정말 길을 잃었다. 길을 잃은 줄도 모르고 걷는 길이야말로 위험할 텐데, 그만한 재미도 없다. 어떤 길을 걷고 있었는가, 그것이 늘 중요하다. 마실길에서는 길이 하나로 나 있어서 나처럼 길을 잃거든 바다를 따라 걸으면 된다. 바다가 길을 일러 준다.

흐린 늦가을 하늘이 정다웠던지, 내소사 가는 길에서 서성거렸다. 이쪽으로 가면 절이 나오고, 저기 멀리 보이는 곳으로 가야 곰소항이 나온다. 전나무 숲길을 따라 걸었던 어느 해 가을도 생각나고, 어느 해 겨울도 떠올랐다. 그 가을에는 어머니도 같이 걸었었고, 그 겨울에는 누구였을까. 누가 눈 내리는 산사에 찾아갔을까. 이쪽으로 누가 걸어갔을까.

살살 아프지 않게 걸었다. 길눈이 서툴다고 탓하는 사람도 없어서 한가롭게 걸었다. 우리 식구들은 길을 잃은 것도 모른다. 그저 걷고 있다. 저 사람들에게 무엇을 보답해야 할까. 설핏한 마음이 가을 들녘을 닮았다. 재촉하지 않고 탓하지 않는 그림자가 점점 들판을 따라 길어졌다. 고맙다, 사람들아. 걷게 해 줘서 고맙다, 사람들아.

그대도 나와 같기를. 길을 잃은 그대에게도 갯내음이 날아들기를. 솔향이 덤벼들고 길어깨가 춤을 추기를. 석양이 말 걸어오고 바다가 넘실대기를. 그래서 결국 일어서기를. 길에서 우리 알아볼 수 있기를.

날마다 채우는 것이 배움이고, 날마다 비우는 것이 도가 된다-爲學日益 爲道日損-는 노자의 말씀을 땅에다 다시 쓴다. 비움과 채움이 모두 길에 있다. 날마다 배우고 날마다 도를 이루는 것, 그것이 걷기다.

한결 홀가분해진 몸과 마음으로 곰소항에 섰다. 절정을 지나 결말을 예비하는 대목 앞에서 결연해지는 주인공 같았다. 다음 길을 걸으면 여기가 끝난다. 올 한 해는 서쪽 바다를 거닐었구나. 그것은 운명이었을까. 선택이었을까.

길에서는 생각이 날아갔다가 돌아오고, 돌아와서는 또 밖에 나갈 생각만 한다. 잠깐 내게 생각이 기대는 사이에 얼른 정리 좀 하자. 걸을 수 있어서 좋았다. 1코스부터 순서대로 길을 따라 만났던 인연들에 경외와 감사가 솟았다.

서로의 사연을 알아보는 사람들끼리 말없이 나누는 동정이나 순수 같은 것들이 마실길에 있었다. 나도, 우리 아이들도 이 길을 따라 걸으면서 좋은 발판이 하나 생긴 듯하다. 거기를 구르면서 폴짝 뛰어오를 것 같다. 시간이 마련해 준 구름판, 용기를 내어 그 구름판을 밟고 뛰는 것이다. 봄부터 내내 수고했다. 마감 시간이 다가오니까 길마저 소중해진다.

토요일 하루 즐거웠으며, 심심했고, 거룩했다. 바다에 떠 있는 그 조그맣던 빨간 것을 등대라고 불러도 좋다면 거기 불이 켜지는 것이 보고 싶다. 'ㄱ' 자로 꺾이는 길에서 강이가 노트패드를 꺼내 들었다. 머리를 뒤로 묶고 열심히 게임을 한다. 잠시라도 그 틈으로 저 하고 싶은 것에 빠진다. 좋아하는 것은 그렇게 챙기는 것이 사람이다. 길을 가방 속에 넣어 줄 수도 없고, 어디에다 챙겨 줘야 할까. 웃음이 났다. 내 웃음을 아이는 모를 것이다. 내가 좋아하는 너를 챙겨서 얼마나 다행인지 아마도 오래오래 모를 것이다.

우리는 어느 별에서 만나기로 했었던 사람들이 맞는 것 같다.

누가 바람 없이
항해할 수 있는가

2020년 11월 22일,
마실길 8코스

　여기에 닿을 줄 알면서도 몰랐다. 지금도 여전히 지도 보는 것을 좋아한다. 그 친구는 시간 가는 줄 모르게 만드는 재주가 있어서, 가만 들여다보고 있다가 훌쩍 나이 든 내 모습을 발견하면 깜짝 놀라게 된다. 몸은 여기 있는데 마음은 콩밭이라는 말이 바로 나를 두고 하는 말이다. 떠난다는 말을 내 몸 어딘가 보이지 않는 곳에 점처럼 새기고 태어난 것인지, 그 말에 설렌다. 늘 그랬다. 버스 터미널에서도, 기차역에서도, 공항에서도 보내는 사람이기보다 떠나는 사람이고 싶었다. 떠나는 일, 나는 그것을 동경한다.

　지도를 보고 있으면 시간에 공간이 생겨난다. 모서리에 각이 잡히고 서서히 모양이 되어 간다. 그 공간이 신기하고 매력 있다. 내 머릿속이지만, 내가 만들지 않는 공간이라 소유하지 않는다. 구경꾼처럼 바라볼 때 더 빠져드는 것이 매력적일 수밖에. 그러다가 공간이 시간처럼 흐물거린다. 분명히 책상 위였는데, 벌써 해가 기울고 낯선 땅에 모래바람이 불고 있다. 맨해튼에 가 본 적도 없으면서 노란 택시 기사들이 시끄럽게 경적을 울리며 지나는 도로에서 잠시 망설이고 있다. 어느 쪽이더라?

11월이 깊어졌다. 시간이 밟히던 길, 그 길을 다 걷고 내가 마주친 것은 침묵이었다.

'죄란, 인간이 또 한 인간의 인생을 통과하면서 자신이 거기에 남긴 흔적을 망각하는 데 있었다. 'Nakis' 하고 그가 손가락을 움직이면서 중얼거리자 비로소 기도가 가슴속에 스며들었다.'

– 엔도 슈사쿠, 『침묵』, 홍성사, 2008, p.136

엔도 슈사쿠의 책 『침묵』이 어떤 것이었는지 짐작하지 못하지만, 길을 걸으면서 숨을 쉬는 것만큼 쉬웠던 것이 기도였다. 병원에도 치유가 있지만 길에도 치유가 있다는 말은 아무래도 그 상태를 말하는 것은 아닐까. 기도하면서 화내는 사람은 없고, 원망하는 사람도 슬퍼하는 사람도 없으니까.

웅연조대 앞 갯벌에 부는 바람이 통랑했다. 속이 비치어 훤하다는 말, 통랑하다. 속이 비치어 환하다는 말, 통랑하다. 환하고 훤한 것들을 보고 싶었던지도 모르겠다고 가만히 끄덕이며 거기 서 있었다. 여기로 올 줄 알았어. 여기에서 우리가 걸었던 마실길을 마무리하는구나……

이쪽으로 들어오던 언덕배기에는 파 냄새가 물씬했다. 파 수확 철인 듯싶다. 파뿐만 아니라, 바다를 돌아가는 샛길 옆으로 밭이 길게 펼쳐지고, 거기에는 배추가 또 하나의 바다를 이루고 있었다. 곧 세상에 나가 소금에 절여질 배추들 위로 갯벌에서 날아오는 짠 내가 골고루 스며들고 있었다. 곰소는 소금도 키우고, 배추도 키우고, 소나무도 키우는 땅이며, 바다, 그것으로 자식들을 키우는 엄마였다.

곰소항에서 시작하는 마실길 8코스는 줄포만 갯벌 생태 공원에서 끝이 난다. 8구간 마지막이며, 동시에 마실길 끝이다. 우리가 가장 예뻤을 때 여기를 걸었다. 여기를 걸을 때 우리는 가장 보기 좋았다. 그랬다, 황홀한 순간들이 반짝반짝 빛나는 목걸이처럼 우리에게 남았다. 그 목걸이를 매달처럼 간직하기로 하자. 어디서 무엇을 하든 자랑스럽게 목에 걸고 다니기로 하자. 길을 걸었던 사람들끼리, 빛나는 건배!

어떤 길에서든 예쁘라고 축원하며 잠시 혼자 떨어져서 멀리 바라봤다. 그때도 해가 지고 있었다. 그때는 하늘이며 해가 한창 붉어서 눈을 다 뜨고 바라보지 못했었는데, 그리고 아이같이 표정이 동그래지는 그가 있었는데.

웅연조대 앞에 서서 봄에 떠나간 사람을, 그 사람이 했던 이야기와 표정들을 천천히 살폈다. 그날 그는 꼭 초등학교 6학년쯤 되어 보였다. '내 고향 줄포' 그러면서 웃던 얼굴이 속이 다 비치어 환했었다. 그 얼굴을 보며 통랑했었다. 내 속이 훤하게 다 비치었다. 투명해질 것 같았던 1년 전 늦가을을 떠올렸다.

사장님은 "안녕하세요. 안녕하세요?" 그러면서 물음표를 찍지 않는 인사를 건넨다. 아버지가 돌아가셨던 그해부터였을 것이다. 세상을 떠난 사람들에게 안부를 전하는 인사는 묻지 않고 묻는다. '잘 지내시지요', 그러면서 시작한다.

그렇게 나를 떠난 사람들, 내가 떠나보낸 사람들과 길을 걷는 것이다. 성스럽게도 걷고, 농담을 건네면서도 걷는다. 행복했던 적 없는 사람에게 행복을 전하는 마음같이 조심스럽게 방해되지 않게 걷는다. 흰나비가 앉았을 배추밭과 파밭을 지나 마트 사장님이 서 있던 자리까지 나도 세상을 떠난 것처럼 걸었다. 구름 사이로 빛이 차분한 11월이었다.

길이 끝나는 곳에서 순간 밝아졌다. 여태 걸어온 모든 길이 다 등장하는 듯했다. 커튼콜이라도 들리는 것일까. 바다가 한참 뒤로 물러난 뻘밭에는 다른 시간, 다른 공간이 무대 준비를 서두르고 있었다. 삶도 죽음도 하루살이였을 것이다. 이 광활함 안에 머무는 바람이었을 것이다. 어디가 밖이고 어디가 안이었을까. 그것은 하나 아니었을까.

거대한 거북의 등껍질 위에 울퉁불퉁하게 갈라진 길들, 거기 붙어서 살아가는 따개비들을 본 적이 있다. 오래 사는 것들이 바람에 물들고, 바람에 마르고, 바람에 날리는 것을 본 적이 있다. 살아서도 화석이 될 수 있다는 것을 바다에 오면, 바다에 오면, 바다에만 오면……

거대한 갯벌에 타고 수천수만의 새들이 내려앉는 활강 같은 것들이 11월을 짓고 있었다. 모두가 부르는 합창이었다. 사라진 것들과 어두워지는 것들 사이로 비가 내릴 차례다. 늦가을 비가 저 바다를 적실 것이다. 웅연조대에서 그를 위해 두 손을 모으고 평안하기를 빌었다.

겨우 8개의 코스를 걷고 이런 식으로 침묵할 줄 몰랐다. 2020년 봄에 새만금 방조제가 시작되는 마실길에 첫발을 떼고 우리는 굽이굽이 돌아 여기에 닿았다. 비행이었을까, 항해였을까, 걸음이었을까. 여행이었을까, 순례였을까, 소풍이었을까. 고맙다, 순간들이여. 내 작은 물방울 같은 입자들이여.

지난 일기에는 이렇게 적혀 있다.

'그때 우리는 어떤 생각들을 하고 있었을까? 우리와 함께 머물던 그 생각들은 오늘 우리가 만난 생각들과 얼마만큼 닮아있는 것일까.'

생각도 자랐고, 우리도 자랐다. 유전자처럼 내가 알지 못해도 나로 남아서 나를 증명해 줄 그런 친구들을 만났다. 그리운 것은 언제나 우리의 옛날들이다. 지나간 바람들이다.

강이는 계단에서 다친 다리가 아직 불편해서 집에 남기로 했다. 다음 주에는 김장을 해야 하고, 그다음은 12월로 넘어가면 나도 그렇고, 너희도 감기에 들 수 있어서 오늘이 적격이었다.

'오늘', 새삼 좋은 말이라는 생각이 든다. 살아 있어서 바람결을 느끼는 것처럼 오늘이란 말에는 날갯짓이 한창이다. '푸드득 푸드득' 날아오르는 것들이 가득하다.

오늘 우리는 셋이 그리고 넷이 걷는다. 혼자 집에서 처음으로 지내는 강이는 우리를 따라 바다를 보고 하늘을 보며 그만큼 또 자랄 것이다. 상상할 것이다. 그게 우리가 가진 힘이니까. 어디에서든 숨결은 느낄 수 있는 거니까. 떨어져 있어도 함께하는 공부를 오늘은 해 보겠구나. 〈누가 바람 없이 항해할 수 있나〉[2]. 다음에는 그 노래를 들으면서 걷자.

8코스는 이정표 없이 동남쪽으로 걷는다. 곰소항은 시골 정취가 묻

---

[2] 누가 바람 없이 항해할 수 있는가(Vem kan segla forutan vind). 스웨덴 민요 가운데.

어나는 어시장이 있고, 무엇이든 하나쯤 낚시로 건져 올릴 것 같은 바닷가다. 돌아오는 길에는 한창 맛이 오른 아귀를 몇 마리 사서 어머니에게도 드리고, 장모님에게도 가져다드렸다. 산이는 '간장게장, 간장게장' 노래를 불렀다. 전라도에는 맛있는 집이 곳곳에 많다. 김동률의 목소리처럼 감미로운 간장게장이었다. 다음에 거기를 다시 들러 고마웠던 사람들에게 선물을 보내야겠다.

12km의 8코스였지만 무조건 갯벌을 따라 걸었던 탓에 더 걸어야 했다. 때로는 소음도 열어 놓고 맞아들인다. 때로는 적당하게 더 걷기로 한다. 적당하면 미운 것도 예쁘고, 촌스러워도 귀엽다. 점점 적당한 것이 늘어나는 것이 우리를 행복하게 한다. 그것이 넉넉해지는 수업일 것이다. 넉넉한 산이와 아내가 지저귀는 듯했다. 등대가 있고 파도 소리가 있는 여행을 일상으로 이어 붙인다.

내 동행자들은 내가 길을 잘 찾는다고 그러지만, 내가 아는 것은 한 가지뿐이었다. 오른쪽에 갯벌을 두고 계속 걸을 것.
묶어 두었지만 덩치가 큰 개를 만났을 때 두 사람은 다른 길로 가자고 재촉했다.
아, 그 전에 우리는 수만 마리 철새들의 군무를 구경했구나. 아빠는 논두렁에서 멀리 히치콕의 영화에서 본 것 같은 나무 한 그루와 회색 하늘을 배경으로 사진을 찍었다. 무엇이 배경이며 무엇이 주제인지 모를 모두가 배경이며 모두가 주제인 사진이 됐다. 우연이란 얼마나 사람을 설레게 하는지. 새 떼가 나무를 향해 경주하는 장면 같았다.

　그거 하나로 오늘 내 일용할 양식이 충족된 기분이었다. 하늘도, 곱게 갈아 놓은 땅도 만지고 싶을 만큼 자연스러웠다. 덩치 큰 개도 아무렇지 않게 지나오고, 물이 다 빠진 염전도 봤다. 양식장에서 활어를 쏟아 담는 사람들도 마주쳤다.

　마실길 전체를 걸으면서 우리는 몇 번이나 길을 잃었던가. 길을 알려 주는 팻말이 부실한 편이다. 우리는 이번에도 길을 두 번 되돌아 나왔다. 별거 아니지만 산이에게 해 주고 싶었던 말이다.
　'길이 아니라 사람이다. 우리가 잃어버리는 것은.'
　어딘가 잘못 들어섰다면 그 길을 돌아 나오는 것도 용기다. 용기는 쫓기는 사람에게 깃들지 않는다. 어느 순간에도 급할수록 돌아갈 줄 아는 것은 용기다. 용기를 낼 줄 아는 사람은 삶이 풍요로운 법이다.

　반가운 얼굴이 우리를 기다렸다. 저녁을 먹으면서 우리는 또 이야기를 많이도 남겼구나. 아빠는 다 기억하지 못한다.

  지금은 길을 걷고 온 것만으로도 벅차서 시간이 지나야 우리가 웃고 떠들면서 나눴던 말들이 생각날 것이다. 다 같이 마실길을 무사히 걸어온 날들을 축하했다. 건배가 건배 같아서 좋았다.

  강이는 7코스를 걷는 동안 혼자 김밥을 먹던 장소가 특히 좋았다고 그랬다. 거기가 어딘지 안다. 그때 강이가 무엇 때문인가 토라졌는지도 안다. 풍경이란 이렇듯 설익은 것들은 날려 보내고 알짜배기만 남겨서 우리를 키운다.

  너희는 잘 걷고 있다. 우리는 그것이 서로 고맙다. 기도가 되는 날들이다.